日本近世の都市・社会・身分

身分的周縁をめぐって

塚田 孝
Takashi Tsukada

花伝社

日本近世の都市・社会・身分——身分的周縁をめぐって◆目次

Ⅲ　先学に学ぶ――山口啓二・鈴木良・永原慶二氏の人と学問　153

序説

はじめに

本書は、二〇〇〇年代に入って歴史学のあり方やその方法について、試行錯誤しながら書いてきた諸論考をまとめたものです。二〇〇〇年以前の試行錯誤は、同年に校倉書房から刊行した『身分論から歴史学を考える』〔塚田二〇〇〇a〕にまとめているので、それに続くものです。

「補論　私の歴史学入門」に記したように、この間、わたしは主として三つの研究テーマに取り組んできました。一つは近世（江戸時代）の身分と身分制に関わる社会史、二つめは大坂を中心とする都市の社会史、三つめは大阪南部の和泉地域をフィールドとする地域社会史です。本書は、このうち第一と第二のテーマに関わって考えたことをまとめたものです。地域史に関わる論考は別途まとめたいと思いますが、一人の人間が考えていることなので、本書に収録したものにも和泉の地域史に取り組む中で考えたことも交じり合っていることは言うまでもありません。

本書は、これまで書いたものを、第Ⅰ部「日本近世の都市社会と身分」、第Ⅱ部「身分的周縁論の模索」、第Ⅲ部「先学に学ぶ――山口啓二・鈴木良・永原慶二氏の人と学問」に分けて収録し、最後に補論として「私の歴史学入門」を入れました。第Ⅰ部は、都市社会史や身分社会史の研究動向と、その中での私自身の研究の位置づけについて書いたものを入れました。第Ⅱ部は、近世身分社会を深くとらえるために試みた

「身分的周縁」という視角・方法の模索と紡ぎだされた歴史像の提示を意図しています。第Ⅲ部は、歴史学の意義・方法と歴史像について多くの示唆を受けた三人の方々の研究と格闘した論考を収めました。補論は、これから歴史学を学ぼうとする若い世代の人を念頭において、わたしが考える歴史学について書いたものです。

以下では、各部に収録した論考について、執筆事情や背景などについて簡単に説明しておきたいと思います。そうでないと、やや唐突な印象を持たれるかもしれないからです。

Ⅰ　日本近世の都市社会と身分

まず、第Ⅰ部に収録した論考から説明します。

第1章「近世身分制研究の展開」は、歴史学研究会編『現代歴史学の成果と課題 1980-2000年 Ⅱ 国家像・社会像の変貌』に収録されたものです。歴史学研究会は、数次にわたって「現代歴史学の成果と課題」を掲げた研究史を総括する書物を編集しています。本章は、一九八〇年代から二〇〇〇年までを主たる対象時期とした第三次のものに収録されていますが、そこでは、一九八〇年代の高木昭作さんの研究の進展を受け止めた上で、一九九〇年代の身分的周縁の研究展開を整理しています。前半の部分には、一般には対立するものと捉えられていた高木説と朝尾説を統一的に理解しようとする意図がありました。

近世身分制をめぐる高木説と朝尾説の統一的な理解という点については、その後、拙著『近世身分社会の捉え方――山川出版社高校日本史教科書を通して』〔塚田 二〇一〇a〕において全面的に論じ直しています。参照いただければと思います。

第2章「日本近世の都市社会史をめぐって」は、歴史科学協議会編『歴史学が挑んだ課題――継承と展開の50年』に収録された佐賀朝さんとの共著論文「日本の都市社会史――近世・近代を中心に」〔塚田・佐賀 二〇一七〕のうち、わたしの執筆分を独立させたものです。一九六七年四月に発足した歴史科学協議会が、創立五〇周年の記念事業として、この五〇年の歴史学の総括を試みたのですが、その一環として都市史の分野を整理してみました。

以前にわたしは、戦後の都市史研究の流れを、一九五〇年代までのヨーロッパの自由都市に相当するものを日本史の中に発見しようとする第一の波、一九七〇年代までの幕藩制構造論の一環として取り組まれた第二の波、都市社会史が展開する第三の波、その延長上に第四の波として一九九〇年代半ば以降の都市社会の分節構造論が展開するというふうに整理したことがあります。しかし、ここでは一九七〇年代に芽生え、一九八〇年代以降に本格的に展開する都市社会史の流れ、つまり先の整理における第三の波以降を、三段階に分けて整理しています。こうしたのは、歴史科学協議会創立五〇周年に合わせて考えたというわけではなく、第二の波以前とそれ以降を大きく区切るのが妥当だという考えに至ったからです。これは、近年のヨーロッパやアジアの諸都市との比較史の進展の中で徐々に見通せるようになってきたものです。

なお、こうした見地から、近世の巨大都市である三都（江戸・大坂・京都）の新しい研究の進展を図るべく、つい先ごろ吉田伸之さん、杉森哲也さんとの共編で東京大学出版会から『シリーズ三都』〔吉田・杉森・塚田編 二〇一九〕を刊行しました。

第3章「都市における貧困と救済」、第4章「日本近世の社会的結合」は二一世紀に入ってから、わたしが取り組んだ共同研究の中で、自分の研究の展開について振り返ったものです。

わたしが勤務する大阪市立大学大学院文学研究科では、二〇〇二年度から五年間にわたって二一世紀COEプログラム「都市文化創造のための人文科学的研究」（拠点リーダー阪口弘之さん、途中から栄原永遠男さんに交代）に取り組むことになりました。このCOE事業と並行して、そのサポートのために学内の重点研究「都市文化創造のための比較史的研究」（二〇〇三〜七年度）が認められ、わたしはその両方の共同研究に参加し、後者では研究代表ということになりました。

この時期、並行して大坂の都市史の共同研究を行うため、日本学術振興会の科研費の助成を受け、数次にわたるプロジェクトを進めてきました。二一世紀に入ってからのプロジェクトを挙げると、次の通りです。

「近世巨大都市大坂の形成と変容に関する基盤的研究――法と現実、中心と周縁の視点から」二〇〇五〜二〇〇八年度

「近世大坂の「法と社会」――身分的周縁の比較類型論にむけて」二〇一〇〜二〇一三年度

「三都の巨大都市化と社会構造の複合化に関する基盤的研究」二〇一六〜二〇一九年度

第3章は、二〇一二年一二月に科研プロジェクト「近世大坂の「法と社会」――身分的周縁の比較類型論にむけて」の取組みで開催した国際円座「都市における貧困と救済」における問題提起として報告したものをまとめたものです。世間では、国際シンポジウムという言い方がされますが、わたしたちは膝を突き合わせて議論する場という意味で国際「円座」と呼んでいます。この時期、国際的な比較史に向けて視野を拡げていくことを試みていますが、COE事業以来の国際的な共同研究の推進の効果と言えるでしょうか。

第4章は、前述のCOE事業と連携した重点研究の総括報告書として作成した『都市文化創造のための比較史的研究』（大阪市立大学・都市文化研究センター、二〇〇八年三月）に収録した論考です。そのため、二〇〇二年度から六年にわたる共同研究の中で、わたし自身が何を学び、どう視野を拡げていったかをたどるものとなっています。

Ⅱ　身分的周縁論の模索

第Ⅰ部が都市社会史や身分社会史の研究の流れの中で、自らの位置を確かめようとするものだとしたなら、第Ⅱ部は身分的周縁の共同研究の中で、歴史学の方法について考えたこととその実践としての歴史像を提示するものです。

第1章「身分的周縁と歴史社会の構造」は、『シリーズ近世の身分的周縁』（二〇〇〇年、吉川弘文館）の第六巻に収録されたシンポジウムの報告原稿です。このシリーズは第一～五巻は、各巻ごとのテーマに沿った論考で構成しました。第一巻は「民間に生きる宗教者」［高埜編 二〇〇〇］、第二巻は「芸能・文化の世界」［横田編 二〇〇〇］、第三巻は「職人・親方・仲間」［塚田編 二〇〇〇］、第四巻は「商いの場と社会」［吉田編 二〇〇〇］、第五巻は「支配をささえる人々」［久留島編 二〇〇〇］という巻構成ですが、第六巻は、編者五人と事務局を担った渡辺恒一さんがこの共同研究に参加するなかで考えたことを報告し、それをめぐる討論を収録するというユニークな内容です。そこでわたし自身は、それまでの研究の中で考えてきたことを総括する意味で、歴史分析の三つの位相や歴史社会の構造という論点の整理を試みました。

第2章「「近世の身分的周縁」によせて」は、『シリーズ近世の身分的周縁』の刊行を受けて、その意義を考えるシンポジウム「身分的周縁をめぐって」が開催された際に、報告したものです。このシンポジウムは、二〇〇一年五月六日に京都の部落問題研究所の主催で京都教育文化センターにおいて開催されましたが、参加者は一一〇人余の盛況で、歴史学だけでなく、文学・教育・宗教などの分野の研究者も参加していたことが思い起こされます。

当日は、中世史から大山喬平さん、近世史から倉地克直さん、近代史から鈴木良さんが書評報告をされ、編者のうち吉田伸之さん、横田冬彦さんとわたしの三人がリプライするという内容でした。もっとも大山さんの報告は書評という枠を大きく超えており、その後、ご自身の著書『ゆるやかなカースト社会・中世日本』［大山 二〇〇三］のもとになったものです。このシンポジウムの内容は、『部落問題研究』一五九号（二〇〇二年二月）に掲載されています。

以上の2章は、身分的周縁の共同研究の中で考えた分析視角や歴史の捉え方を論じたものですが、第3章「近世大坂の身分的周縁」は、フランスの『アナール』という歴史学の雑誌で日本近世の身分的周縁に関する特集が組まれるにあたって、そこに掲載するための日本語原稿として書いたものです。『アナール』誌には二〇一一年に特集が組まれましたが、その日本語版が『思想』（一〇八四号、二〇一四年八月）の特集「交差する日本近世史――日仏の対話から」に掲載されています。もっとも、これは枚数制限があり、一部省略せざるを得ませんでしたが、本書には元の原稿で収録しました。

『アナール』誌の特集では、吉田伸之さんの「髪結の職分と所有」、吉田ゆり子さんの「「簓」――周縁化された芸能者と地域社会」、森下徹さんの「城下町萩の武家奉公人」と併せて、わたしの「近世大坂の身分的周縁」が収録されています。これは、都市大坂における非人集団と勧進宗教者について総体的に叙述しようとしたものですが、大坂の非人については、先の『シリーズ近世の身分的周縁』に非人の由緒書について論じたほか、いろいろなところで言及してきています。もう一方の勧進宗教者については、歴史学研究会と日本史研究会の共同編集で刊行された『日本史講座』（全一〇巻）の中の第六巻「近世社会論」に、「身分的周縁論」［塚田 二〇〇五b］というテーマで寄稿を求められた際に初めて取り組みました。もちろん、非人身分と勧進宗教者は社会的な差異も大きいですが、勧進によって生活を支える存在として都市社会の中に併存していたのです。

フランスで身分的周縁の研究について紹介できる機会などそうはないので、これまで自分で取り組んできたものをできるだけ盛り込もうと欲ばりすぎたかもしれません。少し難しいかもしれませんが、こうした身分的周縁の存在を含めて考えなければ、都市大坂の実像を見たことにならないのは言うまでもないでしょう。

Ⅲ　先学に学ぶ――山口啓二・鈴木良・永原慶二氏の人と学問

わたしの研究スタイルの一つとして、他の人の研究を受け止めながら、意味づけ直し、自分の考えを前に進めるやり方があると思っています。それによって、自分の研究テーマに関する史料の分析だけでは得られない視野の広がりが獲得しうるのではないかと思っているのですが、第Ⅲ部には、これまで多大な影響を受けてきた三人の先学の研究から学んだ論考を収録しています。

第1章から第4章は山口啓二先生の歴史学について論じたものです。山口先生には学部生のころにお会いして以来、亡くなられるまで公私ともにお世話になり続けました。近世社会の特質として、その基礎に小農民経営があるというだけでなく、職人の技術や文化のあり方までが小経営の特質を反映しているという捉え方、あるいは近世以来の小経営の家と村が高度成長期に解体の危機に直面しており、その生成・展開・解体までの全プロセスを捉える必要があるという分析視角、日本と中国・朝鮮における国家と社会の関係の比較史的な把握の仕方などは、わたしの近世社会の理解のベースにあり続けています。

二〇〇八年から二〇〇九年にかけて『山口啓二著作集』全五巻が校倉書房から刊行されました。この著作集の編集は、山口先生を囲んで持続的に行われてきた研究会（通称「山口ゼミ」）の中心メンバーが担当しました。第三章「新しい地域史の創造」は、わたしが編集を担当した著作集第四巻『地域からみる近世史――東松山の歴史から』の解説として執筆したものです。この著作集の編集と並行する形で、二〇〇八年一二月刊行の『歴史評論』（七〇四号）において特集「近世史研究の原点――山口啓二の人と学問」が組まれました。第2章「『東松山市の歴史』と『鎖国と開国』」はその特集号に掲載されたものです。また、第4章「時代に向き合って生きる――『山口啓二著作集』刊行によせて」は、山口先生の著作集の特徴について『東京部落研　会報』(二三六号、二〇一一年二月)に紹介したものです。

山口啓二先生は二〇一三年七月に九三歳で亡くなられましたが、第1章「山口啓二氏を偲ぶ」は、翌年三月の『歴史評論』七六七号に寄せた追悼の一文です。この機会に、あらためて山口先生の生涯から歴史学に対する姿勢を再確認することができました。山口先生と村田静子ご夫妻の残された資料は啓静文庫と名付けられ、吉田伸之さん、荒野泰典さん、後藤雅知さんたちが中心となって整理が継続されています。

なお、以前に都市大坂に即して文人社会のネットワークについて考えたときに、山口先生が菊池海荘と菊池家について論じられた「歴史と現在、そして未来――南紀栖原の豪商菊池家の文書整理を通じて見えてきたもの」[山口 一九九九]から大きな示唆を受けました。それについては、拙著『都市社会史の視点と構想――法・社会・文化』[塚田 二〇一五]に所収している論考「近世大坂の都市社会と文化」とその補論「都市社会と文化のために」をご覧いただければ幸いです。

第5章「鈴木良氏の近代史研究に学ぶ――地域史研究の立場から」と第6章「鈴木良氏の近代史研究の展開」は、鈴木良さんの研究への理解とそこから考えたことをまとめたものです。鈴木良さんは二〇一五年二月に亡くなられましたが、大阪歴史科学協議会の二〇一六年四月例会において鈴木さんの歴史学から学ぶべく「鈴木良氏の人と学問」が企画されました。そこでは、わたしが「鈴木良氏の近代史研究に学ぶ――地域史研究の立場から」と題して報告するとともに、奈良女子大学附属中等教育学校の北尾悟さんが「鈴木良氏の歴史教育論の現在的意義――授業の現場から」について、近代史の佐賀朝さんが「歴史学と社会的実践――鈴木良氏の軌跡をたどる」について報告し、議論が交わされました。

鈴木さんからは、わたしが近世身分制史の研究を始めたころから、影響を受けてきました。近世身分社会のあり方を総合的に捉えることを目指すとともに、そこから近代への展望については、鈴木さんの提示されている近代史像にどう接続していくかを常に考えてきました。一方、鈴木さんも早くから吉田伸之さんやわたしの近世の都市社会史や身分的周縁の研究に注目し、いつも励ましていただきました。

第5章は、先の例会報告をもとにしたものですが、分量が多くなりすぎたため、『部落問題研究』（二一九号、二〇一六年一二月）に掲載してもらったものです。大阪歴史科学協議会の例会の内容を掲載する『歴史科学』（二二九号、二〇一七年五月）には、別途、鈴木さんの近代史の全体像をコンパクトにまとめた論考（第6章）を用意しました。第5章と第6章を合わせて、鈴木説の到達点を示すことができたと思いますが、同時に、自分の近世から近代への展開イメージ、その移行期の特徴の理解をより豊かにすることができたと思っています。

第7章「歴史学の方法をめぐって——永原慶二『20世紀日本の歴史学』に触発されて」は、タイトル通り、永原慶二さんの著書『20世紀日本の歴史学』に触発されて、歴史学の方法をめぐって考えたことをまとめたものです。

山口先生、鈴木さんとは違い、それまで永原慶二さんから直接ご教示いただいたことはありませんでした。二〇〇三年度前期に初めて史学概論の授業を担当することになり、どうしようかと悩んでいたちょうどその直前に『20世紀日本の歴史学』が刊行されたのです。それを手に取って、すぐに〝これだ、これを手引きにやってみよう〟と思い、毎週この本に沿いながら、そこで紹介されている文献にも少しだけ目を通しながら、自転車操業で授業の準備をしました。二〇〇三年一二月の大阪歴史科学協議会の例会における書評は、この史学概論の授業内容をまとめたものでした。その意味で第7章は、まさにわたし自身の「史学概論」だと思っています。しかし、それは永原さんの『20世紀日本の歴史学』なしにはあり得ませんでした。その学恩は大きいと自覚しています。

なお、第7章で歴史学の手法として「収集・分類型」と「語られた歴史で歴史を語る」という二つをあげていますが、そのうち「語られた歴史で歴史を語る」というやり方については、拙著『身分論から歴史学を考える』[塚田 二〇〇〇a]に収録している「歴史学の方法をめぐる断想」において言及しています。「収集・分類型」については、それまでそういう形で言及したことはありませんでしたが、ずっと以前に戦後の都市史研究の第一の波であげていた原田伴彦氏の著作を読んでいた時からの強い印象でした。こうしたことが前提にあって、永原さんの『20世紀日本の歴史学』を読み込んでいったわけです。

補論「私の歴史学入門」は、かなり性格の違う文章です。わたしが勤務する大阪市立大学では毎年八月にオープンキャンパスを行っていますが、その時に日本史学教室では、二〇〇八年以来、『日本史コースがわかる』と題したパンフレットを作製・配布しています。このパンフレットは数十ページに及ぶ分厚いもので、そこには日本史コースのカリキュラムの特徴や合同調査、各時代ごとの研究会活動などと並んで、Q＆A方式の教員紹介を掲載しています。「私の歴史学入門」として収録したのは、『日本史コースがわかる』のうち、わたしの教員紹介の部分です。

日本史学教室の二〇〇八年度のオープンキャンパスの担当だったわたしは、日本史コースを紹介するパンフレットを作ろうと提案したのですが、詳細な教員紹介を入れて、そこに歴史学への思いを込めたいという意図がありました。各教員が質問に答える形での自己紹介にしましたが、その質問はわたしにとっては自作自演でした。つまり言いたいことが先にあって質問を作ったからよかったのですが、他の教室メンバーからは〝答えにくいな〟と言いつつ、みなさん協力してくれました。

高校生が対象のオープンキャンパスなので、できるだけ分かりやすく歴史学の楽しさと意義を伝えようとしましたが、周りからは高校生には難しすぎるという声も聞こえます。しかし、自分としては、わたしの歴史学への入門のプロセスを紹介するという意味と、わたし自身が考える歴史学の基本について説明する入門編であるという二重の意味での「私の歴史学入門」を意図したものです。わたしの経験談も盛り込んでいて、話に入りやすいと思うので、最初にこの補論から読むのも良いかもしれません。

なお、ここで述べている卒論や大学での勉強についての考え方のもとになっているものとして、大阪市立大学に来て数年間の経験を記した「大学生活における卒業論文――教員の立場から」〔塚田一九九三b〕があります。合せて参照いただけると有り難いです。

以上、本書に収録した各論考の執筆の経緯と背景について、簡単に説明しました。本書は、十数年にわたって、歴史とは何か、歴史学の意義はどこにあるか、歴史学の方法はいかにあるべきか、と考えながら、執筆してきた論考を集めたものです。歴史と歴史学に関心を持つ一人でも多くの方に手に取っていただければ幸いです。

Ⅰ　日本近世の都市社会と身分

第1章　近世身分制研究の展開

はじめに

近世の身分制研究は、一九七〇年代のえた身分・非人身分などの賤民制研究の発展に刺激されて、八〇年代以降さまざまな論点が提起されてきた。八〇年代には、近世の身分と国役の照応を指摘する高木昭作説と身分共同体による身分決定を主張する朝尾直弘説を対極として、その両者をどう統一するかという模索が行われてきた。九〇年代に入ると、賤民制研究の延長上に注目される多様な雑賤民、公家家職などと繋がり集団化を遂げていく存在、都市研究の中で明らかになってくる都市下層民衆のあり方を統一的に見ていこうとする身分的周縁の視点からの研究が推進されてきた。それは近世社会全体の捉え方に結びついている。

筆者は、近世の身分制研究のおおよその流れを以上のように理解し、またこの流れの中でそれを推進する立場で研究してきた。しかし、今日的立場から振り返ってみると、その流れの渦中ではよく理解できていなかった点もあるように思われる。本稿では、そのうち高木説の理解を手掛りに、自らの今日的な立脚点を確かめるため、研究の流れを再整理してみたい。

1　高木説と八〇年代の研究

（1）これまでの捉え方

一九八〇年代の近世の身分制研究は、高木説と朝尾説を対極として、その統一をめざすという方向で進められた。

高木氏は、一九七六年の歴研大会報告「幕藩初期の身分と国役」〔高木　一九七六〕において、「事実の上では、農・工・商の近世社会における被支配身分と国役《くにやく》負担には対応関係がある。すなわち近世の国役には、百姓の負担する国役と、職人の負担する国役とがあり、町人はこれを免除されていた」と述べ（その後、町人の国役免除は吉田伸之氏の伝馬《てんま》役・町人足役《ちょうにんそくやく》を負担しているという指摘を受け、撤回）、役賦課体系との関連において身分が規定されることを主張した。そこでは、原理的には封建的な土地所有関係とは異なる国家的な支配として国役賦課があること、統一的な土地所有を実現していない信長段階では両者は関連していなかったが、秀吉段階では千石夫《せんごくふ》という言葉に見られるように石高《こくだか》に基づいて国役が賦課されるようになること、などを指摘している。当時、幕藩制国家論が議論の的になっており、高木説は大きな影響を与えるが、一方で、先のような信長段階と秀吉段階を区別する重要な指摘は忘れられ、高木説は上からの国役による身分編成説と整理されていく。特に、高木説を批判した朝尾直弘氏が、それを上からの編成説であるとして、その対極として自説を提示したことによって定着していく。

朝尾氏は、一九八〇年の部落問題研究者全国集会報告「近世の身分制と賤民」〔朝尾　一九八一〕において、「身分は、前近代における社会的秩序の中での地位を、社会的に規定するものであります。したがって、交通が近代のように発達せず、分業の発展度の未熟な前近代社会において、一国規模での横断的かつ普遍的な身分というものは、本来、存在しない、と考えております。身分は、その本質において局地的であり、かつ特殊的なものである」という見地に立ち、町人身分を決定するのは町であり、百姓身分を決定するのは村であると主張した。そうした身分を決定する町や村を地縁的・職業的身分共同体と規定し、かわた身分はかわたの地縁的な共同体が形成されることによって成立したというのである。朝尾説は近世の諸身分が身分共同体を成して存在していたことを指摘した点で重要である。

こうした高木説と朝尾説を統一しようと試みたのが、横田冬彦氏や筆者である。横田氏は、一九八一年の日本史研究会大会報告「幕藩制前期における職人編成と身分」［横田 一九八二］において、国役を賦課するにはそれを請《う》ける組織が必要であるという見地から、朝尾氏の立場をベースに統一しようとした。その際、軍事的緊張が緩和する寛永末以降、役動員から入札による貨幣を媒介にする普請に変わっていくということを指摘し、それ以降平人社会と呼べるものが成立するとの見通しを示した。一方、筆者は、『講座日本歴史』に書いた「近世の身分制支配と身分」［塚田 一九八五b］において、身分は前近代社会における人間の存在様式である（近代社会のように人間が人と市民に二重化しておらず、特殊利害の担い手としての人間が、その特殊性において公的な世界に位置づけられている）という立場から、身分共同体は身分存立の基礎であるが、その社会全体への位置づけを表現するのが職能に応じた役であると指摘し、高木説をベースに統一しようとしたのである。

こうした統一を図ろうとする営為は、両者を対極とする理解を前提にしている。その際、議論の前提になっている高木説は、一九七六年段階のものである。八〇年代初めの時期における議論においてそれは致し方なかったが、今日の時点に立って、その後の高木説を含めて考えると両者を対極とするのは適切ではないと思われる。高木説は、近世の軍団編成のあり方を軸に兵営国家論へと大きく展開していくが、そこでは社会集団の存在を前提に、その編成のあり方を問題にしているのである。いわば高木氏自身による統一が図られているとも言えるかもしれない。それを最もまとまった形で示しているのが、「「秀吉の平和」と武士の変質」である〔高木　一九八四b〕。その後も、中世の軍団編成や寛永期の理解などさまざまな発展があるが、先はこの論文を見ることが適切であろう。

（２）高木昭作氏の兵営国家論＝役─身分論

「「秀吉の平和」と武士の変質」における高木氏の立場は、社会集団の特質から近世社会を把握するという立場であり、特に軍団編成のあり方を具体的に解明している。

高木氏は冒頭で、中世も近世も「いずれも社会は集団から成り立って」おり、その集団は「村、町、職人・商人の座《ざ》・仲間・組合、神職者・僧侶・修験者《しゅげんじゃ》・巫女《みこ》などの教団、非人の集団、武士の家、大名の家などまことに多様であり」、「このような集団に属してはじめて諸個人の生活が可能であった事情は」同じであったが、にもかかわらず、その存立構成は根本的に変わったとする。こう指摘した後、鉄砲の普及以後は戦闘方法に変化がないにもかかわらず、戦国大名と近世大名の軍団編成方式はまったく異なることを指摘する。社会全体の構成と軍団編成の立論が相似形になっていることが注目される。そこには、軍団編成を見ながら社会全体の構成を見るという構えがあるのである。

以下、明らかにされた論点を整理しておこう。

①近世大名の軍団編成は、士《さむらい》大将に統率された独立の戦闘単位である備《そなえ》の集合として存在する。その一

つの備は、旗差《はたさし》などを除くと鉄砲組・弓組・長柄《ながえ》（鎗）組・騎馬隊・小荷駄隊《こにだたい》からなり、ほぼこの順で「押《お》」（行軍《こうぐん》）していく。

②前橋酒井家（一二万五〇〇〇石）の一八世紀初頭の陣立書《じんだてしょ》によれば、総勢五八八〇人と馬九三〇匹と把握され、その内訳は、騎馬の士三五〇人／徒士《かち》二〇〇人／足軽《あしがる》一〇五〇人／中間《ちゅうげん》・小者《こもの》三〇〇人／又者《またもの》（騎馬の士などの従者）一八〇〇人／人足一二〇〇人／馬の口取《くちとり》（馬子）五七〇人／その他（職人・医者・坊主・台所方など）と、乗馬《じょうば》三六〇匹／駄馬《だば》五七〇匹であった。近世大名が動員総人馬数を掌握するのは、動員する側で兵糧米《ひょうろうまい》を用意するためであった。

③騎馬の士は、自らの従者として「侍《さむらい》」・鎗持・馬の口取・甲持《かぶともち》・挟箱持《はさみばこもち》・草履取・小荷駄などを引き連れたが、その者の知行高が少なくても最低必要な人数はあり、知行高が小さくなるほど高当りの負担員数が大きくなる。このうち、「侍」以外は非戦闘員であるが、「侍」も若党《わかとう》であり、その戦闘内容は主人の鎗脇《やりわき》を守ることに限られていた。

④戦国大名後北条氏の場合には、動員する騎馬と彼が引き連れる旗指や鑓などの道具とその持手だけが規定されている。もちろん小荷駄なども必要だったが、それは個々の武士の私的動員に依存していた。それは、農業経営にも関わる在地領主《ざいちりょうしゅ》が自分の領地から下人《げにん》・譜代《ふだい》らを動員することで実現された。すなわち、戦国大名の軍団は武装自弁《ぶそうじべん》だったのである。

※後の論文［高木 一九八九a］では、戦国大名の軍団は、鎗が多く鉄砲が少ないという点を除くと、行軍の外見は近世のそれと変わらなかったが、その足軽隊は直属軍ではなく、騎馬の士が引き連れた従者《じゅうしゃ》を主人と切り離して編成したものであることを明らかにしている。この点は、近世の騎馬の士が引き連れる又者は譜代の者ではなく、実態は一季居《いっきおり》の奉公人であるにもかかわらず、主人と従者は切り離されなかったことと対比される。ここには、原理の

強固さの一方で、内実を変質させていく近世という時代がよく示されている。

⑤こうした違いを可能にしたのが太閤《たいこう》検地であった。家臣を土地から引き離すとともに（兵農分離）、広大な蔵入地《くらいれち》が創出された。これによって家臣が領地から譜代や子飼《こがい》の従者を私的に動員する条件が失われるとともに、直属の足軽隊の扶持米や動員された軍勢に支給する兵糧米が確保されたのである。秀吉はこれを惣無事《そうぶじ》を標榜して遂行した。なお、これにより、農繁期などにかかわらず、長期戦を遂行できるようになる。

⑥武士だけではなく、小荷駄の百姓や籠城《ろうじょう》・城攻に必要な諸職人など、あらゆる身分の者を軍団編成につなぎとめる近世国家は、兵営《へいえい》国家とも称することができる。

⑦実際の戦争がなくなった寛永期以降、社会の門閥《もんばつ》化が進むが、そこでは武士は戦闘者としての自己を証明しないといけないにもかかわらず、自律的な武力行使を禁じられる（喧嘩両成敗《けんかりょうせいばい》）という矛盾に直面する。

以上のような事柄がどのような意味を持っているか、考えておきたい。

第一には、社会全体の構成に関わる理解において、九〇年代の身分的周縁の議論につながる諸集団の存在が前提とされていることが注目される。

第二には、兵営国家論による役－身分論の包摂という点である。高木氏は、織豊政権の成立が軍事的統一過程だったことによって導かれる、武士だけではない百姓や職人、坊主、医者などまで含む諸身分・諸集団の軍事動員のあり方を、近世社会の編成を特質づけるものとして着目したのである。言い換えれば、軍団編成への諸身分の役による位置づけである。そこでは諸身分集団の存在が前提である。こうして高木氏の役－

身分論は兵営国家論の中に包摂されたのであるが、この段階での高木説を単なる「上からの編成」とのみ見るのは誤解であることがわかる。

第三には、寛永期における社会の門閥化ということの意味である。寛永期までは惣無事を標榜しながら、にもかかわらず戦争の可能性を秘めた時期であった。それ故、軍団編成を軸とした役による社会編成（兵営国家）も現実性（集団の自律性の収奪）を持っていた。高木氏は、社会の門閥化にもかかわらず、近世の社会集団は自律性を奪われていたと理解されているように思われる。しかし、私見では、「平和」な時代になると、兵営国家（役‐身分論）は近世社会の原理となると同時に形骸化したのではなかろうか。すなわち、原理としては近世を通して兵営国家論・役‐身分論が生きるが、現実には社会に多様な自律的な諸集団が展開したものと考えられる。但し、その集団の生成・展開の運動方向が原理に規定されて身分制的ベクトルを持つものであったと言えよう。この点は、後の身分的周縁論への言及で再度触れたい。

なお、寛永期の社会の大きな転換は、山口啓二氏の領主間矛盾が主要な矛盾であった段階（豊臣期―外に向けた戦争体制／徳川期〈島原の乱まで〉―内に向けた戦争体制）から、領主―百姓間の階級矛盾が主要な段階になるという理解［山口 一九七四］とつながり、横田氏の戦時役動員から入札による普請へという理解［横田 一九八二］とも関わっている。

第四には、このような高木説はそれまでの太閤検地論争や軍役《ぐんやく》論争などの研究史上の重要な論点を踏まえ、発展させている点が特徴である。

高木氏は、織豊政権の成立が軍事的統一過程であったことを重視するが、安良城盛昭氏が早くにこのことに注目していたことを指摘している［安良城 一九六九ａ、高木 一九八九ａ］。安良城氏は、秀吉の天下統一は、①強大な家臣団（軍隊）のその根拠地における培養、②膨大な兵糧米の根拠地における確保（軍隊の補給）、

③農民の反抗・逃散《ちょうさん》の防止（それを支える農民支配）の三つが不可欠の前提であったが、①②と③の間には矛盾関係があり、その解決のためには新たな農民支配体制の創出が必要だったとされ、それを実現したのが太閤検地だったとされた。これは、太閤検地によって小農《しょうのう》自立を進め中間搾取を排除することで豊臣政権の基盤となる地域で高率米年貢を実現し、一方、農村内の地主《じぬし》的＝侍的農民を中核とする軍事組織を解体（兵農分離）したというのである。

また、山口啓二氏の指摘――太閤検地により、服属大名領内に豊臣蔵入地が設定されるとともに、家臣団の知行《ちぎょう》が所替えの上大幅に削減され、大名蔵入地が激増（佐竹氏の場合は一〇倍）したが、その蔵入地は兵糧米の供給源、足軽隊の給養源、鎗・鉄砲などの調達の源であった――を踏まえている［山口　一九七四、高木　一九八九ａ］。

先の整理を思い返せば、高木説が、これらの太閤検地と軍団の関係についての理解を踏まえながら、発展させていることが容易に理解できる。この点に関わって、高木氏が豊臣政権が惣無事を標榜したことに注目された理由について触れておきたい。これは、「幕藩初期の身分と国役」において、織田政権では封建的土地所有と国役が別体系だったのが、豊臣政権下では国役も石高基準で賦課され、両者が連関させられるようになったという論点と関わっている。すなわち、石高制を創出した太閤検地が御前帳《ごぜんちょう》提出を標榜して推し進められたことが、両者を結びつけたという理解があると判断できる。

また、軍役論争で提起されていた軍役人数の規定から知行高の下位に過重な負担が転嫁されたという論点を意味づけ直す必要も含んでいる［高木　一九八九ｂ］。それは騎馬の士は二〇〇石であろうと三〇〇石であろうと、一騎として引き連れなければならない従者の一定数が存在していたからである。

このほか高木氏の提起で注目しておくべきは、侍は若党であり、れっきとした武士ではないとした点である［高木一九八四a］。騎馬の士が引き連れる従者（又者）たちは譜代の家臣ではなく、一季・半季で雇用される武家奉公人であったことへの注目も大きい。また、大名に直属する足軽隊への注目も大きい。これらの点は、吉田伸之氏の城下町論と密接に関わっている。これについては、九〇年代の身分的周縁の研究との関係で、節を改めて考えることとしたい。

2　身分的周縁と九〇年代の研究

身分的周縁をキーワードとした研究が、一九九〇年代に多様に展開した。ここでは、その多様な研究の中から、吉田伸之氏の研究と筆者の研究を取り上げて検討しておきたい。

(1) 吉田伸之氏の都市研究と身分論

吉田氏は、江戸を中心とする都市史研究を飛躍的に発展させてきたが、その研究は一面で身分論でもある。身分論という視点から特に注目されるのは、城下町の社会=空間構造の把握と、所有論からする身分論の二つである。以下、順に見ていこう。

吉田氏は、城下町の発展段階を整理し、（真正）城下町において「その社会=空間が、家中《かちゅう》屋敷、足軽町、寺社地、町人地、皮多町村《かわたまちむら》（えた村）などと身分的に分節《ぶんせつ》化され、都市の全体性は大名のイエ支配によってのみ代表的に具現されることになった」と指摘している［吉田 二〇〇二］。吉田氏の城下町論には、巨大城下町段階での都市内社会や単位社会構造といった社会=空間構造把握があり、そう単純でないことは明らかだが、（真正）城下町についての指摘は、一見すると、近世社会は身分・職業・居所《きょしょ》が三位一体《さんみいったい》に結びついており、城下町の空間にはそれが典型的に表現されているという以前からの通念と同じように見えるかもしれない。しかし、この指摘が、中世後期の研究に見られる城下町の二元的把握を批判して、多様な都市性の凝縮として捉えるという視角からの表現であること［吉田 一九九三b］、その実質的内容は通念とはまったく異なる内容を持っていることを理解しておく必要がある。

吉田氏の最近の論稿「城下町の構造と展開」で、城下町の即自《そくじ》的な分節構造についての議論が発展させられている［吉田 二〇〇一］。ここでは、そのうち足軽町と職人町に関する論点が注目される。吉田氏は、天正五（一五七七）年の安土山下《あづちさんげ》町中宛の信長朱印状一二条の再解釈から、町並《まちなみ》地（町人地）とは区別された足軽町と職人町が安土段階から存在していることを摘出した。足軽町に居住することを想定されているのは、「織田家臣団」ではなく、信長直属の奉公人層（「以御扶持居住之輩《おふちをもってきょじゅうのともがら》」）＝足軽・中間《ちゅうげん》層である。又者または牢人《ろうにん》の奉公人層は、家並《いえなみ》役免除で町並地に居住することが想定される。もちろん織田家家臣に抱えられた又者（侍＝若党・中間・小者など）には、その主人の屋敷内の部屋に住む者もいたことは当然であろう。

このような理解は、高木説を踏まえ、また照応している。高木氏は、侍は武士ではなく若党であり、中間・小者などを含む（武家）奉公人の一部であること、そこには早くから譜代ではない一季居が含まれていたことを論証された。吉田氏は、安土山下町中定の「奉公人」の解釈でこの高木説を踏まえている。なお、町並地に又者や牢人の奉公人層が誘導されているという吉田氏の解釈は、一面で彼らが共通する性格を持つこと＝一季居であることを意味し、他面で、奉公中でもすべてが主人の屋敷の部屋《へや》に吸収されていないことを意味していて興味深い。

さらに注目されるのは、軍団編成と都市構造が照応している点である。先に紹介したように高木氏は、近世の軍団が藩直属の鉄砲・鎗・弓などの足軽隊が大きな比重を持つ一方で、兵糧米を給される者の内三割近い又者（酒井家の場合、五八八〇人中一八〇〇人）が含まれていたことを指摘されている。しかし、これらの又者は主人の周辺に位置し、「押」（行軍）の中でそれ自体では形をなしていないのである。足軽町が空間として形成（可視化）されているのに対し、又者は武家屋敷内の部屋に空間的に可視化されずに存在していた。ここに両者の照応を見て取ることは容易であろう。同時に吉田氏においては、武家地＝武士身分の居住というような単純な理解ではなく、そこに非・武士の奉公人層の部屋が構造化され、江戸の藩邸《はんてい》社会の分析に見られるように奉公人以外にも鳶《とび》などの日用《ひよう》層が抱え込まれ、衣食住から文化的局面までの多様な出入《でいり》町人などに支えられて成り立つ構造が解明されている。すなわち、吉田説における社会＝空間構造は、単なる身分と空間の一致ではなく、空間の上に諸身分が複雑に絡んで展開する社会構造を把握するものだったのである。

次に、安土における職人町の検出の意味について考える。吉田氏は「被召仕諸職人《めしつかわるるしょしょくにん》」を織田家直属の「御用職人」と理解し、彼らは町並地とは異なる空間領域＝職人町に集住させられていたと指摘している。甲府の例や筆者が明らかにした秋田藩の鉱山町を傍証に、「城下町において本源的には職人町と町人町が別個の分節的な領域として分離していた」ことを推定している。これは、町人身分とは区別された職人身分の存在を主張するものである。この点は、第二の所有論からの身分理解と深く関わる。そこで、この問題に立ち入る前に、「所有と身分的周縁」によって、吉田氏の所有と身分に関する理解を見ておこう［吉田 二〇〇〇b］。

そこでは、吉田氏は「封建《ほうけん》社会における人間の存在様式たる身分にとって、相互の差異性の源泉は、職分＝所有の具体的存在形態にある」という立場から、近世の四つの基本的な所有形態を抽出している。

第一の土地所有は、非労働者＝領主の所有（日本近世では知行）と、直接生産者たる労働者＝農奴《のうど》の事実上の所有（同じく百姓の所持）とが、領主による農奴の人格的支配（経済外強制）を媒介として対自《たいじ》的・

敵対的に結合したものとして存在している。第二の用具所有は、「労働する所有者」の一形態たる手工業者（親方）の住居・手仕事道具・常客（信用）などの小資本所有の中核にあるものである。言うまでもなく、これは職人的所有である。第三の貨幣・動産所有は、封建的社会構成下における生産から分離した「交通」を担う「特殊な階級」として位置づけられる商人の所有である。第四の労働力所有は、近世では日用層がその労働力販売者層ということになるが、その労働は使用価値消費を目的とする用役給付《ようえききゅうふ》労働であった。

これらの所有主体は、一様な身分ではなく様々に分岐し（たとえば領主の土地所有の場合、「将軍から中《ちゅう》小姓《こしょう》クラスまでの武士や天皇家・公家・有力寺社など、非労働者＝領主の多様な諸身分が分岐し」）、また、これら所有主体との家や共同組織などの関係性で様々な身分存在が想定されていると思われる。さらに、労働力所有からも疎外《そがい》された非人《ひにん》や宗教的勧進者《かんじんしゃ》などが、勧進場などのテリトリー所有を核に排他的に集団化することがある傾向にも注意が払われている。

職人町と町人地の区別の問題に立ち返ろう。吉田氏の所有論の見地からは、人間の存在様式として職人身分と商人（ないし町人）身分とは異質性が明確である。職人町と町人地の区分は、独自の職人身分という理解の妥当性を示す意味を持つ。

さて、吉田氏はかつて、京都を素材に御用職人を職人＝身分、商工未分離の手工業小経営《しょうけいえい》（家持）を職人＝町人と概念化された［吉田 一九九三a］。ここでは、両者の居住地は空間的に分節化していなかった。筆者は、吉田氏が以前に近世都市を安堵《あんど》型と創出型に区別されたのを踏まえて、これを安堵型の都市での概念と理解し、創出型の都市の場合を秋田藩の鉱山町（院内・阿仁）を例に整理した［塚田 一九九四］。すなわち、阿仁金山町で上町に屋敷割りされた山師たちと下町に屋敷割りされた町人は、それぞれ「(町人＝）職人＝身分」と「(町人＝）町人＝身分」に概念化できると指摘した。つまり創出型の都市では、「町人＝身分」と区別された「職人＝身分」が見出され、しかも両者が上町と下町に空間的に分節化されていたのである。城下町は基本的に創出型の都市である。今回の吉田氏の整理は創出型の都市に普遍的なこと、すなわち近世都市の大半に当てはまると理解できる。

吉田氏は、職人町は一七世紀半ばまでに実質的に解体していくことを指摘する。その理由として、第一に御用職人の職分が築城・都市建設・戦争などの特異な領主需要に限定されていたが、「徳川の平和」によって職人役を介しての手工業把握が弛緩したこと、第二に広範な民間需要に応じる非・家持職人が多様に展開したことをあげ、職人町における家持職人は急激に流動化・解体し、町人地一般と均質化したとする。これは江戸についての吉田氏自身の実証研究を踏まえた見解であるが［吉田 一九七九］、高木氏の寛永期の社会の門閥化の理解と照応している点が注目される。但し、高木氏の理解に対して、筆者は、兵営国家が原理化すると同時に内実が変質し、自律的な諸社会集団が多様に展開したと考えるべきだと先に述べたが、この点については、吉田氏の理解は私見と共通していると考える。

ここで、先の所有論に関連した論点に再度触れたい。吉田氏は、土地所有と用具所有は封建的所有の〝正統〟なる二形態なのに対し、貨幣・動産所有と労働力所有は前近代においては〝異端〟的な所有形態であるとしている。その違いは、前二者の所有対象の多元性・個別性に対して、後二者の等質性＝代替可能性として対比されている。この指摘で注目されるのは、「たとえばA村百姓とB村百姓が土地所有という共通面において、その名目的所有（大所有）主体によって同じ百姓身分に括られる一方で、A村がおかれる自然的諸条件とB村のそれとの相違が、両村の百姓の差異・個性を所有の面から規定する」と、その内容が説明されている点である。この点は用具所有についても同様に想定されている。ここでの理解は、身分理解の多元性・個別性が所有対象の多元性・個別性によって基礎づけられるというものであり、その等質性は身分存在を否定する方向性（異端性）を持つというのである。すなわち、身分存在は個別的で多元的ということが前提となった理解なのであった。ここで想起されるのが、先に引いた朝尾氏の「身分は、その本質において局地的であり、かつ特殊的なものである」との指摘である。吉田氏と朝尾氏の身分の捉え方に共通する視点があったことがわかる。しかし、朝尾氏のその後の議論の展開は、この本質理解が活かされていない恨みがあるように思われるが〔朝尾 二〇〇二〕、この点は後述したい。

以上、吉田氏の見解を検討した。以下、これを踏まえて、筆者自身の研究を振り返り、若干の論点を出してみたい。

(2) 身分的周縁論の展開

吉田氏の所有の視点からの身分論で、職人身分と町人身分を区別すべきことが導かれたが、貨幣・動産所有の担い手たる商人＝町人身分と理解すべきかどうかの吟味が残された課題である。筆者は、桜井英治氏や吉田氏の中世末から近世初期の市場や売買の諸形態に関する研究を踏まえて〔桜井 一九九〇、吉田 一九九〇a〕、商人と町人を区別すべきことを提起した〔塚田 一九九四〕。秋田藩院内銀山町周辺の院内・小野・横堀での見世《み》役《せやく》賦課のあり方は、①見世の形があること、②売り物を出すこと、を条件に家持に課されるものであった。但し、売り物を出すのは商人である。すなわち、見世を所持する家持＝町人と見世を借りる商人という関係が存在したのである。これらの商人には「山（銀山）へ罷通《まかりとお》」る者や、一日だけ見世を借りる者のように定着性の薄い者がいたこと、つまりは自らが物を動かしている者であることがわかる。また、見世を貸す家持の中には、商人を宿泊させている者がおり、商人宿の性格を持っていたと思われる。以上のことを、桜井氏の明らかにした商人集団のあり方を参考にして考えると、先の商人たちは商人司《つかさ》（親方）に統括された商人集団の一員と想定され、彼らこそが商人＝身分と呼ぶのにふさわしい。

吉田氏は、江戸の青物市場を分析して、商品の売りと買いを媒介する存在としての問屋の存在を指摘し、その問屋のあり方を根本で規定するものとして、売場の所有と荷主・商人（仲買）との関係所有の二つをあげられた［吉田　一九九〇b］。これを念頭に置くと、問屋は先の町人の系列で、仲買は商人の系列で捉えることができ、単純に町人＝商人ということはできない。確かに、職人町と町人地が均質化した一七世紀半ばまでには、商人で家持＝町人であるという事態が広範に見られるようになり、多様な株仲間も形成されていくようになる。しかし、本源的には町人＝身分と商人＝身分は異質であった。近世半ば以降、東日本では在方の香具師《やし》商人集団が帳元《ちょうもと》に統率され、一〇〇〇人を超えるような仲間集団を形成し、地域の商品流通の主たる担い手となっている状況が見られた［八木橋　一九八六、吉田　一九九四b］。彼らは、自らは「商人」と名乗っており、中世末期の商人親方に率いられた商人集団の系譜の一つがここに見出せると言えよう。

吉田氏は、商人的所有として貨幣・動産所有をあげられた。それからすれば、町人と商人は、大きくはともに貨幣・動産所有の主体と言えるかもしれないが、売場や宿の機能につながる町屋敷（＝土地）所有を本位とする家持＝町人と、商品の売買に関わる商人とは所有の質の点でも区別するべきではなかろうか。

九〇年代の身分的周縁の研究は、近世を「士農工商えた非人」の身分制という固定的な理解を打破するという意味を持っていた（『身分的周縁』・『シリーズ近世の身分的周縁』）。高木説は、侍を武士と区別し、近世初頭から武家奉公人の多くが短期雇用の一季居だったことを明らかにして、武士身分の問い直しを提起した［高木　一九八四a］。吉田氏は所有論の視点から、武家奉公人を含む日用層を抽出し、職人身分を町人身分と区別された。それを踏まえて筆者は、町人身分と商人身分を峻別した。これらの諸論点も、士農工商の固定的な理解の見直しという点で身分的周縁の動向と共通している。

また高木氏が、社会を構成する集団としてあげていたものは、その後に身分的周縁の研究を刺激した三つの研究潮流の中で注目されていたものである。しかも、それらの諸集団が、第一次的な土地所有ではなく、空間に対する二次的所有（縄張りのような「場」の所有）を集団化の基礎としていたことが注目されていた［高木 一九八四b］。その意味で高木氏はそれらの研究潮流に敏感に反応していたことが理解できる。

二〇〇一年五月に「身分的周縁をめぐって」シンポジウムが開催された（部落問題研究所主催）。そこで筆者は、「「近世の身分的周縁」によせて」と題して、身分的周縁の研究が何を意味するかについて、「近世社会と社会集団」、「分類的思考と構造的思考」、「用いる史料と論述の仕方」、「時期の問題／地域の問題」「《歴史社会の構造》」の五項目にわたって論じた［塚田 二〇〇二a、本書Ⅱ第２章］。そこでの「士農工商」の身分制という理解の捉え直しについての論点を再確認し、ここまで述べてきたことと関わらせて若干の敷衍をしておきたい。

第一項では、相撲取り［高埜 二〇〇〇］と能役者［母利 二〇〇〇］を取り上げ、ともに大名などから扶持《ふち》をもらう側面があるとともに、渡世集団としての側面があるが、能役者の方が大名に抱えられる側面の意味が大きく、相撲取りは渡世集団の意味が大きい。木戸銭を取る相撲興行は相撲年寄（大坂周辺では相撲頭取）だけに認められており、相撲取りは、大名抱えかどうかを問わず、相撲渡世集団の一員として社会的に認知されていた。こうした存在に対し、相撲取りは武士身分かどうかという問題設定をするのか、あるいは相撲取り身分というふうに設定するのかで、身分制の捉え方が大きく変わってくる。もちろん二者択一ではないが、前者の問題設定では、結局「士農工商」の枠組みに還元されざるをえなくなる。

相撲渡世集団を一例に見たが、これと共通する多様な身分集団、あるいは利害集団が複層しているのが近世社会であり、相撲渡世集団が相撲興行の権利を独占的・排他的に公認されたように、それぞれの特権を認められる運動方向を持っていた。身分制社会とはこのような社会のことと考える。

第二項では、社会の全体を捉える方向性として、分類的思考と構造的思考を指摘した。前者は、社会的諸存在をこれは武士身分、百姓身分、職人身分、あるいは商人身分というように振り分けていく発想であり、後者は、筆者の言う諸社会集団の「重層と複合」として近世の全体社会を捉えるというような発想である〔塚田　一九八五ａ〕。「重層と複合」論は、社会集団を構成する個人・家を起点とする集団のあり方（歴史分析の第一の位相）や集団間の社会関係（第二の位相）を包括して全体社会を捉えようというものである〔塚田　一九九九〕。これは、第一項での身分についての問題設定と照応している。なお、分類的思考は、外から眺められた社会情況であるという点で、筆者の言う歴史分析の第三の位相とつながっている。

さて、このシンポジウムで大山喬平氏は、日本社会を「ゆるやかなカースト社会」と特質づけられるとの問題提起をされた〔大山　二〇〇二〕。大山氏は、南インドにおける儀礼的行為＝トリルと非儀礼的行為＝ヴェーライという労働の質に関する対概念を設定し、『シリーズ近世の身分的周縁』において列島社会におけるトリル形態の具体相が豊富に提供されていると評価され、そこからインド社会との共通性を見出したのである。そして「強い世襲性を帯びたトリルとしての儀礼行為が、ほかならぬ天皇とその周辺、ならびに穢《え》多《た》・非人・猿飼《さるかい》・陰陽師《おんみょうじ》など、列島社会の周縁部分に濃厚にとどめられている」との理解を示された。

大山氏は、研究史として、日本文化の原点を、天皇を中心に語った三島由紀夫、郷村《ごうそん》文化に見出した清水三男、散所河原者《さんじょかわらもの》に源流を見た林屋辰三郎という三つの立場があったことを指摘する。これは、先のトリル形態の儀礼行為が、天皇周辺とえた・非人などの周縁部分に濃厚に存在したという理解と関わっている。すなわち大山氏は、列島社会を、天皇とその周辺の公家社会、郷村社会、卑賤視された周縁社会というふうに把握し、その両極にトリル世界の強固な存在を見たのである。

近年、朝尾直弘氏は、近世の身分制をどう捉えるかについて、「新しい社会体制としては、先ほどの士農工商と照らし合わせますと、士つまり武士と、農工商つまり町人と村人、その下に「穢多・非人」が差別されて存在したということになります。最近ではもう農工商を平人身分としてくくってしまえばいいという意見があって、私もこれはもっともだと考えています」と述べている〔朝尾 二〇〇二〕。一般的に言われている「農工商」をわざわざ「つまり町人と村人」と言い換えているのは、朝尾氏が近世の身分制を士農工商ではなく、武士・百姓・町人と捉えているからである。ここで「最近」の意見というのは、畑中敏之氏や横田冬彦氏の理解を指している〔畑中 一九九二、横田 一九九二〕。畑中氏と横田氏は立論の根拠は異なるが、結論では共通している。朝尾氏も含めて内容的には異なるが、近世社会全体をこのように括るのである。

これを念頭に置くと、先の大山氏の議論は、中世を対象としたため、天皇とその周辺／郷村民／散所河原者となっているが、ほぼ重なる三層把握である。大山氏の議論について、トリル形態の労働という概念化やそれに基づくカースト的社会という評価が妥当であるかどうかは留保したいが、身分的周縁論の研究が解明した多様な社会諸集団のあり方を近世社会の特質を表現するものとして評価された点は、（それを推進してきた立場として）重要であると考える。その上で、問題としたいのは、こうしたトリル形態が、先の三層把握で言うと平人を除く両極において濃厚だとされた点である。

筆者は、身分的周縁論の研究で解明された社会諸集団のあり方は、社会の周縁部分だけでなく、そこから発展して武士や百姓、町人、職人、商人などの多様な集団形成のあり方にまで視野を開いており、社会の全体構造の捉え直しに及ぶものと考えている。ここまで検討してきた武士身分の捉え方や、町人身分や職人身分・商人身分の見直しもその一端であると言えよう。そうした場合、トリル形態の儀礼行為という概念と社会集団を重ねることが妥当かどうかはおいて、身分的周縁論の有効性の範囲を先の三層把握の両極に限定することが適切かという問題が生ずると考える。先の朝尾氏らの議論でも、近世の身分制を武士／平人（民）／賤民という三層で捉えるということではあるが、たとえば横田氏であれば、平民社会は実質上の経済社会であって市民社会＝非・身分社会と捉えられており、大山氏の把握と通底するところがあるのである。

こうした研究状況を前にして、筆者は、近世社会全体（武士や百姓・町人などを含めて）をどのように身分制社会として再構成するかということが現在の課題ではないかと考える。

第2章　日本近世の都市社会史をめぐって

はじめに

近世都市社会史の展開については、吉田伸之氏の整理もあり［吉田 二〇一二序章］、筆者も整理を試みたことがあり［塚田 二〇〇三b］、近年の研究を参照して大坂の都市史を概観している［塚田 二〇一六b］。具体的な研究については、それらを参照していただくこととし、ここでは巨大都市・三都を中心とした研究の現段階をどう捉えるかに絞って述べることとする。

1　近世都市社会史の展開――第一段階

日本近世の都市史研究は、一九七〇年代に都市住民生活の基礎単位である「町《ちょう》」とその細胞である町屋敷（家屋敷）への着目によって、それまでの都市の全般的・階層的把握から、都市の社会構造に踏み込んだ研究へと大きな飛躍を遂げたことは周知のことである。その後の近世都市史研究は、一九七〇〜八〇年代（第一段階）、一九九〇〜二〇〇〇年代（第二段階）を経て、現在、第三段階に入りつつあると考えられる。

第一段階は、京都と江戸を主たるフィールドとして発展した。朝尾直弘氏は、京都と近江の惣村《そうそん》地域をフィールドとして、近世社会の基礎には「村《むら》」と「町」があり、それは独自の法（村法・町法）をもち、自律的な運営を行う共同組織（地縁的・職業的身分共同体）であることを明らかにしたが［朝尾 一九八一、一九八八］、これが京都における「町」の研究を促進し、第一段階を切り拓く契機となった。一方、江戸においては、吉田伸之氏が町会所《まちかいしょ》の施行《せぎょう》と貸付を分析して、一握りの特権的な商人高利貸資本と膨大な「其日稼《そのひかせぎ》の者」が対峙する様相を摘出するとともに、町屋敷（家屋敷）の単位性に着目された［吉田 一九七三、一九七七］。その後、三井の行った施行から大店をめぐる社会関係や「町」と町制機構のあり方、市場《いちば》社会の構造、分厚く展開する日用《ひよう》層の存立構造などを次々と解明されていった［吉田 一九九一、一九九八b］。江戸の都市社会史は、吉田氏の研究に主導されながら、大きな発展を遂げた。

日本近世は、人口数十万〜百万人規模の巨大都市を産み出した「都市の時代」であった。第一段階の研究は、江戸と京都をフィールドとして展開したため、即自的に巨大都市研究としての性格を持ったが、この段階では、大坂も含めた三都に言及する場合にも、都市の巨大化によってもたらされる共通性が着目された。

例えば、吉田氏は、三都の施行を分析して、大店《おおだな》とその対極にある「其日稼の者」のあり方、両者の社会的関係を解明している［吉田 一九八二］。また、安堵《あんど》型の京都と創出型の江戸・大坂の町の構造は、一七世紀の初めには若干の差異があったが、一八世紀に入る頃には、不在家持と家守《やもり》の展開、店借《たながり》の著増によって共通に特質づけられると指摘している［吉田 一九八五b］。そこでは、江戸のような町会所の施行を欠く、京都や大坂の場合、大店による惣町《そうちょう》施行が行われるなどの相違も指摘されているが、全体としての評価では三都の巨大都市としての共通性が注目されている。筆者も、三都の非人集団と町方の関係について、町方・町人からの野非人《のひにん》などの悪《わる》ねだり取締り要求と非人集団の勧進権確保の利害が交錯するところで仕切《しき》り関係や旦那—出入関係が結ばれるという複合関係の存在を指摘した［塚田 一九八四］。ここでも具体的な存在形態の違いは明らかにしているが、関心は巨大都市としての共通性であった。

2　近世都市社会史の展開――第二段階

一九九〇年代に入ると、二つの側面から研究状況が大きく展開していく。一つは、地方の小城下町から人口数万人程の中大規模の城下町、さらに巨大城下町までを含む城下町の発展段階の中に巨大都市：三都を位置づけることで、三都の巨大性を相対化して捉える視野が拓かれたことである。これは、巨大城下町・江戸の分節構造論を踏まえた吉田伸之氏による城下町の発展段階論の問題提起を受けて展開したものである［吉田 一九九三b］。

こうした分節構造論を踏まえた地方城下町研究の動向を示すものとして、吉田氏を中心とする飯田市歴史研究所が、飯田を小規模城下町（(真正) 城下町）と位置づけ、その成立・展開と構造について複合的に解明しているのが注目される［飯田市歴史研究所編 二〇一二］。同じく小規模城下町としての越前大野について、マーレン・エーラス氏による非人集団と貧民救済を窓口とした総合的解明も注目される［エーラス 二〇一〇］。より規模の大きな城下町（複合城下町）についても、親藩である紀州徳川家の城下町和歌山の全体をかわた仲間や非人集団の視点から見通そうとした藤本清二郎氏の研究［藤本 二〇一一、二〇一四］や、外様の毛利家の城下町萩を対象に、民衆世界を基底として、家中から町方までの社会＝空間構造を把握した森下徹氏の研究［森下 二〇一〇、二〇一二］などによって解明が進められている。

一万石余の小規模藩の場合、城を持てず、それ故城下町を形成しえなかったが、陣屋とその周辺に家臣団屋敷と商手工業の都市的要素が集まった陣屋元村《じんやもとむら》となることが多かった。これは、吉田氏が原・城下町と位置づけたものであるが、これについても、齊藤紘子氏が一万三五〇〇石の伯太藩渡辺家の陣屋元村（和泉国伯太村）を対象として、その成立過程、社会＝空間構造、武家奉公人の調達構造などを総合的に分析している［齊藤 二〇〇七、二〇一〇、二〇一四、二〇一八］。

※吉田氏の城下町の発展段階論は、中世に育まれた都市性（都市的要素）の集中によって形成される城下町という展望を有していたが、これは近世における在地社会における都市的要素への着目を促した。こうした研究として、後藤雅知氏による房総の漁村社会における流動的な網水主《あみかこ》の労働力の調達と編成に着目した地域秩序の解明［後藤 二〇〇一］や、山下聡一氏による瀬戸内の塩田地域の塩田労働者や周辺に展開する新地のあり様の解明［山下 二〇〇六］などが注目される。

二つ目は、一九九〇年代以降、大坂の都市社会史研究の進展によって、巨大都市としての通有性とともにそれぞれの社会構造の固有性が浮かび上がってきたことである。これも、吉田氏による江戸における巨大城下町の分節構造論の提起を受けて、筆者たちが《法と社会》の視角を武器としながら、大坂の都市社会の構造分析を進めた結果であると考える［塚田・吉田編 二〇〇一、塚田編 二〇〇七、二〇一〇、塚田・佐賀・八木編 二〇一四］。

これにより、それぞれの都市（特に江戸と大坂）に即して、藩邸（蔵屋敷）社会、寺院社会、大店《おおだな》と表店《おもてだな》の位相、市場社会、遊廓社会、芝居地、かわた村と非人仲間などの様々な都市内社会の複合構造（分節構造）が明らかにされていった［吉田 二〇〇〇a、二〇一二、塚田 二〇〇六、二〇一五など］。

こうした中で、三都の比較研究の条件が整備され、町の構造においても不在家持の展開度の違いや、芝居地や遊廓を存立させる論理と構造の差異、かわた身分と非人身分の組織構造の差異、都市の拡大（周辺開発）を支える論理と展開過程の違いなどが明かになりつつあり、改めてその意味を問うべきことが自覚化されてきている。

江戸における町人地は、一七世紀初めは日本橋南北の古町三〇〇町規模であったが、一七世紀後半（寛文二年）に上野・下谷《したや》・芝・浅草などを市中に包摂し、一八世紀初頭（正徳三年）には外延部で都市化していた区域を町奉行支配に編入し、九三三町になる。さらに、一八世紀半ば（延享二年）には寺社門前町（四四〇ヶ所）、境内町屋《けいだいまちや》（二二七ヶ所）が編入され、古町の数倍にふくれあがっていった［吉田 二〇一五］。一方、大坂においても、豊臣段階の上町と船場の範囲から、一七世紀半ばまでに西船場や島之内、道頓堀周辺の開発が進み、一七世紀末から一八世紀にかけて堀江新地、曾根崎新地、難波新地などが開発されていった。

中世末期の都市構造を前提に近世都市へと再編された安堵型の京都に対して、江戸と大坂は創出型の都市であるが、何れにおいても外延的拡大（巨大化の一側面）は見られた。しかし、（同じ創出型の江戸と大坂においても）その論理とメカニズムは一様ではない。江戸においては、一七世紀は火除《ひよ》け地と武家（屋敷）地の確保が拡大を起動したが、基本的には代官支配所や寺社境内などに広がる町場の包摂（中世以来独自の門前領域をなしていた浅草や宿場町を含む）によって拡大した。一方、大坂においては、道頓堀周辺からその後の諸新地に至るまで、開発（請負）の性格が一貫し、そのための「所賑い《ところにぎわ》」の論理が強く機能した。そして「所賑い」の論理は、そこでの茶屋営業や芝居興行の公認の論拠としても幕末まで機能し続けたのである。

こうした江戸や大坂の都市社会の比較史を進めようとする場合、身分的周縁論の中で提起された〝モノに即した流通とそれに関わる社会集団のあり方への着目〟もきわめて有効であろう。その際、注目されるのが、原直史氏の干鰯《ほしか》流通に関する一連の研究［原 一九九六a、一九九六b、一九九六c、二〇〇〇、二〇〇七］や渡辺祥子氏の薬種《やくしゅ》流通に関する研究［渡辺 二〇〇六］などである。

原氏は、干鰯流通の流れに沿って江戸・東浦賀・大坂の干鰯市場《いちば》の特質を分析し、仲買を欠き、問屋の経営内に売方と買方が包摂された江戸のあり方と、塩魚市場と干鰯市場が重なり（靫《うつぼ》の島）、また多数の問屋と仲買が仲間を構成している大坂のあり方を、単に対比的に把握するだけではなく、それぞれの歴史的展開の帰結として理解されている。

渡辺氏は、大坂における薬種（唐《とう》薬種・和《わ》薬種）の流通に関する道修町の薬種中買《なかがい》仲間の機能を過大に評価する通説を批判し、唐薬問屋との相互補完的な実態を明らかにされたが、その中で、享保期に全国的な和薬種流通の統制のために和薬改会所《あらためかいしょ》が設置された際、江戸では本町の薬種問屋が和薬改めの実質を担ったのに対し、大坂では薬種中買仲間が担ったことを指摘し、その背後に江戸と大坂の間で薬種流通の構造の違いがあることを解明された。

以上に見てきた第二段階における二つの側面からの研究の発展によって、巨大都市・三都が他の多様な規模の都市と相違するだけでなく、三都それぞれの固有性に着目する必要性が強く自覚されるようになってきたと言えよう。同時に、人口数万人規模の地方大城下町であっても、町において店借・借屋《かしや》の展開は部分的であり、社会集団の複合構造もいまだシンプルであって、三都の巨大都市としての共通性も鮮明になっている。

また二〇〇〇年代に入って各分野で国際交流の進展が著しいが、日本の近世都市とアジア・ヨーロッパの諸都市との比較史的な研究交流が進められ、三都を発展させた日本の巨大都市形成の条件とその世界史的な位置づけを明らかにする必要性が自覚されつつある（［高澤・吉田・ルッジウ・カレ編 二〇一二］『思想』（一〇八四：二〇一四）特集「交差する日本近世史――日仏の対話から」）。

3　近世都市社会史研究の当面する課題

こうして、二〇一〇年代に入って、①三都それぞれの固有の社会構造の把握を潜らせつつ、数万人規模以下の地方城下町とは質を異にする巨大都市としての特質とその意義を問い直すこと、②ヨーロッパにおける国際的な貿易関係やアジアの世界帝国との関係を基本的には欠いたかたちで、日本の三都が巨大都市化しえた条件や、そこから与えられる特質を世界史的な視点から考えることが求められているのではなかろうか。現在、近世都市社会史は第三段階へと展開しつつあり、それをより自覚的に共同で推進することが必要であると考える。

第3章　都市における貧困と救済
――アジア・ヨーロッパの近世身分社会の〈比較類型史〉から

はじめに

今回（二〇一二年一二月一・二日）の国際円座「都市における貧困と救済」は、近世大坂研究会、文学研究科都市文化研究センター、都市研究プラザ（ＵＲＰ）都市論ユニットの三者の共催で開催された。近世大坂研究会は、一九九八年に近世大坂の都市史を共同で発展させることを目的に発足したが、現在、科研プロジェクト「近世大坂の「法と社会」――身分的周縁の比較類型論にむけて」（基盤研究（Ｂ）：研究代表者・塚田孝（二〇一〇～一三年度））の共同研究を遂行する基盤をなしている。

文学研究科都市文化研究センターは、現在、日本学術振興会の「頭脳循環を加速する若手研究者戦略的海外派遣プログラム」に二つの研究課題で採択されているが（「東アジア都市の歴史的形成と文化創造力」アジア／「ＥＵ域内外におけるトランスローカルな都市ネットワークに基づく合同生活圏の再構築」ヨーロッパ）、今回の国際円座はその両課題ともに密接に関わるものである。(1)もう一つのＵＲＰ都市論ユニットは、グローバルＣＯＥ「文化創造と社会的包摂に向けた都市の再構築」以来、大阪の都市史を重要な一部として位置づけ、私もその一員として共同研究を遂行してきた。(2)

本国際円座はこれら三者の共催であるが、近世大坂研究会が中心となって準備を進めてきた。来年度の科研研究期間終了を前にして、近世大坂研究会の今年度の研究計画において、アジアおよびヨーロッパとの比較史に関するプレ総括シンポジウムを予定していたのだが、その二つ（アジア／ヨーロッパ）を統合して開催することにしたのである。

以下では、まず科研の研究目的を再確認し、その上で本国際円座のテーマについて趣旨説明を行うことにしたい。

1　科研の研究目的と本国際円座のテーマ

科研プロジェクト「近世大坂の「法と社会」――身分的周縁の比較類型論にむけて」の研究計画書に記した研究目的は、総括的に以下のように記している。

日本列島社会の近世は巨大都市の展開によって特質づけられるが、それは一方で都市の社会的周縁に多様な社会諸集団を展開させることをも意味した。本研究は、〈法と社会〉という分析視角から、近世大坂を主な対象として、こうした周縁的な社会諸集団の存立構造〈身分的周縁〉を解明することを第一の目的とする。これを通して近世都市の身分的周縁を把握する分析方法を開発し、日本国内はもちろん、大規模な都市を発展させたアジア・ヨーロッパの近世身分社会の〈比較類型史〉へとつなげていくことをもう一つの目的とする。

ここから、本研究のキーワードが〈法と社会〉〈身分的周縁〉〈比較類型史〉の三つであることを容易に理解していただけるかと思う。これをもう少し敷衍すると、次のようになろう。

日本列島においては、近世になって都市が巨大化を遂げる。とくに、江戸・京都・大坂は人口数十万から百万におよぶ巨大都市となった。こうした巨大都市では生活・生産・流通・文化・芸能・宗教などに関わる人びとが、社会的分業をともないながら、周縁的な社会集団を多様に展開させ、その社会構造は農村地域とは比べものにならない複雑なものになった。民衆的視座から都市の存立構造を把握するためには、これらの周縁的社会集団の存在形態の解明が不可欠である。だが自らが豊富な史料を残すことが稀なこうした対象を分析するには、法史料を用いる〈法と社会〉の分析視角（後述）が特に有効だと考えられる。

都市の巨大化によって周縁的社会集団の生成が必然化されるとするならば、周縁的な社会集団が複層する現象は、日本列島内はもちろん諸外国の大都市にも共通すると見ることができよう。その一方で、それら諸集団がどのような結合形態・関係構造をとるかは、都市とそれを包み込む地域社会が培ってきた固有な歴史的蓄積（その表現形態としての都市全体の社会・文化構造）に規定され、多様であろう。ここに、周縁的社会諸集団の比較類型史が求められる根拠がある。

本研究では、研究代表者を中心とする研究グループがこれまで主なフィールドとしてきた近世大坂の周縁的社会集団を対象に研究を進め、比較のための基準作りと分析方法（「法と社会」）の開発を進めるとともに、その上に立った日本・アジア・欧米などを含む世界的な比較都市類型史の共同研究の組織化を進めていく。

ここで三つのキーワード〈法と社会〉〈身分的周縁〉〈比較類型史〉について、補足的に説明しておこう。〈法と社会〉という場合、二つの側面がある。一つは、法史料そのものの［法の形式］と［法の内容］の両面から社会の実態を解明していくという側面である。もう一つは、法的枠組みと社会的実態の関連（ズレと照応の両面を含む）を解明するという側面である。これら二つの側面は、深く関連しあっているが、いずれも社会の実態を明らかにしていく方向に収斂していくものである。

一九八〇年代の研究の進展の中で、近世社会は幕藩領主が領域権力として存在し、被支配民衆も町や村などの地域団体を形成し、それらが公権を重層的に分有する社会であったという理解が共有されてきた(3)。さらに一九九〇年代には、〈身分的周縁〉についての研究が深まり、職人・商人の仲間・組合、宗教者、芸能者、勧進者などの多様な社会集団に光が当てられ、それらが重層・複合して全体社会が構成されている実態が解明されてきた［塚田・吉田・脇田編 一九九四、久留島・高埜・塚田・横田・吉田編 二〇〇〇、後藤・斎藤・高埜・塚田・原・森下・横田・吉田編 二〇〇六―七］。公権力たる幕藩領主だけでなく、公権を分有する諸集団がそれぞれ自律的な法をもっていたという近世社会理解に立つと、法という現象について、①政治空間全体を覆う公儀法度、②自律的な集団内を規律する法、③そうした集団相互間の関係を規定する法、の三つを視野に収めることが必要である。都市における〈法と社会〉分析においても、①レベルの町触だけでなく、②レベルの町式目や仲間定書、また③にあたる異種の仲間どうしの「申合せ」などの法史料も利用して、総合的に都市社会を捉えていく必要があるだろう。

以上から明らかなように、〈法と社会〉の視角と〈身分的周縁〉論は不可分の関係にある。

本研究計画では、こうした分析視角から、近世から近代初期の大阪に展開する多様な社会諸集団のうち、特に（1）流通に関わる仲間集団、（2）職人や日用層の諸集団、（3）町抱《ちょうがか》えから派生・集団化する町代《ちょうだい》・髪結など、（4）勧進宗教者、（5）芸能者、（6）かわた・非人、という六つの系統の社会集団について、その存在形態の解明を進め、それを通して〈法と社会〉の分析方法を確立することをめざしている。さらに、（7）身分制の解体にも留意しつつ、（8）江戸・京都や地方城下町の事例を参照して、大坂の特質を浮き彫りにしたいと考えている。こうした大坂に即した実態解明と分析方法の開発と並行して、あるいはそこで得られた視角を活かしつつ、アジアやヨーロッパの都市社会集団研究と連携して、都市の巨大化によって展開する多様な周縁的社会集団の〈比較類型史〉を試みようというのが、本研究の意図するところである。

今回は、多様な社会諸集団の展開の中で、さまざまな要因・原因で貧困に陥り、救済が必要となった人々に焦点を当てることとした。それは、乞食・貧人《ヒンニン》状態にある者から非人集団化あるいは勧進集団化した者まで、あるいは何らかの原因（飢饉・物価騰貴・病気流行など）で救済が必要な状態に立ち至った者など、多様であるが、そうした者への救済のあり方から社会構造に迫ることを意図している。もしくは、社会構造分析と結合した形で、救済やそれを求める民衆の運動を見ていこうとするものである。

2　伝統都市論——比較（類型）史への志向

比較（類型）史に向かう前提として、「地域史の固有性と普遍性」という論点に触れておきたい(4)。

ここまで述べてきた都市の社会諸集団の比較史への試みは、吉田伸之氏の伝統都市論において、強く意識されており、そこから大きな示唆を得ている。

吉田伸之氏は、近著『伝統都市・江戸』の序章で、伝統都市の概念について、①前近代を彩る諸時代・諸地域の都市類型の総称であること、②現代都市（現代社会）批判であること、に加えて、③比較史へ道を拓くという点を指摘している。その三点目は、次の通りである［吉田 二〇一二：五頁］。

伝統都市論のメリットの一つは、異なる歴史的な背景を持つ諸都市間の比較類型把握への途を開く点にある。これは、例えば日本の中世における諸都市（的なもの）と近世の諸都市の比較であり、また同時代的な、例えば十八世紀の江戸とパリの比較などである。異質な、あるいは類似の諸類型を、ただ収集・分類するだけに終始するのではなく、伝統都市それぞれの多様性と絶対的な個性を明らかにし、また前近代の所有の諸形態に基礎を置く類似性に注目することで、現代都市の普遍性、没個性、無機質性、したがって非人間性を徹底的に暴露するという、根源的な現代都市批判の営みともなるであろう。

伝統都市の類型が多様であることは、すなわち固有性を持つことを意味する。「前近代を彩る諸時代・諸地域」は、言うまでもなく「異なる歴史的背景を持つ」のであるが、そうした固有性を持つ諸都市を全体として把握する方法が分節構造論である。巨大都市の形成は、生活・生産・流通・文化・芸能・宗教などに関わる人びとが、社会的分業を伴いながら、周縁的な社会集団を多様に展開させたが（身分的周縁論）、そこにも所有論（「前近代の所有の諸形態」）からする共通性が見出せる。それと同時に、それら諸社会集団が培われた社会的・文化的な背景に規定された独特の形態を取ることになった。比較（類型）史にとって、この両面（異質性・固有性と類似性・普遍性）を統一的に見ていくことが重要であろう。

その際、統一的に捉えるということは、固有性はどこか、普遍性は何か、というような議論の仕方ではないことに注意しておきたい。それぞれの伝統都市社会の固有性をもつ社会構造を全体として把握し、それを潜らせて、その普遍的性格の理解に至ることが重要なのである。分節構造論が、そのような把握に有効な方法であることは言うまでもなかろう。

「異なる歴史的背景を持つ」諸地域という点に関わって、私の提起してきた《歴史社会の構造》について改めて触れておきたい。

以前に私は、一九九九年度の歴史学研究会大会全体会での石井寛治報告「戦後歴史学と世界史――基本法則論から世界システム論へ」の議論を借りて、次のように述べた［塚田 二〇〇〇c：本書九四－九五頁］。

> 以上のこと（石井報告の内容）は、つぎのようなことを意味する。中国大陸で古代専制国家から古典古代国家の段階でも、周辺の日本列島では共同体社会が続き、五世紀に至ってようやく古代専制国家が生み出されるのである。また世界史的には、一〇世紀以降、農奴《のうど》小経営《しょうけいえい》が一般的に成立する段階であるが、日本では奴隷制大経営が支配的で、ようやく一六世紀に小経営の一般的成立が見られるのであって、これらのことは世界史的発展段階に解消できない地域的な諸社会が併存していることを意味する。
>
> さらに日本の周辺をみれば、アイヌ社会や琉球社会は日本列島上よりさらに遅くまで共同体社会が残っていた。これらの諸社会は、歴史的に蓄積された文化的固有性を持って存在していたのであって、現実の歴史的世界にはこれらの諸社会が併存していたのである。世界システムにおける共時的関係性とともに、固有性を持つ諸社会の併存を入れて《歴史社会の構造》を考えるべきだと考える。これは、先に外延的併存と表現したものである。《歴史社会の構造》を考えるとき、日本国家内の政治社会レベルの国家的広がりに一元化されない、固有性を持つ地域社会・社会集団の内包的併存を考慮すべきである。これは先に述べた歴史分析の三つの位相と対応している。

ここに示されているように、身分的周縁の視点から《歴史社会の構造》に到達し、地域社会や社会集団の固有性に意味を見出す見地に立ったのである。この中で、歴史分析の三つの位相と言っているのは、①集団の論理を共有する集団内の人々の位相、②異なる論理が交錯して実際に形成されている社会関係の位相、③それらの外部にそれらを取り巻く世論・世相の位相、の三つであるが、固有性を持つ地域社会・社会集団は①②の位相に相当し、国家的な広がりは③の位相に相当する。※

※なお、ここで述べた歴史分析の三つの位相は、先述の①政治空間全体を覆う公儀法度、②自律的な集団内を規律する法、③そうした集団相互間の関係を規定する法、という法の三つの局面と密接に関わっている。言うまでもなく、集団内を規律する法と集団内の人々の位相が照応し、集団間の関係を規定する法と集団間の関係の位相が照応している。また、公儀法度と世論・世相の位相は同じではないが、前二者を大きく超えたところにあるという点では共通している。

以上の《歴史社会の構造》を念頭におくと、近世日本において、東北・関東・北陸・東海・近畿・中国・四国・九州では、その地域社会構造はさまざまで、それが持続性をもって存在しているが、参勤交代で江戸暮らしをする大名とその家臣たちは、一面で、どこに領地をもっていようと均一の武士の政治社会文化を身につけているが、他面で、国元に帰ればその地域に特有の生活社会文化に支えられた地域社会に直面しながら彼らの政治支配を実現せざるを得ないことを意味する。

身分的周縁研究において、モノの動き（流通・売買）に即しながら、そこに関わる人々の関係・社会集団のあり方に着目した研究が発展してきた。そうした分析を行う際にも、地域によって歴史的に蓄積されてきた〈売《うり》〉や〈買《かい》〉という行為に関わる文化が異なるであろうことに十分留意する必要があるのではないか。モノとしては全国に流通しても、売買慣行が異なる場合、商人はその地域の慣行に合わせる形で売買行為を行うものといえよう。その意味では、全国的な政治社会文化を共有する武士の支配が地域の生活社会文化に対応して政治支配を実現せざるを得ないというのと共通性を有すると考えられる。

先述の〈法と社会〉の視角として触れた「法的枠組み」と「社会的実態」の突合せという論点、もしくは政治社会レベルと生活世界レベルの統一的把握という論点に関わって、ダニエル・ボツマン氏からの問題提起に触れておきたい。二〇〇九年七月一八・一九日に大阪市立大学で開催した国際円座「近世身分社会の比較史」（近世大坂研究会など主催）において、ボツマン氏は、インドのサバルタン研究（ニコラス・ダークス氏などの研究）を参照しながら、インドのカースト制と日本の身分制との比較に関する報告を行った［ボツマン 二〇一一］。

そこでの論点は多岐にわたったが、日本中世をゆるやかなカースト社会と規定した大山喬平氏の議論に対して、実はインドもイギリス帝国の支配が行われるまでは、ゆるやかなカースト制だったことを指摘した点が興味深い。インドも近世までは、カースト制は複雑な社会秩序の一要素であって、その意味で「ゆるやか」だった。しかし、イギリス帝国がカースト制度に以前よりもずっと重要性を持たせる統治政策をとり、さらに一八七一年から一〇年ごとに行われた全インド・センサス（人口一斉調査）においてすべての人をどこかのカーストに属させたことが決定的な意味をもち、これにより、カースト制度が全面化し、固着化させられたのだというのである［ボツマン 二〇一一：三六－四二頁］。

以上のボツマン氏の指摘は、帝国支配の問題であるが、視点を変えれば、多様な社会的実態が展開しているときに、問題が政治社会レベルに浮上した際に身分イデオロギーが前面に出て、法的枠組みが固定化するという日本近世の身分社会にも見られる普遍的な問題につながるであろう。すなわち、日常的な生活世界と法的（イデオロギー的）なレベル（政治社会への浮上）の関係の問題である。これを踏まえると、固有性をもつ地域社会構造を政治社会レベルと生活世界（地域生活）レベルの統一として捉えるということは、それ自体が普遍的な意味をもち、また「地域史の固有性と普遍性」を考えることでもあるといえるのではなかろうか。

また一方で、以上のことは、表象レベルやイデオロギーレベルに偏することの多い、いわゆる「国民国家論」などの議論に対して、地域社会の実態を組み込むことが不可欠なことを示していよう。

3　貧困と救済への視点

本国際円座で「都市における貧困と救済」をテーマとするにあたって、留意したのは、貧困や救済という事象を表層的に見るのではなく、社会構造と関わらせて考えていくという点である。本国際円座に先だって開催された歴史科学協議会の今年度の大会（二〇一二年一一月一七・一八日、於：早稲田大学）の第二日目において「伝統社会における貧民救済」がテーマに取り上げられた。この大会企画には、私も深く関わっていたが、その中で、吉田伸之氏が「幕末期、江戸の周縁と民衆世界」というタイトルで報告された。吉田氏の報告は、その企画にこめた私の意図と最も響き合うものであった。その点について、少しだけ触れておきたい。

一九六〇年代から一九七〇年代初頭にかけて、近世史研究の大きな流れとして世直《よなお》し状況論が盛んに議論されていた。その中で松本四郎氏は、慶応二（一八六六）年の江戸打ちこわしとそれが起こる江戸の都市社会の矛盾を解明することを試みた［松本 一九七〇a、一九七〇b］。このような研究状況の中で、吉田氏の都市史研究は、江戸の町会所が行う貧民救済や貸付の研究から出発した［吉田 一九九一］。そこから近世後期の江戸の都市社会は、一方に一握りの特権的商人高利貸資本が形成され、他方でその対極に、施行《せぎょう》の対象となる（三〇万人余にも及ぶ）膨大な都市下層民衆（「其日稼《そのひかせ》ぎの者」）が形成されていたことを明らかにされた。その後、三井越後屋を例として、江戸の大店が行う施行を検討され、大店が都市下層民衆とどのような社会的な関係を取り結んでいたかを解明されていった。

この後、吉田氏は、一方では、江戸での都市社会把握を基盤としながら、大坂や京都の施行を分析して三都のような巨大都市に共通する状況を明らかにする方向に向かう［吉田 一九八一、一九八五bなど］。これに示唆を受けて、私も、江戸の非人の把握をベースとして「三都の非人と非人集団」について整理したことがある［塚田 一九八四］。一九八〇年代半ばまでの、ある意味で都市史研究の開拓期には、三都のような巨大都市に通有の社会状況に視野が向いていたように思われる。

一方で、吉田氏は自らが発見した膨大な都市下層民衆（「其日稼ぎの者」）を構成するさまざまな人々の細密画を描く方向を模索されていく。これがその後の吉田氏の主要な研究戦略になっていく。この延長上に、巨大城下町を分節的に把握する分節構造論が提起されていくのである［吉田 二〇〇〇a］。そこでは、江戸の都市社会を分節的に構造化するものとして、藩邸社会や寺院社会、市場《いちば》社会や大店《おおだな》社会とその苗床として広く広がる表店《おもてだな》の世界、芝居地や遊廓社会、裏店《うらだな》層と日用《ひよう》層に総括される都市下層民衆の世界、対抗的なヘゲモニーとしての若者中や通《とお》り者の位相等々に解析が加えられていった。これらの営為は、吉田氏の初期の研究で、特権的商人高利貸資本と性格規定されていたものの具体的な存在形態の解明であり、「其日稼ぎの者」と性格規定されていた諸存在の具体的な実態の解明でもあり、それらが織りなす現実的な社会関係構造の解明であった。言い換えると、これらは地域社会の固有の構造とそこに生きる人々の具体的な把握と言うこともできよう。前項で「固有性を持つ諸都市を全体として把握する方法が分節構造論」であると述べたのは、以上のような意味合いにおいてである。

二〇一二年度の歴史科学協議会大会第二日目の「伝統社会における貧民救済」において、吉田氏に報告を依頼した意図は、こうした江戸の都市社会の分節構造の解明を潜らせたうえで、施行・救済の問題や民衆運動について再度論じてもらいたいということであった。しかし、吉田氏の報告はこれまでの江戸の都市社会構造の把握を踏まえたということにとどまらない、都市社会構造把握の新たな問題提起を含むものであった。

吉田氏の今回の報告は江戸に南接する品川地域を対象とするものであった。その内容の詳細は、近日刊行される『歴史評論』の大会特集号が参照されるべきであるが、この問題提起の趣旨を明確にするため、その論点の一端を見ておきたい[5]。

北南品川宿村《しゅくむら》には、東海道の最初の宿駅として、徒行《かち》新宿一〜三丁目、北品川宿一〜三丁目、南品川宿一〜四丁目が含まれ、宿駅機能を担う。三宿や耕地は代官支配、宿駅機能は道中奉行支配であった。また、三宿の西側には二五の寺院と二神社があったが、そのうち一八ヶ所に寺社門前町が展開していた。寺社は寺社奉行支配、寺社門前は町奉行支配であった。宿駅には食売旅籠屋が展開し、また駕籠《かご》かきなどの労働者も滞留していた。三宿と寺社門前は支配を異にしたが、その両者に跨る里俗町《りぞくちょう》が実質的な個別町を形成していることもあった。このほか品川猟師町や非人頭松右衛門の囲い内や品川溜《ため》も存在しているなど（近接して大井のえた小頭の集落もあった）、複合的な社会構造が展開していた。こうした品川宿村を含む近辺村々は品川領とまとめられたが、吉田氏はこれらの地域社会構造の複合的なあり方を地帯構造（地帯構造α――南北品川宿村／地帯構造β――品川領）と概念化されたのである。

こうした品川宿村の分節構造を踏まえて、天保飢饉や安政五（一八五八）年のコレラ流行時の貧民救済や、慶応二年の打ちこわしと救済の状況が検討される。施行・救済の中心に旅籠屋仲間が位置していたこと（すなわち当該地域の社会的権力の中核）や、町奉行支配か代官支配かで町会所の救済が及ぶか否かの差異が生じたり、駕籠かき営業の相克が生じたりという状況が提示されている。こうした社会状況・社会構造のあり方と打ちこわしや不穏状況は密接な関係を有していたのである。

貧民救済や民衆運動は、社会関係・社会構造の実態を踏まえて検討されることが必要である。また逆に、貧民救済や民衆運動の分析は、社会関係・社会構造を把握するための有効な手がかりともなることが雄弁に示されている。この双方向からの検討が重要であり、本国際円座の目指すところでもある。

なお、歴科協大会の討論における吉田氏の二つの論点での返答が印象に残った。一つは、救済を行う側の意識はどうかという質問に対して、救済をめぐる「意識」という表象に終始する議論の問題性を指摘し、都市社会構造の深みから問題を抉り出し、それとの関係で意識の問題も把握すべきであると言われた点である。この点と表裏であるが、もう一つは、一九七〇年代以降、世直し状況論の議論が急速に収縮していくのは、民衆運動を社会構造理解と結合して分析する方向に向かわず、表層の状況論に終始したためではないかとされた点である。この点は、報告の「おわりに」でも明言されていたのであるが、松本四郎氏がその後都市社会史を深めることがなかったことは、都市史分野においてそれを象徴しているとも言えよう。その意味で吉田氏が社会＝空間構造論を基礎に置く分節構造論・伝統都市論の展開を潜らせて、今回貧民救済・民衆運動を論じたことは一九七〇年代の民衆運動史研究からの空白を埋め、新たな飛躍を感じさせるものとも言えよう。

おわりに

今回の国際円座の問題提起として、江戸の非人と大坂の非人について、都市形成と並行して乞食・貧人として生み出されたという共通性を確認しつつ、一七世紀後半から一八世紀にかけて非人集団としての展開は両者に大きな存在形態の差異をもたらしたことを述べる心算で若干のレジュメも用意していた。乞食・貧人として生成した非人は、つねに救済と統制の対象であった。都市社会の構造と都市支配のあり方に規定された集団構造のあり方を踏まえつつ、その統制と救済に言及することは本国際円座のねらいを具体的に示すこととなると考えたからである。ここでは、それを詳細に述べる余裕はなく、別の機会に譲ることとするが、この点に一言触れてまとめに代える。

江戸の非人集団は、乞食・貧人として生成した(6)。一七世紀には日本橋の北と南に二分する形で、浅草の非人頭車善七と品川の松右衛門を頂点として組織化されていた(7)。一七世紀末から一八世紀にかけた江戸の拡大に伴って深川の善三郎、代々木の久兵衛を合わせた四ヶ所非人頭の編成となる。しかし、それは関八州えた頭弾左衛門の支配下の職場《しょくば》の枠組みに組み込まれていた。四ヶ所非人頭の囲い内には一定の非人小屋が集まっていたが、手下小屋頭の多くは市中の河岸《かし》地や寺社境内に散在していた。

江戸の非人たちは、小屋持以外の平《ひら》非人は斬髪であった。史料に上げた「刑罪大秘録」の市中引き回しの図に示されているように、えた身分の谷の者は結髪であるが、非人は斬髪である。そして江戸の非人は刑罰や溜《ため》（病幼囚の収容施設）の御用などを勤めたが、警察関係の御用を勤めることはなかった。彼らの生きるすべは非人稼ぎと言われたが、乞食としての性格は強かったと言える。

これに対して大坂の非人も、乞食・貧人として生成したことは共通であった(8)。都市大坂の形成過程とともに、関西周辺諸国から流入した貧人は四ヶ所の垣外に定着し、長吏―小頭―若き者という階層性を持つ仲間組織を形成していった。

彼らは、一七世紀後半には、新たに生み出されてくる新非人・野非人に対する統制と救済をゆだねられる存在となっていく。さらに一八世紀には、町奉行所の警察業務の末端を担うようになっていく。また、彼らは徐々にそれぞれの町や町人と出入《でいり》関係を形成し、その町内に垣外《かいと》番として雇用されるようになる。垣外番の役割は、町内にやってくる悪ねだりの排除が中核であったが、その垣外番を派遣する権利＝垣外番株は、その町内での勧進を独占する事実上の勧進権であった。非人たちの勧進は、大黒舞《だいこくまい》や節季候《せきぞろ》という形態をとることもあり、季節ごとの呪術的要素や芸能的な要素も含んでいた。

江戸の非人も大坂の非人も、乞食・貧人として生み出され、御用と勧進に特化した存在であったことは共通していた。しかし、江戸の小屋持非人は多くが市中に散在していたが、大坂においては四ヶ所垣外に集住していた。また、大坂の垣外仲間の者たちが江戸の非人と大きく違っていたのは、警察関係の御用を勤めたことである。レジュメでは、備前へ不受不施《ふじゅふせ》派の探索に出向いた天王寺垣外長吏が「大坂町御奉行手先《てさき》御役人」として遇されていることを紹介した[9]。

以上のように、江戸と大坂の非人は乞食・貧民としての生成という点では共通していたが、その後の変容によって大きな存在形態の差異を生じていた。しかしまた、問題が政治社会レベルに浮上するとき、両者はともに非人という外部からの視線を免れなかった点にも留意しておきたい。

ヨーロッパの近世都市、あるいはアジア諸国の近世都市において、社会的に零落し、乞食で暮らしていかねばならなかった人々は組織化されていたのであろうか。その物乞いは宗教的な色彩を帯びていたのであろうか。彼らは、都市社会の中でどのような位置を占めていたのであろうか。日本近世における勧進に関わる者たちの具体的な存在形態を紹介することで、このような問題での比較都市社会史が可能になるのではないだろうか。その他の社会諸集団においても、そうした比較史が必要であり、求められているのではなかろうか。

【付記１】

イタリア中世都市における貧民救済について報告いただいたムッザレッリ氏によれば、ヨーロッパ諸都市において乞食・貧民は救済の対象として記録されるだけであり、彼ら自身が仲間組織を形成し、彼ら自身が作成した史料が残っていることは聞いたことがないとのことであった。この辺からも比較（類型）史の手がかりが得られるのではかろうか。

【付記２】

二日にわたる国際円座の内容は、以下の通りである。なお、報告者の所属は本国際円座の開催時点のものである。

国際円座「都市における貧困と救済」
日程：一二月一日（土）・二日（日）
会場：大阪市立大学経済学部棟二F 第四会議室

一二月一日　13:00 ～ 17:00
《問題提起》
塚田 孝（大阪市立大学）「都市における貧困と救済――身分的周縁の比較史へ」

《セッションⅠ：ヨーロッパにおける貧困と救済》
Maria Giuseppina Muzzarelli（ボローニャ大学）「中世末期イタリアにおける貧困への対処」
大黒俊二（大阪市立大学）「ムッザレッリ報告へのコメント」
高澤紀恵（国際基督教大学）「ヨーロッパにおける貧困と救済――フランス近世史からのコメント」
一二月二日　10:00 ~ 17:00
《セッションⅡ：近世における貧困と救済》
海原亮（住友史料館）「都市大坂における商家奉公人の貧困と救済――住友家の事例から」
齊藤紘子（日本学術振興会特別研究員）「村落社会における「極困窮人」への施行・御救――泉州泉郡池上村を中心に」
John Porter（大阪市立大学都市研究プラザ）「明治初期大阪における貧民の救済と統制」
《セッションⅢ：近代都市における貧困と救済》
廣川和花（大阪大学）「近代日本の医療環境と「病者の社会史」を考えるために――ハンセン病を事例として」
張智慧（上海大学）「戦前上海における日本人居留民の貧困と救済」
飯田直樹（大阪歴史博物館）「近代大阪の貧困と救済――警察社会事業と大阪府方面委員制度を中心に」
《総合討論》
主催：近世大坂研究会・大阪市立大学都市研究プラザ都市論ユニット・大阪市立大学文学研究科都市文化研究センター

【註】

（1）本国際円座で報告するムッザレッリ氏は、ヨーロッパ・プログラムでイタリアの提携先ボローニャ大学の中心である。また、上海大学はアジア・プログラムで連携先に位置づけられている。

（2）塚田を事業推進担当者とする大坂の都市社会史は、グローバルCOE事業の根幹をなしていた。その成果の一環として、City, Culture and Society（Volume 3, Issue 1）において、大阪の都市社会史の特集号が刊行されている。

（3）こうした理解を主導したのが朝尾直弘氏である。「近世の身分制と賤民」［朝尾 一九八一］、「「公儀」と幕藩領主制」［朝尾 一九八五］などを参照。

（4）本節は、同時期に考えていた第3回地域史物寄合の報告「地域史の固有性と普遍性をめぐって」（［塚田 二〇一三b］と一部重複している。こちらも参照いただきたい。

（5）ここで紹介した吉田報告は、「幕末期、江戸の周縁と民衆世界」［吉田 二〇一三］として刊行されている。

（6）江戸の非人については、［塚田 一九八七a］第二部を参照。

（7）この点は、「近世前期、江戸町人地・内・地域の分節構造」［吉田 二〇〇五］を参照。

（8）大坂の非人については［塚田 二〇〇一・二〇〇七a］を参照。

（9）ここで紹介したのは、「大坂与力同心衆十月廿三日入込召捕之始末覚」（『日本庶民生活史料集成（第一八巻）』三一書房、一九七二年）である。

第4章　日本近世の社会的結合

はじめに

二〇〇二年度から始まった文学研究科の二一世紀COEプログラム「都市文化創造のための人文科学的研究」が二〇〇六年度で終了し、またそれを支えるべく翌年度から実施された重点研究「都市文化創造のための比較史的研究」も今年度（二〇〇七年度）が取りまとめの年である。さいわいわたしは両者ともに参加することができたが、その中でわたしなりに考えてきたことを総括しておきたい。言うまでもなく両者は密接に関連しており、機械的に区別することはできず、またそうすることが適切でもない。それ故、両者をあわせて考えることとしたい。

なお、本稿はわたし自身の理解の展開に即して（限定して）述べることにするが、COE事業と重点研究の全体の進行を反映しているし、近世都市史研究の全般的動向と深く切り結んでいると考えている。

1　出発点——「都市における社会＝文化構造史のために」

文学研究科のCOE事業は、当初、Aチーム（比較都市文化）、Bチーム（現代都市）、Cチーム（都市と人間）の三つのチームで出発した。わたしはAチームの一員として参加したが、その最初の研究会で「都市における社会＝文化構造史のために」という報告を行なった［塚田 二〇〇三b］。そこでは、まずわたしの専門とする日本近世史における戦後の都市史研究の流れを、三つの波として把握した。一九五〇年代までの収集分類型の手法による概観と都市の性格規定（自治都市か否かなど）を主とする第一の波、続いて一九七〇年代までの幕藩制構造論と結びつき、幕藩支配や幕藩制的流通構造における位置を問う第二の波があった。そして一九八〇年代以降の新しい研究は第三の波と位置づけられる。

　それまでの研究が、「近世都市は」とか、「江戸は」、「大坂は」として、都市の内部構造を問うことなく、あるいはせいぜい都市住民を階層として処理して、その性格づけ・位置づけを論じる傾向が濃厚だったのに対し、第三の波の研究は、都市空間を人々の生きる場として捉え、それらの人々が織り成す社会的結合関係に着目する方向に向かった。それは言い換えれば、歴史的過去に生きた人びとを生きた主体として捉えようとするものとも言える。

　その上に立って、一九九〇年代半ばから吉田伸之氏によって提起された、江戸の都市社会の全体構造を把握する方法としての分節構造論に立脚する研究を第四の波として理解できること、さらに当時の新しい社会＝文化構造論が第五の波となる可能性を指摘したのであった。そして、当時並行して執筆していた「近世大坂の都市社会と文化」［塚田 二〇〇三c］で言及していた大坂町人で博物家として著名な木村蒹葭堂《けんかどう》や、紀州栖原を本拠として江戸や大坂に出店をもち文化人を輩出した菊池家について言及した。それは、その報告の「おわりに」で述べたように、Aチームの運営会議で、文化の担い手に注目することが一つの研究の方向性として議論されていたことを意識したものであった。

　そこでは、木村蒹葭堂を通して考えると、大坂の都市社会の全体的把握のためには、文人《ぶんじん》社会・伝統社会・下層社会の弁別と連接が必要であるという提言をしていた。そのことを菊池海荘らの文化人を生み出した菊池家を例に敷衍しようとしたのであった。

こうした議論をしたのは、近世史でも文人層の文化的なサロンや情報ネットワークに関心が集まったり、豪農層の蔵書構成を分析した読書論などに関心が集まっていることを考慮したからであった。文人層（武士から、豪商農や職業学者・文化人なども含む）が、こうした文化の担い手であることは間違いないが、それらがどういう社会的な位置にあるかをあわせて考える必要があると考えていたから、自らそれを含めた全体的な議論をすべきだと思ったのである。※そこでの論じ方は、文化を、学問・芸術・文学など狭い意味での文化と考えていたから、社会的な関係や集団のあり様をそれとあわせて考えるという形をとっていたのであろう（自分でいうのも何だが）。

※こうした見解に至ったのは、それ以前に歴史分析の三つの位相についての問題提起や《史料》と歴史分析についての理解があった。以前に書いた論稿から関連する一文を引いておきたい［塚田 二〇〇〇a：一四三 - 五頁］。

歴史分析にどういう史料を用いるかは、単なる史料の問題にとどまらない歴史分析の位相の問題に関わっています。以下、この点を考えて見たいと思います。

最近、歴史の分析に際して、次の三つの位相を区別しながら、それらを総合的に捉える必要があると指摘しました。それは、①集団の論理を共有する集団内の人々の位相、②異なる論理が交錯して実際に形成されている社会関係の位相、③それらの外部にそれらを取り巻く世論・世相の位相、の三つです。これを問題にした前提には、諸社会集団の「重層と複合」として近世社会を捉える視角があります。しかし、より直接には、外からの観察者には理解できない、ある集団に属している人たちの秩序と論理に注意を喚起したヘルマン・オームス氏の一文［オームス 一九九六：二一九頁］を見て、重要だと思う一方、内外を区別するだけでは不十分ではないかと考え、整理したのが、この三つです。重要だと思ったのは、かつてわたしが江戸の吉原を検討した際、遊女と遊女屋を客として外から眺める遊客の視点ではなく、そこに生きる遊女やそれをめぐる人々の視点から吉原の社会構造を解明しなければならないと述べていたことと照応するからです。一方、不十分だと思ったのは、さまざまな社会集団・身分集団はそれ自身の独自な内的な秩序と論理をもちますが、それとは異なる論理をもつ社会集団間の、現実に取り結ばれている複合関係を考える時、①②の位相を区別して考えねばならないと感じたからです。このように整理すると、これらの歴史分析の位相は、どのような史料を分析対象とするのかと深く関わっていることは明らかでしょう。すなわち、①②の位相は地方・町方などの在地史料によらねば解明できず、③の位相は先の吉原で言えば遊客＝知識人の随筆などによるもの、つまりは当時に歴史や社会について語られたものによると言えるでしょう。こうした第三の位相が存在するのは間違いないところであり、これら三つの位相を総合的に捉える必要があることは言うまでもありません。しかし、現状ではむしろ、こうした「語られた歴史で歴史を語ること」のもつ限界について十分留意することが必要だろうと思います（以下略）。

吉田氏は、江戸の芝居地の社会構造を分析して、三座の歌舞伎芝居から宮地芝居《みやち》、寄席《よせ》へと広がっていく文化普及の構造を論じ、その方法的な立場を社会＝文化構造論と呼んでいる［吉田 二〇〇三］。また、錦絵《にしきえ》の出版に関わる諸集団を分析して、江戸の出版構造を解明している。そこでは、文化現象と社会関係・社会集団を密接に関連させて分析する社会＝文化構造の有効性が遺憾なく発揮されている。しかし、そこでも文化については、芸能文化や出版文化などが文化として理解されているといえよう。

Ａチームとして文化の担い手を課題化していた際にも、文化は狭い意味で捉えられていたように思う。そして、わたしの研究方向は、ＣＯＥ事業を契機として文化を包摂しつつ、その基礎をなす社会集団と社会構造の究明に比重をおいていく。

2　都市の諸身分・諸階層と社会的結合

ＣＯＥ事業と重点研究が比較都市文化史を掲げていたことが、わたしの研究に新しい視点を用意してくれた。以前から、社会集団・社会関係について注目していたことは、先に述べた通りである。それに比較の視点を加えることで、日本社会の特質への理解が深まったように感じている。

その第一のステップは、二〇〇四年三月二〇～二一日に開催した大阪市立大学ＣＯＥ国際シンポジウム「東アジア近世都市における社会的結合――諸身分・諸階層の存在形態」であった。このシンポジウムの企画は、井上徹氏から、明清期の中国近世史を主導している岸本美緒氏を招いて、中国近世の身分と日本近世の身分を比較するような月例研究会を持てないかとの発案から始まった。日本近世の身分制研究では、諸身分は身分集団として実在し、それらが「重層」し、「複合」して全体社会が構成されているとの理解が一般的となっていることから、日本と中国の近世都市を中心に、諸身分・諸階層がどのような集団を形成し、どのような社会関係を取り結んでいるかを広く比較することが有効ではないかという形で企画が広がっていった。それが、「東アジア近世都市における社会的結合――諸身分・諸階層の存在形態」というシンポジウムのテーマに込められた意図であった。

ここでは、さまざま問題が論じられたが、比較の視点として大きくは二つのことが出されたと記憶する。日中とも、巨大都市が発展していたが、そこで新たな生業が多様に発生し、それらが集団化を遂げる様子は共通する部分が多い。それらの社会に複雑に展開している社会集団に比較の光を当てるべきであり、そうした事象を巨大都市に通有の問題として具体的に比較することが比較史として有効であるということである。

もう一つは、日本史における身分集団の「重層と複合」という視角からの研究の動向と、中国史における身分感覚を切り口とする研究の動向には、社会の基盤に基礎的な共同組織の存在する日本社会とそれを欠く中国社会・朝鮮社会の違いが存在するのではないかとの指摘である。

比較史として重要なのは、共通性と差異性を社会の存在形態に即して比較することなのだが、その具体的な要素を探り出す手掛りを得られたというべきであろう。なお、わたし個人にとっては、このシンポジウムで他にも多様な収穫を得ることができた。その一、二の点に触れておきたい。

わたしは「近世後期における都市下層民衆の生活世界」という報告をしたが［塚田 二〇〇五ａ］、ここでは孝子《こうし》・忠勤《ちゅうきん》褒賞の史料から大坂の都市民衆の生活の細部を窺がうことを目的としていた。※ しかし、それはいかに孝行に努めたか、忠勤を励んだかに収斂して述べているのであり、その人物がどのような組織に属すか（たとえば大工組や髪結仲間）は考慮されないのである。つまり、孝子・忠勤褒賞の史料は第三の位相を表現するものであり、第一・第二の位相は見えないことに注意を喚起している。これによって歴史分析の三つの位相と社会的結合の関連を自覚化することにつながった。

※その後、孝子褒賞・忠勤褒賞関係の史料を用いて、民衆のライフヒストリーを組み込んで、全体史を描くことを試みた拙著『大坂　民衆の近世史——老いと病・生業・下層社会』［塚田 二〇一七ｂ］を刊行した。この報告を発展させせて、新しい民衆生活史の方法を切り拓いたものと考えている。

また、吉田伸之氏の一七世紀後半の江戸の捉え直しを提起した報告「近世前期、江戸町人地・内・地域の分節構造」［吉田 二〇〇五］によって、大坂の一七世紀の都市構造を再検討する必要性を強く自覚させられた。これも、その後の大坂町触の共同研究につながっていく。

第二のステップは、ＣＯＥ事業・重点研究とは別だが、二〇〇五年一月六・七日に開催された国際シンポジウム「古文書を通じてみた東アジア近世社会」（韓国古文書学会主催・ソウル大学にて開催）で報告した経験である。ここでは、日中朝の土地台帳と戸籍を素材として、各社会の身分制の展開を比較・検討することを目指したものであった。日本の場合、土地台帳（検地帳・水帳《みずちょう》）も戸籍（宗門人別帳）も町や村などの地縁的共同組織を単位として作られたのに対し、中国・朝鮮の場合、土地台帳（魚鱗図冊《ぎょりんずさつ》・量案《りょうあん》）も戸籍も上から線引きされた行政区画単位で作成されたという。これらを総括する形で岸本美緒氏が報告された「古文書を通じてみた近世東アジアにおける身分と土地所有」が、日中朝の各社会を比較して示唆的であった。

岸本氏は、「徳川時代の日本の土地契約が、近世初期に形成された比較的明確で固定的な社会的な枠組の中で行われていたのに対し、明清中国や朝鮮のそれは、より開放的で範囲のあいまいな人的ネットワークのなかで結ばれていたといえよう。それは、近世東アジア諸地域の社会構造をある程度反映するものだと考えられる」と述べている（引用はシンポジウム予稿集『古文書を通じてみた東アジア近世社会』による）。ここで日本について「比較的明確で固定的な社会的枠組」と言っているのは、村や町《ちょう》のことである。ここには、ネットワーク型の中国・朝鮮の社会に対して、共同体型の日本社会という対比がある。

こうした日中朝の社会を比較する視座の上に、二〇〇六年三月一八・一九日にＣＯＥ事業として開催された国際シンポジウム「都市文化理論の構築に向けて」が位置する。わたしは、第二日目の第一セッションで司会を担当したが、そこで印象に残るのが、次の二つのことである。一つは、報告者の伊藤毅氏から本プロジェクトでは「文化」をどう捉えているのかと問われたことである。もう一つは、辛徳勇報告において、中国清代の法の伝達について具体的に知れたことである［辛 二〇〇七］。このうち前者については次節で再度取り上げ、ここでは後者のみに少しだけ触れておきたい。

辛報告によれば、清の社会では官の布告が街頭に張り出すという形で浸透させせられるということであったが、一方で日本の場合には、町においても村においても触が順達されて、その遵守を誓約する請書《うけしょ》が作られ、毎年何十という御触が留められて残されていくような社会である。もちろん日本でも高札が立てられることはあるが、社会の隅々にまで触が伝えられ留められていくところに基本がある日本と、街頭に張り出すことで伝えられたとされる中国という対比は、先に触れた日本の社会（村と町の地縁的共同組織が基底にある）のあり方と、中国の社会（ネットワーク型）のあり方という対比とも重なってくる。

これに関する討論で、井上浩一氏は、時期はかなりさかのぼるが、ビザンツ社会においても街頭において法を口頭で宣告することで通達されたという事情が紹介された。そして、あわせてビザンツ社会もネットワーク型であるということも付け加えられた。

第三のステップは、都市社会の社会的結合にアプローチする【法と社会】という視角である。二〇〇六年四月二九・三〇日に近世大坂研究会・都市史研究会・COE大阪プロジェクト・重点研究共催のシンポジウム「近世大坂の法と社会」（大阪市立大学学術情報総合センター文化交流室）を開催した。

このシンポジウムの基盤には、一七世紀の大坂町触の輪読会を続けてきた近世大坂研究会の成果があったが、その立場からわたしはこのシンポジウムのねらいを次のように説明している［塚田 二〇〇七：b五－六頁］。

近世大坂研究会では、法という事象を通じて社会のあり方に接近する、つまり法と社会を切りはなさない形で問題を考えていく姿勢を保持してきた。〝法という事象を通じて〟という場合、【法の形式】と【法の内容】の両側面を考慮する必要があろう。

第一の法の形式とは、その法が誰から誰に対して向けられた指示・命令なのか、誰と誰の間の取決めであるのか、それがいかなる経路でいかにして伝達されるかというようなことである。こうした法の形式には、社会的な関係や社会組織のあり方が色濃く反映されている。それ故、法の形式に着目して分析していくことは、社会のあり方に迫る手掛りを与えてくれると考えられる。逆に、法を生み出す社会組織がどのような形をとっているのか、誰から誰に対してどういうふうに作用する規定なのかということを配慮しないで法の内容を解釈した場合、十分な内容理解にはいたらないと思われる。

法の形式に対する分析は、言ってみれば法それ自体の検討ということになろうが、今後の研究においても、法それ自体を検討することを重要な課題として位置づけていきたい。しかし、その場合にもその分析は、究極的には社会へと向かっていく方向性を持つべきだと考える。

第二の法の内容であるが、そこには複雑に展開している社会の実態、多様な仲間集団や社会生活のあり様などが反映しており、それ故、法史料は社会の実態に迫る可能性を豊かに秘めているのである。そこで、第二の課題は、法を手掛りに社会に迫るということを自覚的に推し進めていくことである。

この【法の形式】と【法の内容】の二つの視角からの分析は相対的に区別して進めなければならないが、社会の実態に迫っていくことにおいて両者は同じ方向性を有しており、統一的に研究を進めることが必要である。以上のような《法と社会という視角》から、本シンポジウムの各報告は準備された。

このシンポジウムにおいては、【法の形式】のうち特にその伝達のあり方を比較するべく、第一日目に、明清期中国について井上徹氏、ビザンツ帝国について井上浩一氏によるコメントを用意したのである［井上徹二〇〇七、井上浩一　二〇〇七］。両コメントによって、それぞれの国家と社会のあり方と密接な法の伝達、およびその実現の特質が簡潔にまとめられ、日本社会との対比を明瞭に理解することが可能である。

　また、このシンポジウムでは、〝法という事象を通じて〟諸社会集団に迫ることをねらいとしていた。わたしは、これまでに大坂の非人集団（垣外《かいと》仲間）の身分内法の構造から垣外仲間の集団構造を解明してきた［塚田 二〇〇一、二〇〇七ａ］。吉田伸之氏は、江戸・大坂の願人坊主《がんにんぼうず》の仲間について、本寺鞍馬寺に残されていた法史料を用いて実態解明を行っている［吉田 一九九四ａ・二〇〇〇ｃ］。各集団自体も法をもち、その法構造から集団構造に迫ることは有効である。

　しかし、都市下層社会に多様に展開する社会集団の多くは史料を残していない方が圧倒的である。その場合、町触などでの規制のあり方から集団構造に肉薄することが求められるが、わたしはそうした方法を「身分的周縁論――勧進の併存を手がかりとして」［塚田 二〇〇五ｂ］で試み、大坂における修験《しゅげん》・六斎念仏《ろくさいねんぶつ》・陰《おん》陽師《みょうじ》・神道者《しんとうしゃ》・願人坊主などの勧進宗教者集団の併存と競合のあり方を解明している。ここでの「法と社会」の視角は、史料の乏しい都市社会の多様な社会集団の実態に迫るための方法的な模索でもあったのである。

　なお、二点付け加えておきたい。一つは、社会集団や社会関係など社会的結合に着目した研究は、複雑化した都市でこそより有効であると思われることである。もう一つは、社会集団や社会的結合を見ることは、歴史に名を残さない民衆を具体的に捉える方法として重要であることである。多くの民衆は、先に触れた孝子褒賞などで残らない限り、個人史を示す史料を残すことはほとんどない。しかし、それらの個人はその集団や関係の中に確かな位置を占めたのである。そこを掬《すく》い上げることで、歴史の陰に生きた人々の存在を確認することが可能になるのである。

　ここまで述べてきたように、比較史の視座から日本社会の特質の理解を深め、近世都市における社会的結合を明らかにする意義と方法について学ぶところは大きかったと感じている。

3　文化の捉え方

先に触れた二〇〇六年三月の国際シンポジウム「都市文化理論の構築に向けて」の第一セッションで報告者伊藤毅氏から問いかけられた「文化」の捉え方の問題に立ち返ろう。

伊藤氏は、報告の冒頭で、大阪市立大学のCOE事業は「都市文化創造のための人文科学的研究」を掲げて多くの成果をあげているが、そもそも「文化」をどう捉えて事業を進めているかが不鮮明であり、そのためその成果が多様さに解消してしまっているのではないかという厳しい指摘をされた。司会の立場にあったわたしは、これを素通りするわけにはいかないので、やむを得ず討論の冒頭で〝責任ある立場でないので勝手に自分の思うことをいわせていただく〟と前置きして、おおよそ次のような私見を述べた［塚田 二〇〇七d：一三二―一三三頁］。

ふつう「文化」という言葉でイメージされる芸能文化や文芸文化など、狭い意味での分野史としての文化についても、もちろんCOE事業の中で一つの重要な要素として取り組んでいる。しかし、伊藤氏が文化について「曖昧かつ多義的な概念」と言われたことにも関わるが、人々が暮らしていく暮らし方・生き方の総体を広く文化と捉えている。私は、狭い意味での分野史ではなく、文化をそのように広く捉えて「都市文化創造」を問題にするとすれば、人々が生きやすい都市社会をどう作るのかということが「都市文化創造」であろうと思われる。

その場合に、伊藤氏の指摘された文化の商品化と消費化のとめどもない進行、こうした現象の持つ問題性は痛感せざるをえない。やはり歴史的な視点からすれば、文化の商品化について、その発生過程や、当初は部分的だったかもしれないその問題性を見出していく必要があると、漠然とではあるが、考えながら、私自身はやってきたつもりである。また、この人々の暮らし方・生き方ということであれば、やはり社会のあり方と不可分である（社会＝文化構造）。それは、歴史のアプローチにおいては社会史になるであろう。

こうした理解は、ＣＯＥ－Ａチームから大坂プロジェクト・重点研究と引き継がれてきた比較都市文化史のグループの中での議論に触発されたものであり、わたし独自のものというわけではない。特に、拠点リーダーの栄原永遠男氏や事務局長の井上浩一氏が会議において、「文化」については、狭義の文化活動（学問・芸術・芸能・思想など）に限定されず、広くウェイ・オブ・ライフ（way of life）＝生活様式全般を包摂するものとして理解することを発言されていた。それをベースにしつつ、日本近世都市における商品化の問題などと関連させて指摘したのが、先の発言であった。そこには、新自由主義とグローバリズムが横溢する現代社会、歴史や文化を資源として商品化する資本の論理への批判の視座をいかに獲得するかという問題意識が存在していた。

ＣＯＥ事業の最終年度二〇〇六年の九月から一〇月にかけて、その総括のために設定されたＣＯＥウィークスの一環として、国際シンポジウムが開催され、全体会「文化遺産と都市文化政策」（一〇月一日）と四つの分科会が持たれた。その第一分科会が、ＣＯＥ大阪プロジェクト・重点研究共同の「都市に対する歴史的アプローチと社会的結合」（九月三〇日）であった。

わたしは、その分科会開催にあたっての問題提起を行ったが、これまでに、①大阪の古代から現代までにわたる都市の歴史としての一貫した把握、②比較史の視座の獲得、③文化財と町づくりへの提言などが蓄積されてきていることを確認した上で、次のように述べた［塚田二〇〇七c：二頁］。

これら全体を通じて、グローバル化が進み、世界の均一化が著しく進行する中で、創造的な都市生活様式を構築する上で歴史的に蓄積された地域文化（空間的広狭・質的広狭を含む）に立脚した多様な実践が試みられ、いまだそれが立脚点たりうることが明らかになりつつあると考える。

グローバル化（世界の暴力的均一化）が強制される中にあっても、政治・経済的世界基準がいかに社会を編成替えするかは一様ではないこと、そのあり方が地域文化のありように規定されている具体的様相を明らかにすることは、今後の比較都市史研究の変わらぬ課題でありつづけるであろう。

以上のことを本学が所在する大阪の場において集約し、創造的な都市生活様式を構築する立脚点たる、歴史的に蓄積された地域文化（空間的広狭・質的広狭を含む）を総合的に把握することをめざすこと、これが本分科会のねらいである。

本分科会のタイトルを「都市に対する歴史的アプローチと社会的結合」としたのは、これまでの研究の蓄積の中で、それぞれの歴史社会における《社会的結合》を比較史の集約点にしてきたからである。先の課題に照らせば、我々の研究にとって、都市大阪に蓄積されてきた有形・無形の文化（狭義）とともに、人々の暮し方（ライフスタイル）も含めた広義の都市文化を解明することが不可欠であろう。そこには、市民生活のあり方、市民相互の社会関係や社会組織のあり方が含まれるであろうし、そもそも大阪をどのように認識してきたかということも重要な課題である。これらのことを意識しながら、三つのセッションを準備したが、それらを貫く隠し味として《社会的結合》がふくまれているのである。

ともあれ、都市大阪で積み重ねられてきた人々の営為を記録し、再発見することは過去・現在・未来の大阪市民に対する我々の責任である。それは、今後の都市文化（最適都市をめざす方向）を考える上でも不可欠なのである。

この問題提起は、わたし自身に引きつけて言うと、前節までに述べてきたことと、二〇〇六年三月のシンポジウムの場での発言の交錯するところで存立している。振り返って、二〇〇二年のCOE事業の出発点での「都市における社会＝文化構造史のために」の段階から「文化」の理解を拡張するにいたったことが自覚される。もちろん、その時に指摘した「文化の担い手」の問題などは検討すべき課題ではあり続けている。しかし、都市文化の創造が今後の最適都市をめざす方向の模索であるとするならば、都市文化史は人々の生きた総体を対象とするべきなのである。

全体会「文化遺産と都市文化政策」において、報告者の一人であった吉田伸之氏は「伝統都市と社会＝文化構造」と題する報告を行った［吉田 二〇〇九］。そこでは、わたしの拙い問題提起をさらに発展させて、文化表象と文化（＝本質）を区別しつつ、その相互関係を問う必要を指摘された。それは、かつての自らの「社会＝文化構造」の理解を再定義し、「文化」の捉え方を拡張するものでもあった。そして、それはふつうに暮らす民衆が、文化の「消費者」として終始することなく（つまりは資本からの過剰な「商品」化に抗して）、自らが文化創造の主体となる方向を確認するものでもあった。それはまた、「文化遺産」や「歴史遺産」を資源としてのみ捉え、奢侈的に消費するような「文化政策」に対する批判の視座をどう構築するかという問題でもあったのである。

おわりに

以上、「都市文化創造のための比較史的研究」という視点から、ここ数年の自らの理解の進展について振り返ってきた。そこでは、自分が企画に関わったシンポジウムなどを中心に述べることになったが、研究の真の意味での発展にとっては、二〇〇三年七月以来二ヶ月に一回程度丸一日かけて、かつ大学の枠を超えて行なってきた大坂町触を読む会などの場が重要であった（二〇〇八年三月までで四〇回）。

同時期にわたしは和泉地域をフィールドとした地域史を研究の柱の一つとし、また身分的周縁の共同研究を組織したりしてきた。それらは切り離せるものではなく、相互に結びついたものである。前者においては、「地域の歴史的総合調査」をめざして毎年行っている和泉市教育委員会と日本史研究室の合同調査が基礎になっている。それは、学生・院生の教育とも結びつき、最先端の研究の営みでもあり続けている。大学における地域貢献というなら、それは研究・教育と深く結びついていなければならないであろう。

ともすれば、外に見えるイベントの開催に目を奪われることになりがちであるが、その基礎に何が必要かも改めて（自戒を込めて）確認しておきたい。

Ⅱ　身分的周縁論の模索

第1章　身分的周縁と歴史社会の構造

はじめに——分析視角

本稿では、筆者が「身分的周縁」研究会に参加するなかで、自分なりに歴史学のあり方や方法について考えてきたことを述べてみたい。

第一次「身分的周縁」研究会は一九九〇年に組織され（呼びかけ人　脇田修・吉田伸之・塚田孝）、一九九四年に『身分的周縁』〔塚田・吉田・脇田編　一九九四〕の刊行に結実した。そこには、一四本の論文が、第一部「集団と関係」、第二部「場と関係」に編集して収録されているが、この編成からも理解できるように、このときには〈集団〉〈関係〉〈場〉という三つの言葉が方法的なキーワードであった。この研究会のおもな対象として、えた身分・非人身分だけでない多様な賤民、公家家職《かしょく》とつながる宗教的・芸能的諸勧進者《かんじんしゃ》、あるいは都市下層民衆などが想定されていたが、これらの多様な対象を単に並列するのではなく、統一的に把握しようとすれば、そのための方法的な模索が必要だった。その際のおおよその共通理解として、周縁的諸存在が形成する社会的集団のあり方（〈集団〉）、それが集団内的および外的にいかなる社会関係を有しているか（〈関係〉）、そうした社会関係が展開する場（空間）、あるいは社会関係を媒介する場（テリトリー）の特質はいかなるものか（〈場〉）、という視点の必要性が自覚されていったのである。今回の「身分的周縁」研究会（第二次）では、対象をより幅広くとりあげようということであったが、分析視角として〈集団〉

〈関係〉〈場〉を堅持しようというのが出発時の合意であった。

以上の分析視角は、周縁的諸存在をどう統一的にとらえるかという模索から出てきたものであるが、ひるがえって考えると、それは近世社会の社会構造をとらえるうえで幅広い有効性を持つ分析視角であるということができる。「身分的周縁」研究会に参加するなかで、筆者は、身分制社会を政治的に編成された狭義の身分制だけでなく、周縁社会を必然的に随伴するものとしてとらえ直す試みも行ってきた。こちらはいわば内容としての「身分的周縁」論とでもいえると思われるが、これについてはすでに「身分制の構造」［塚田一九九四］や『近世身分制と周縁社会』［塚田 一九九七］で述べてきた。それゆえ、内容としての「身分的周縁」論についてはそれらを参照していただき、ここでは「身分的周縁」にかかわって考えてきた分析視角について述べることにしたい。それは広く歴史学の方法全般に関することになると思われるが、今回、対象を大きく拡張しようとした方向の具体化と理解していただきたい。

〈集団〉〈関係〉〈場〉をキーワードとするような方法的模索は、筆者自身のなかでは、近世社会を諸社会集団の「重層と複合」として把握しようという、それまでの視角の延長上にある。その意味で、以下に述べようとすることも「重層と複合」の視角をより深めようという試みでもある。以上のことを前提に、いくつかの論点について述べていく。

1　歴史分析の三つの位相

(1) 第三の位相

最近、歴史分析の三つの位相を区別すべきことを強調しているが、これは「重層と複合」の視点と密接にかかわっている。筆者は、近世社会をさまざまな社会集団の複層する社会と考え、それら諸社会集団の重層と複合として把握することによって、近世社会の全体像に迫ることが可能になると考える。この場合、異質な社会集団間の関係を複合と呼ぶわけであるが、両者はそれぞれ独自の論理を持ちながら関係を結んでいた点に留意する必要がある。また、こうした実体的関係の外にいるものの存在にも気をつけなければならない。そうしたことを念頭におくと、つぎの三つの位相が区別しうる。

第一の位相　集団の論理を共有する集団内の人々の位相、

第二の位相　異なる論理が交錯して実体的に形成されている社会関係の位相、

第三の位相　それらの外部にそれらを取り巻く外的世界一般、世相や社会状況の位相、

これらの位相を自覚的に区別することが必要だと感じたのは、実体的社会関係や社会構造にメスを入れることなく、平板な社会状況をなぞるような「歴史研究」の不十分さを感じたからである。また、これは歴史分析にどのような史料を用いるか、あるいは史料の性格と限界をどう自覚するかという史料論にもかかわる。しかし、そうした論点に入る前に、ここではまずこうした区別の自分のなかでの自覚化の契機について振り返っておきたい。

筆者が、この第三の位相に相当するものを明確に自覚化したのは、「近世都市史研究の課題と方法」について整理したときであった〔塚田　一九九三a〕。この論考は、のちに「都市社会の分節的把握――吉原を事例に」と改題し、『近世身分制と周縁社会』〔塚田　一九九七〕に収録したが、ここで、都市社会の分節的把握として中心的に述べたのは、先の第一、第二の位相の分析であることはいうまでもない。それと対比して、都市一般の世相や社会の状況を描出するような研究について、つぎのように述べた〔一九五－一九六頁〕。

しかしそれは、歴史的主体が世相や状況の中に溶かしこまれ、主体そのものとしては像を結ばないような形で叙述されているのではないか。今、我々はマスメディアなどを通じて世相の移り変りを敏感に感じとっていると思いますが（実際に展開している世相・状況がマスメディアに反映するという反面で、世相・状況が作り出されているという側面もありますが）、そういったものは、一人一人の顔が見えない、私（＝主体）にとっては間接的なものにすぎないわけです。（中略）現在の社会史といわれるものの多くもこういう傾向を持っているのではないかと思います。もちろん、こうしたことが意味がないと言っているのではありません。こうした世相とか、歴史的状況というのはたしかにリアルに実在したし、都市文化が一面で匿名性を持っていることは現在の我々の生活感覚に照らしてもよく理解できるからです。しかし、これだけでいいのでしょうか。

この点を、以前に書いた拙稿「吉原《よしわら》――遊女《ゆうじょ》をめぐる人びと」の経験から言いますと、そういう世相・状況の描写というのは、国文学を中心としたこれまでの吉原や遊女の研究に見られる遊客の視点と対応するのではないかと思います。それに対して、私自身はそこに生活していた遊女自身の視点、あるいは遊女屋の視点で吉原を捉えたいと思ったわけです。遊客にとっては、所詮一過性の場であり、それは彼らの視点からは外から眺められた外在的な、あるいは間接的な状況として描かれるわけですが、そこで生活する遊女・遊女屋は多様な社会関係を取り結ぶ歴史的主体としてそこに存在していたわけです。その視点は、社会的な関係の具体的な把握を要請し、また可能にするものだと思うわけです。

以上の引用から明らかなように、外から眺められた状況論的歴史叙述、すなわち第三の位相に限定された歴史叙述に対する批判の立場から整理したものであった。しかし、だからといって第三の位相を無視していいわけではないことはもちろんである。ともあれ、ここにおいて第三の位相に相当するものを、自分のなかではっきり意識化したのであった。

しかし、そうした立場から自分の研究軌跡を振り返ると、この外から眺める立場については、かなり早い時期から着目するところがあったことに気づく。たとえば、一九八七年に書いた「近世の弾左衛門《だんざえもん》支配――職場の論理」において、猿飼《さるかい》に言及したなかで、「これまで、猿飼のような大道芸もふくめ芸能史の研究は、芸能を受容する側＝観客の目からの解明がもっぱらで、このような芸能者の社会的存在形態＝芸能者の生活者としての側面を十分視野にいれてこなかった」のではないかと指摘している［塚田 一九八七b］。

また、同年の「非人と町方《まちかた》」において、鶴屋南北《つるやなんぼく》の『鬼若根元台《おにわかこんげんぶたい》』という作品をとりあげた際に「非人を主要な登場人物とする作品を生み出しうる時代とは、いったいどういう時代なのかの解明が必要であり、その解明にとっては文芸作品は重要な史料だ」という一面とともに、「そのような南北も所詮、非人の世界を外から眺めている存在にすぎないのではないかという限界に自覚的であらねばならぬ」と指摘している［塚田 一九八七c］。これらの指摘が、都市史の方法について引用したものと基本的に共通した視点であることは、容易に理解できよう。もちろん、最初から歴史分析の位相として明確に自覚していたわけではないが、自分のなかで、こうした指摘が早くから見られたのは、おそらく生活者としてのあり方や社会的存在形態、あるいは社会関係・社会構造にこだわる視点と表裏の関係にあるからだろうと考える。

このように考えたとき、やや飛躍するが、吉野源三郎『君たちはどう生きるか』の冒頭場面が思い起こされる［吉野 一九三七］。そこでは、主人公の少年コペル君が東京のデパートの屋上から地上を行き交う自動車や人々を眺めて、不思議な気持ちにおそわれ、そこからその背後にある人と物の結びつき――すなわち社会的分業によって成り立つ社会そのもの――に思い至るというエピソードが置かれている。デパートの屋上から地上を眺めれば、そこには都市の社会状況は確かに見てとれるだろう。コペル君はこれを見て、日常の人間Aと人間Bの関係を越えた社会の広がりを感じ取った。

しかし逆にいうと、屋上から眺めているだけでは、そこを歩いているAが、どういう社会関係のなかに身を置いているかはわからないのである。歴史分析は、こうした個々の具体的な存在の社会的あり方や社会関係に切り込むべきであろう。先のコペル君の理解が与えてくれる示唆は、日常の生活感覚だけに依存すると社会構造は見えないということであろうと考える。すなわち、第一の位相の集団内の論理を共有している人々の視野に、分析者たる我々が限界づけられてはいけない、異なる論理を持つ集団があり、それが複合している関係（第二の位相）を両方視野に入れて把握すべきであり、さらに多様な社会集団が複層しており、それらの関係が複雑に展開しているのを総体的に把握しなければ社会構造を明らかにすることはできないということであろう。

近年、絵画史料の利用が注目されているが、絵画とはまさに眺められた世界の描写であるという点に留意すべきであろう。そこには、直接には社会的関係のようなレベルは表現されないのである。もちろん、研究者が絵画表現のなかに社会関係を読み解くことは可能であり、そうした営為が行われているわけであるが、それは研究者に歴史分析のなかでの社会関係理解があり、それを背景に絵画表現を読み解いているのである。眺められた世界を写す絵画史料は、即自的には関係を表現しないのである。このことは、博物館展示をめぐって議論になる物史料についても同様のことがいえると思われる。展示において、〝物自体に歴史を語らせる〟としばしばいわれるが、物自体は社会関係を語らない。どういう局面で、絵画史料や物史料が雄弁か、どういう限界があるか、を考えておくべきだろう。

このような三つの位相を区別することは、歴史分析に用いる文字史料の性格についても自覚的になることを要請すると思われる。これについては、『守貞謾稿《もりさだまんこう》』にかかわって、拙稿「非人」（第三巻（『シリーズ近世の身分的周縁』の巻数……以下同じ）『職人・親方・仲間』）の「はじめに」で若干触れている。その点に関して、一つの論点と思われる〝語られた歴史で歴史を語る〟ことについては、別稿「歴史学の方法をめぐる断想」で述べているので参照していただきたい［塚田　一九九九］。

（２）名称の重層性と社会集団の実態

以上のことを念頭に、本シリーズに収められた論考を見てみると、井上智勝「神道者《しんとうしゃ》」と梅田千尋「陰陽師《おんみょうじ》――京都洛中の陰陽師と本所土御門家」の対比が興味深い（ともに第一巻『民間に生きる宗教者』）。井上論文は、まず絵画史料や随筆などの史料から、神道者と表現されているのはどういうものかを整理し、多様な神道者の存在形態、個人の不安定な状況、本所との関係などを述べている。そこでは、神道者と表現されるものは、①学者的神道者、②祈禱者的神道者、③神道乞食、の三つにほぼ整理されるが、①は近世前期にしか見られず、③は後期に見られるようになるとして、以下の分析では②③に対象を限定する。この論考の特徴は、まず外から神道者と見られた状況＝外面的現象形態から出発する点にあろう。それゆえ②③にも多様なものが含まれ、以下の論述のなかでも、

神道者の本所は「守貞謾稿」に見られるように、京都の神祇官高官の吉田家・白川家、あるいは、天文・造暦・卜筮《ぼくぜい》などをつかさどった陰陽寮《おんみょうりょう》の長官の土御門《つちみかど》家であった。［一巻：三二頁］

といわれることとなる。すなわち、ここには梅田論文で扱われている「陰陽師」が含まれているのであり、

いわば「神道者」と呼ばれる者の第三の位相からする分析ということができよう。

一方、梅田論文は、京都の陰陽師の若杉権之丞の具体的活動から始め、多様な存在形態を持つ者たちを組織化しようとするときの矛盾やその結果としてできあがった土御門家の下での組織のあり方、都市社会のなかでの陰陽師の位置、朝廷行事のなかでの役割などを論じている。ここでも、陰陽師の多様な存在形態や「土御門家へのまなざし」が論じられているが、先の整理でいうと第一・二の位相を基本にしていることがわかる。

このように、井上論文でいう「神道者」は、梅田論文の扱う「陰陽師」を含んでおり、その視点はほぼ対局的といえよう。先の歴史分析の第一から第三の位相を総合的にとらえる必要があるという立場からは、両者はともに必要であるが、その視点が何をどのように問題にしているかを自覚しておくことが重要であろう。このことにかかわって、小川央「中世奈良の非人集団――前期からの展開」での、つぎのような指摘が興味深い［小川　一九九五：一二一－一二三頁］。

しかし、史料上にあらわれた呼称を固定的に理解することをやめ、集団のあり方から身分を再検討したとき、非人宿の分化と河原者《かわらもの》・えたの成立を切り離すことの妥当性には疑問が生じる。さまざまなレベルにおいて、職能や状態をはじめとするさまざまな要因にもとづいて身分呼称が成立する以上、史料上での呼称が異なっていても、それがただちに別の人間、別集団であることを意味するわけではないことに極力注意を払うべきだと考える。つまり身分呼称に重層性を認めるべきなのであり、そうしたとき、河原者系とされる人々の集団にも、非人宿との同質性を基本的にはみとめられるのである。

　ここでの主張は、中世非人のとらえ方について、名称の重層性に目を奪われず（つまり名称の重層性を十分に認識し）、社会集団の実態に注目せよ、ということである。どういう史料でどう表現されているかを考慮することは必要であるが、外から眺められた際の呼称の多様性にもかかわらず、内実は同一のものということは、大いにありうることといわねばなるまい。外から眺めて同じ呼称で表現されていても、多様な存在が含まれている先の場合とはちょうど逆のケースであるが、外からの視線の限界に注意を喚起している点で重要だと考える。

　以上のことを念頭に、若干のことを指摘しておきたい。神田由築「飴売《あめうり》商人」（第四巻『商いの場と社会』）は、飴売という同一の営業をめぐって、三つの集団（①江戸町奉行裁許に依拠する飴売商人、②土御門家につながる飴売商人、③香具《こうぐ》商人）が競合・対抗している様子を明らかにしているが、集団のあり方としては、縄張りの原理が異なるものの共通する部分が多いことを指摘している。ここには、社会的には共通し、近似的存在ながら、それらが競合するなかで異なる集団化を進展させる様子が示されているといえよう。先の小川氏の指摘と表裏の関係にあると思われる。

　西田かほる「神子《みこ》」（第一巻『民間に生きる宗教者』）は、甲州をフィールドに神子と呼ばれた多様な存在を整理するという一面を持っているが、一方で西後屋敷《にしごやしき》村に集住する社会的に共通する諸存在が集団化のなかでさまざまな呼ばれ方をするようになった状況を示しているといえよう。これなども集団化の意味を考えるうえで重要であろう。

　以上、歴史分析の三つの位相を自覚する必要性について述べた。

2　歴史的展開のなかで

(1)近世社会の進展と集団化の波

諸社会集団の重層と複合として近世社会を把握するという場合、これまで歴史的展開のなかで考えることが十分ではなかったと思われる。ここでは、近世のなかでの歴史的展開はもちろんであるが、近世に限定されない歴史的視野のなかで、この問題を考えてみたい。

なお、このことは近世の諸社会集団を社会集団一般として抽象的にとらえるのではなく、それぞれの集団の基本的性格・類型などを考慮して考えていくことを要請している。本巻(第六巻『身分を問い直す』)所収の吉田伸之「所有と身分的周縁」における所有論の提起は、こうした集団の性格を考えていくうえでの根幹をなすものといえよう。

さて、近世社会において、被支配民衆の形成する最も基本的な社会集団は、村と町《ちょう》であることは、大方の共通理解といってよかろう。中世から近世への展開のなかで、その意義を明確にしたのは、村や町を地縁的・職業的身分共同体と規定した朝尾直弘氏の議論であろう〔朝尾 一九八一、一九八八〕。朝尾氏は、中世末期に広く展開した惣村《そうそん》から双生児として村と町が生成するとし、それは、紐帯として血縁より地縁が優越してくる段階と照応していると述べられている。惣村は、惣村―村の二重構造であり、農村的要素と商業などの都市的要素をあわせ持ち、在地小領主らを中核とする族団的結合を内包することも多かった。太閤検地《たいこうけんち》を経て、兵農分離された百姓身分の結合体として、近世の村(惣村内部にはらまれていた村の自立)が成立する。

同時に、惣村に含まれていた都市的要素が市場《いちば》や城下町に集中され、町人身分の結合体としての町が生成される。この町は道路を挟んだ両側の町人の地縁的結合で、近世のどの類型の都市にもみられる都市の基本細胞であった。

以上のような朝尾氏の考えは、町の生成を惣村のはらむ都市的要素だけに収斂させている点は不十分であるが［吉田 一九九三b］、近世の基本的な社会集団として村と町を考えることは妥当であろう。この村は、原始社会以来の血縁的（種族的）・地縁的共同体社会の解体過程の所産としての地縁的・身分的共同組織といえよう。これに対し、町は共同体社会の解体過程から派出・分出し、新たに地縁的・身分的共同組織として形成されたものである。

近世社会には、村と町以外にも多様な社会集団が存在し、また生成していた。一九七〇年代以降の近世史研究では、これらのさまざまな社会集団についての研究が大きく発展した。たとえば、第一次「身分的周縁」研究会でおもな対象とした、三つの研究潮流を代表的なものとしてあげよう。

①賤民制にかかわるえた身分・非人身分や、猿飼《さるかい》、ささら（説教）・茶筅《ちゃせん》・おんぼう・鉢開きなど、

②公家家職とつながる宗教者・芸能者や職人、具体的には修験《しゅげん》・神職《しんしょく》・陰陽師・相撲取《すもうとり》・座頭《ざとう》・鋳物師《いもじ》など、あるいは家康権威をかつぐ虚無僧《こむそう》、

③都市下層民衆、具体的には鳶《とび》・髪結《かみゆい》・人宿《ひとやど》・日用座《ひようざ》・武家奉公人・町用人《ちょうようにん》・家守《やもり》・目明《めあか》し・遊女（屋）・願人《がんにん》など、

これらの諸存在は、中世から引き継がれてきたものもあれば、近世に生成したものもあり、それぞれ性格は異なるが、地縁的な共同組織に対しては二次的な共同組織といえよう。そして近世には、これらにかぎらない多様な社会集団＝二次的共同組織が存在し、また新たに生み出されていた。これらの一次的・二次的共

同組織は政治社会レベルで公認され、それらの集団ごとの特権の複層するかたちで身分制社会が構成されていたのである。

先にあげたうち、えた身分や高埜利彦氏の明らかにした修験〔高埜 一九八九〕、あるいは横田冬彦氏の明らかにした大工の集団のように、中世からの展開を前提に近世的再編のなかで考えるべきものもある〔横田 一九八一など〕。しかし、近世社会の展開はむしろ多様な社会集団を生み出していった。これまでの研究を念頭におくと、一七世紀後半から一八世紀初めに一つの波がくるとすれば、一八世紀半ばすぎが、つぎの波だと考えられるのではなかろうか。はじめの波についていうと、筆者の扱ったものでは、江戸の目明しは一七世紀半ばすぎには確実に存在していた。近江国大津の近松寺《こんしょうじ》による説教者の組織化が図られるのは正徳年間（一八世紀初頭）であった。高埜利彦氏がかつて明らかにした相撲渡世《すもうとせい》集団や陰陽師は、一七世紀後半に集団化の第一歩を踏み出し、一八世紀半ばすぎに本格的に集団化が進展した〔高埜 一九八九〕。

以上のような集団化の諸段階を考えるうえで、本シリーズに収められた保坂裕興「虚無僧《こむそう》」・高田陽介「三味聖《さんまいひじり》」（以上、第一巻『民間に生きる宗教者』）、森田竜雄「鉢叩《はちたたき》」（第二巻『芸能・文化の世界』）、横田冬彦「鋳物師《いもじ》」・高埜利彦「相撲年寄」・拙稿「非人」（以上、第三巻『職人・親方・仲間』）などは恰好の素材を提供しているといえよう。

以上のことに関して、二〜三の点に留意しておきたい。

第一には、先にあげたいくつかの集団をみれば明らかなように、それぞれの集団がいくつかの画期を持ちながら展開しており、その意味で、これらの波は各集団において存在していたという点である。にもかかわらず、第二には、全体としてみると、宗教者や勧進的芸能者の集団化は中世末の状況を前提としつつ第一の波があるのに対し、都市民衆世界に多様な集団化の波が押しよせるのは第二の時期であるといえるのではないか。第三には、これらの事態は身分制的な方向性を持つということである。一七世紀後半もしくは一八世紀半ばの近世社会の変動を、社会の近代化に向かう事態だと評価する理解もあるが、筆者は、特権の体系として存立している身分制社会のあり方と相即的な事態であると考える。

さらに付け加えると、こうした事態は地域によって大きな時期のズレがあるのではないかということである。神田由築氏は、大坂を頂点に瀬戸内から九州北部に及ぶ芸能者と芸能興行のネットワークを解明されているが［神田　一九九九］、そこからは、定芝居《じょう》の成立、役者村の役者集団としての成熟、ネットワークを媒介する〝すいほう〟などと呼ばれる俠客《きょうかく》などが西日本一体に本格的に展開していくのは、一九世紀に入ってからであると読みとれる。筆者が以前に検討した江戸の目明しは［塚田　一九八七d］、一七世紀後半には形成されていたように、三都や畿内周辺地域では一八世紀以前から利害集団が広く展開していたが、地方ではむしろこういう事態は一九世紀に入ってからなのではないだろうか。

（2）近代への展開

つぎに近代への展開について考える。筆者は、本シリーズ第三巻『職人・親方・仲間』の序論で、明治中期の労働力の性格についての東條由紀彦氏の議論に言及し、そこでの同職集団型の労働力の中心は、近世の職人からの展開であることを指摘した。東條氏によれば、こうした同職集団を外と区別する障壁は、彼らの肉体に刻まれた技能の熟練にあった。そして、このような人々は軍工廠《ぐんこうしょう》をはじめとする大工場で働く際も、そこに一生働き続けるというのではなく、技術を磨き、独立した小経営主となることを夢見るような存在であったと指摘されている［東條　一九八〇］。

これに関連して、先日（一九九九年七月二〇日）の大阪都市諸階層研究会と近世大坂研究会の合同例会で植田浩史氏が行った西山卯三著『安治川物語』〔西山 一九九七〕への論評は興味深かった。この本は、著者の父卯之助が明治初期に、大阪鉄工所での五年の見習工《みならいこう》を経て、一人前の職人となり、さらに数人規模の西山鉄工所を起こし、これを敷地一万坪の工場にまで育てたものの、昭和一九年に川崎重工に吸収されるまでの一代記である。しかしそれだけではなく、これらの卯之助の生涯を通しながら、西山鉄工所の所在した大阪・西九条周辺の職人と町工場の世界が活写されている。

そこでは、明治期のこととして、見習工として技術を学び職人として自立していくケース、職人が工場を移動していく様子、工場での仕事の現場では〝職長〟（にあたる者）たる親方的職人が実質的に支配している様子（〝職長〟＝親方的職人が請負で仕事をしたり、彼がグループを引き連れて工場を移動したり、ということもあった）、このような親方的職人が起こした工場も多い状況（小経営志向）、などが指摘されている。これらのことは、東條氏が指摘した同職集団型労働力の中核部分のあり方と重なる部分が多い。

植田氏によれば、「職長」層による現場支配はその後、かたちを変えながらもかなり遅くまで残っていくという。もちろん、頻繁な移動や請負などということはなくなるだろうが、経営が現場の末端まで直接掌握することは困難で、「職長」層による現場支配を一九五〇年代まで――すなわち高度成長期まで――排除できなかった場合も多く見られたとのことである。これが労働運動の一つの基盤でもあった。ところが、高度成長の過程でこの「職長」層の現場支配が解体するわけであるが、これは同時に熟練の解体、あるいは熟練の持つ意味の変化を意味した。

以上の点を念頭に、二つの点に触れておきたい。

第一は、荻慎一郎「金掘《かねほ》り」（第三巻『職人・親方・仲間』）は、鉱山社会における近世から近代に連続する側面を示しており、先の議論の例証を提供しているという点である。荻氏は、鉱山における金掘りの小経営としてのあり方を示すとともに、単一鉱山を越える山法の存在を示し、その背景に金掘りの「渡り」＝流動性があり、それを可能にする「槌親《つちおや》」制があったことを指摘している。金掘りは「槌親」と擬制的親子関係を結ぶことで金掘りの仲間組織の一員となることができ、このような仲間組織に入った金掘りは、他の鉱山でも受け入れてくれるのであった。荻氏は、「槌親」制に基礎をおく渡り金掘りの世界は、近代日本の鉱山に見られた友子制《ともこせい》につながっていくという見通しを述べている。

第二は、一九七〇年ころ、山口啓二氏が、近世史研究の課題として、高度成長のなかで日本の伝統社会の基底をなしていた家と村が解体に瀕しているが、近世初頭以来の家と村の成立・展開・消滅の全過程を解明すべきであると提言していたことである〔山口　一九七二〕。山口氏は、近世社会において、百姓のみならず、職人、鉱山労働者などまでを特質づけるのが小経営であり、芸術・文化までが職人的特質を帯びていたと指摘している。この指摘をふまえると、先の「職長」層の現場支配＝熟練の意味は、高度成長前まで残ることは重要な意味を持つと考えられよう。

以上、身分的周縁の世界を、近世に限定されない中世や近代までを展望した視野で考えるべきことを指摘した。

3　《歴史社会の構造》と地域差

(1)　石井寛治氏の「構造的世界史」

最近、筆者は、地域社会構造を政治社会レベルと生活世界（地域生活）レベルの統一として把握すべきこと、現実の歴史的世界はさまざまな歴史的蓄積を持つ諸社会の外延的併存と内包的併存によって存立しているが、これを《歴史社会の構造》と呼びたい、との考えを提示した〔塚田 一九九九〕。以下では、これにかかわって若干のことを述べてみたい。

今年度の歴史学研究会大会全体会（一九九九年五月二二日）での、石井寛治報告「戦後歴史学と世界史――基本法則論から世界システム論へ」は、とても興味深かった〔石井 一九九九〕。石井氏は、戦後の歴史学の研究を振り返るなかで、一国史的な発展段階論ではだめだが、世界史規模で帰納的に考えると発展段階論は有効であるとして、仮説的問題提起を行った。その際の機軸には、基礎概念としての「直接生産者の社会的存在形態」、推進力としての「生産力＝破壊力」が置かれている。世界史的にみると、つぎのような諸段階が見出せるという。

紀元前八〇〇〇年ころ、農業と牧畜が開始され、農業共同体＝血縁共同体が形成される。紀元前三〇〇〇年ころ、古代専制国家（貢納制《こうのうせい》の社会）が出現する。紀元前五世紀前後に共同体成員に鉄製農具が普及し、血縁共同体に基礎をおく古代専制国家が解体し、古典古代国家（安定的な奴隷制大経営と不安定な隷属的小経営の併存する奴隷制社会）が生み出される。一〇世紀前後の「農業革命」により、自立的小経営（農奴《のうど》小経営）の一般的成立が可能となり（農奴制の社会）、その権力形態としては集権的な家産官僚制国家から分権的な封建的主従制までが併存した。ヨーロッパで開始された産業革命は、一九世紀に世界規模で資本制の社会（機械制大工場・大農場と共存する膨大な数の手工的小経営の社会）を生み出した。その意味で、近代世界史の開始は一九世紀であるとする。そして地域間の相互関係を含む古代以来の「構造的世界史」の構築を提唱して報告を結んでいる。

以上のような石井氏の議論はとても雄大で魅力的なものである。石井氏は、一国史的《いっこくし》思考（タテの思考様式）ではなく、世界史として考えること（ヨコの思考様式）を強調していたが、これも重要な視点だと思う。

ただ、報告で言及されていた日本についての史実をあわせて考えると、若干の疑問も感じる。

(2)《歴史社会の構造》とは

石井氏は、日本についてはつぎのように指摘された。

日本列島には紀元前三世紀に水稲耕作が伝来し、紀元五世紀ころにヤマト国家(古代専制国家)が成立する。しかし、そこでは古典古代国家を欠きながら、奴隷制大経営として開発領主を展開させ、一六世紀末(太閤検地段階)でようやく小経営の一般的成立が見られた。そして一九世紀末～二〇世紀初頭に資本制に包摂されるとされている。

以上のことは、つぎのようなことを意味する。中国大陸で古代専制国家から古典古代国家の段階でも、周辺の日本列島では共同体社会が続き、五世紀に至ってようやく古代専制国家が生み出されるのである。また世界史的には、一〇世紀以降、農奴小経営が一般的に成立する段階であるが、日本では奴隷制大経営が支配的で、ようやく一六世紀に小経営の一般的成立が見られるのであって、これらのことは世界史的発展段階に解消できない地域的な諸社会が併存していることを意味する。

さらに日本の周辺をみれば、アイヌ社会や琉球社会は日本列島上よりさらに遅くまで共同体社会が残っていた。これらの諸社会は、歴史的に蓄積された文化的固有性を持って存在していたのであって、現実の歴史的世界にはこれらの諸社会が併存していたのである。世界システムにおける共時的関係性とともに、固有性を持つ諸社会の併存を入れて《歴史社会の構造》を考えるべきだと考える。これは、先に外延的併存と表現したものである。《歴史社会の構造》を考えるとき、日本国家内の政治社会レベルの国家的広がりに一元化されない、固有性を持つ地域社会・社会集団の内包的併存を考慮すべきである。これは先に述べた歴史分析の三つの位相と対応している。

《歴史社会》をこのような《構造》を持つものと考えると、地域差は固有の絶対的な意味を帯びてくることになる。このようなことを考えて、拙稿「非人」（第三巻『職人・親方・仲間』）の「はじめに」では、以前に三都の非人の巨大都市として共通する側面を抽出する試みを行ったのに対し、今回は大坂の非人と非人集団の固有の存在形態に視点をあてて、総体的に把握するという志向性を表明したのである。

以上のような《歴史社会の構造》は、近代にももちろん存続した。その際、地域生活レベルの固有性は、近世から近代にまで粘着性を持って持続することがあった。それが、地域差が失われ、画一的な社会となっていくのが、高度成長の過程なのであった。これが家と村にささえられた地域社会の崩壊を意味することはいうまでもなかろう。

おわりに

以上、「近世の身分的周縁」ということからはやや離れてしまったかもしれないが、「身分的周縁」研究会に参加しながら考えてきたことの一端を述べた。討論の素材としていただきたい。

第2章　「近世の身分的周縁」によせて

はじめに

今回の『シリーズ近世の身分的周縁』（二〇〇〇年、吉川弘文館）の編集に参加して、今思っていることを「はじめに」三点だけ述べておきます。

第一には、「集団」・「関係」・「場」のキーワードについてです。自分の中では、『身分的周縁』［塚田・吉田・脇田編 一九九四］に結実した第一次の身分的周縁研究会以来、この「集団」・「関係」・「場」をキーワードとしてどんな近世史像が見えてくるかという問題意識が形成されていましたが、今回（第二次）の研究会においてもこれが引き継がれていました。シリーズ中の多くの論稿で、その視角が活かされ、身分的周縁の視角としてこれらのキーワードの重要性が共有されてきたと思います。

第二には、〈士農工商〉的把握をどう越えるかという点です。今回のシリーズの全巻の巻頭の「刊行にあたって」において、「近世の身分というと、「士農工商の社会」という通念は、根深いものがあります。（中略）しかし、実際の近世社会は多様な人々によって成り立っており、これらの人々が多様な集団を形成し、それが重層し、複合していました。もちろん近世が身分制社会であることは、そのとおりですが、「士農工商の身分制」という単純な理解では不十分なことは明らかです」との認識を表明しています。これに示されているように、近世の身分制を〈士農工商〉という単純な理解ではいけない、もっと豊かに捉えなければばいけないということが共通の出発点でありましたが、これをどう乗り越えるかというと、そう簡単ではありません。この点では、先ほど倉地克直さんが、報告の第四点目で、いろいろ具体的なことが明らかになったけれども、結局はそれらを士・農・工・商という既存の身分のどこかにぶら下げることになっていないかと指摘されたのが印象的でした〔倉地　二〇〇二〕。この点は、後に本論のところで、立ち返って少し触れることにします。

第三には、今日のシンポジウムのためにシリーズを読み直していて再認識したのですが、対象が関東、あるいはせいぜい越後より西の地域であり、東北などがまったくはいっておらず、かなり対象に偏りがあるということです。これは、ある意味で初めからわかっていたことですが、今回再認識しえたのは、自分の中で、後で話そうと思っている《歴史社会の構造》という論点が熟してきたからだと思います。《歴史社会の構造》という見地に立てば、先ほどの大山喬平さんの言葉で言えば列島社会全体を視野に収めるような意識的営為が必要ではないかということを感じています〔大山　二〇〇二〕。

以上、編集に参加しての大まかな感想ですが、以下、いくつかの論点についてもう少し具体的に述べていこうと思います。

1　近世社会と社会集団

まず、「近世社会と社会集団」という項目は、近世の身分と身分制を捉える視角についてです。試みに、第三巻に収められた高埜利彦さんの「相撲年寄」と第二巻に収められた母利美和さんの「能役者」を取り上げてみます。今年の大学の授業で身分的周縁をテーマとしてやっている中で、たまたま取り上げた二本なのですが、両者は社会集団として共通しているものの、社会的性格としては異なるのではないかと思われ、この問題を考える恰好の手掛かりになります。

「相撲年寄」では、江戸の相撲渡世《すもうとせい》集団が取り上げられています。相撲の渡世集団は、「師匠―弟子たち」を単位集団としながら、四季勧進《しきかんじん》大相撲にはそれらが総結集・総出演しますが、その間は、稽古相撲と称する興行や地方巡業をしています。地方巡業は単位集団（今の部屋につながる）ごとに行われますが、地方に巡業する際には、地方の草《くさ》相撲の集団や素人《しろうと》相撲などへと広がる重層的関係が存在しています。その一方で、渡世集団の相撲取りのごく一部が大名に抱えられて武士の扱い、それ以外は現役の相撲取りの時期は浪人としての扱いを受けます。かい摘まんで言うとこういうことなのですが、この部分を読むとほとんどの学生は、もともと百姓出身の相撲取りが武士に準ずる、あるいは武士的な位置づけということにおもしろいという感想をもつ。それは確かに、高埜さんが強調されている点でもあるのですが……。

一方で、「能役者」。これは、彦根藩お抱えの能役者を扱っていますが、藩から扶持《ふち》を与えられている者がいる。そして明治維新のときには、下級武士に編成されていく存在なわけなのですが、演能の際には、お抱えの能役者だけでなく、他藩の役者や町人の役者、あるいは家中の武士で能に長じている者がいっしょに演じています。しかし彼は一方で、彦根藩の中では能役者の仲間としての位置があり、また彦根藩の方から抱えられているということを越えた家元《いえもと》制度の中での位置があり、そこでの修行というものがある、こういうことが明らかにされています。

相撲取りと能役者、現象的には大名から抱えられるとか、扶持をもらうとかという側面と、渡世集団としての存在という側面の両面があるということになるのだろうと思いますが、両者を比べれば、維新期に下級武士に編成されることに見られるように能役者の方が藩から抱えられるという側面の持っている意味が明らかに大きいという印象を受けます。相撲の渡世集団の方は、大名に抱えられている者も一部いるわけですけれども、彼らは勧進相撲の興行に際しては、いっしょの番付の中に載り、取組みを行い、相撲の渡世集団として存在しており、幕府からも四季の勧進大相撲という形で興行の権利が公認され、木戸銭《きどせん》を取る相撲興行は（少なくとも江戸やその周辺の関東地方、あるいは甲信越地方では）相撲年寄だけに限られていました（大坂やその周辺には大坂の相撲渡世集団の相撲頭取《とうどり》がいた）。おそらく彼らは大名抱えかどうかを問わず、相撲渡世集団として丸ごと相撲取りとして社会的に認知されていたと、私は理解しています。しかも現役を引退して浪人扱いをされなくなる年寄が相撲渡世集団の中核にいるのです。相撲取りの方は相撲渡世集団としてのまとまりが大きな意味を持っていたのではないでしょうか。

こうした存在に対して、相撲取りは武士身分かどうかというふうな問題設定をするのか（〜は〝武士身分〟かどうかとの設定）、あるいは相撲取り身分というふうに設定するのか（〝〜〟身分との設定）で、身分制の捉え方、あるいは近世社会の捉え方がずいぶん変わってくると思います。先ほど倉地さんが言われた、結局「士農工商」にぶら下げる、相撲取りは武士身分かどうかというような発想でいけば、「士農工商」の枠組みに還元されざるを得ないのではないか。相撲取りと能役者を見ながら両側面あることを確認したわけで、おそらく二者択一ではないと思いますが、近世社会を全体としてどう捉えるかということに関わるのではないかと考えます。

先ほどの鈴木良さんのお話の中で［鈴木 二〇〇二a・b］、政治的身分と社会的身分という形での整理の仕方が紹介されていましたが、これまでの普通の言われ方でいけば、相撲取り・相撲渡世集団というのは社会的身分であり、武士としての扱いが政治的身分ということになるのかもしれません。しかし、私は、相撲渡世集団として政治的にも社会的にも認知されていると考えており、そういう意味では、やはり相撲取り身分として政治的であり社会的なんだと考えるわけです。相撲渡世集団を一例に見たわけですが、これと共通するような多様な身分集団やあるいは利害集団が複層して存在しているのが近世社会なのではないか。そういう近世社会の中において、多様な渡世集団が、たとえば相撲渡世集団（正確には、その中の相撲年寄・相撲頭取）が相撲興行の権利を独占的・排他的に公認されているように、それぞれの特権を認められる方向性を持っている。身分制社会とは、そのようなそれぞれの集団の特権が複層した形で存在しているような社会のことだと考えるわけです。

以上が第一点目「近世社会と社会集団」ということで言いたかったことです。さて、先に触れた〝武士身分〟かどうかというふうな問題設定と、次に述べる分類的思考との間には関連があるのではないかという気がしております。ということで、第二点目の「分類的思考と構造的思考」に話を進めたいと思います。

2　分類的思考と構造的思考

この「分類的思考と構造的思考」というのは、社会を全体としてどう把握するのかという方向性に関わっているると思います。分類的思考は、列挙型の思考と表裏の関係にあります。横田冬彦さんが、第六巻のシンポジウムの報告〔横田　二〇〇〇〕で、さまざまな語彙・事象を分類して集成した「類書」と呼ばれる分類型辞書の存在と系譜に注目され、その知的系譜に属する『人倫訓蒙図彙《じんりんきんもうずい》』を取り上げて近世的な特徴を考えられていいます。そこでは、近世のさまざまな五〇〇種を越える社会的諸存在を、A「公家・武家・僧」、B「能芸部《のうげいのぶ》」、C「作業部《さぎょうのぶ》」、D「商人部《あきんどのぶ》」、E「細工人部《さいくにんぶ》」、F「職之部《しょくのぶ》」、G「勧進餬部《かんじんもらいのぶ》」にわけて、例えば「勧進餬部」ならば、〝鐘鋳勧進《かねいのかんじん》、針供養《はりのくよう》、庚申代待《こうしんのだいまち》、門経読《かどきょうよみ》……雪駄直《せきたなおし》、船頭非人《せんどうひにん》、姥等《うばら》、節季候《せきぞろ》、万歳楽《まんざいらく》、鳥追《とりおい》、祭文《さいもん》、ごほうらい、厄払《やくはらい》、物吉《ものよし》〟などが図入りで列挙され、説明が加えられています。つまり全体を表そうとして、一定の分類を施しつつ、そこに具体例を列挙していくというやり方です。そこには、全体を摑もうという志向があり、分類と列挙が表裏であることがわかると思います（但し、すべての要素を列挙することは不可能なので、こうした思考で本当に全体を表現できるかは問題があるでしょうが）。

横田さんが言われるように、日本の伝統の中に、こうした分類的思考があることは間違いありません。しかし、分類的思考は、歴史分析の際に適用されると、社会的諸存在をこれは武士身分か、これは百姓身分か、あるいは職人身分か、商人身分かというように、振り分けていくということになるのではないかと思います。先に倉地さんの、結局「士農工商」の枠組みにぶら下げると言われた点につながってきます。

なお、念のため言えば、横田さんは、そこで分類の立て方やその特徴を分析して、中世と近世の違いを見出そうとされていますので、今言った分類的思考そのままだと言っているのではありません。しかし、分類型辞書の持つ分類的思考による制約は免れないのではないかと思います。シンポジウムの討論において、私は、〝横田さんの議論は、社会意識レベルでの近世社会の概観であるが、それは私が言う歴史分析の第三の位相におけるそれではないか〟との意見を述べていますが、そもそも『人倫訓蒙図彙』が外から眺める視線によっていることによると思います。町で節季候や鳥追を目にすることがあるかもしれませんが、彼らは非人集団の一員であり、雪駄直は江戸では非人が、大坂ではえた身分の者が行っていたのです。そのことを『人倫訓蒙図彙』にあげられている何百種の職種のなかには、呼称の多様性にもかかわらず実際は同一のものであったり、あるいは、そこに上げられているいろいろなものが一つの集団のなかに含まれることもある」［六巻：一四〇頁］と述べたのです。

また、「芸能の商品化」という論点をめぐるシンポジウムの議論のなかで吉田伸之さんが、同様のことを

『人倫訓蒙図彙』において、たとえば「職之部」の後半に出てくる「狂言太夫《きょうげんたゆう》」「立役《たちやく》」などは、ばらばらに出てきますが、実体的な芝居という空間は、それらや「囃子方《はやしかた》」なども含めてさまざまな集団が複合して形成されている」〔六巻：一四三頁〕というふうに指摘されています。これが、次の「構造的思考」の方向性を示しています。

私は、近世社会を全体として捉える方向性として、諸社会集団の「重層と複合」の視点を提起しました。これは近世社会を構造的に捉えようという意味で構造的思考をめざすものです。これは社会集団を構成する個人・家を起点とする集団の在り方（第一の位相）や集団間の社会関係（第二の位相）を包括して全体社会を捉えようとしたものです。先ほど鈴木さんから、私の研究を整理して近世身分制を全体的に捉える方法的手段を与えられたと評価していただきましたが、私の場合、実際に与えられたのは手段だけであって、いまだ全体像は与えられていないというのが現実です。もっとも、そのことを意識して、何とか全体像を模索しようと最近《歴史社会の構造》という論点を考えているのです。

構造的思考によって、列島社会全体ではありませんが、巨大都市の全体構造・全体像を提示されているのが吉田さんの研究だと思います〔吉田 二〇〇〇ａなど〕。その画期になったのが、都市・内・社会と単位社会構造に注目し、都市社会構造の分節的把握を提起された九〇年代半ばです。これによって、近世の城下町について以前から言われているような、城主とその家臣たちの居住する武家地、寺院など宗教施設のある寺社地、町人たちの住む町人地、その周辺にえた・非人などの賤民の居住場所が配置されている、すなわち都市空間が都市住民の身分毎に区分されているという一般的な理解では不十分なことが明らかとなっています。

分類的思考と構造的思考もまた二者択一ではないと思いますが、それぞれの思考の特質に自覚的なことが必要なのではないでしょうか。

3　用いる史料と論述の仕方

今回、シリーズを読み直してみて、北川央さんの「伊勢大神楽《だいかぐら》――その成立をめぐって」（第二巻）や森田竜雄さんの「鉢叩《はちたたき》」（第二巻）などが素材としているのは、随筆とか、名所図絵《ずえ》とか、さまざまな地誌などがほとんどで、それらの考証による叙述なのが少し気になりました。これらの素材が表現しているのは、先程の言葉で言うと第三の位相だと思われるからです。しかし、そうなるにはなるだけの理由もあるのかなとも思います。それは、周縁――周縁という語はもっときちんと使えという話もあったので、ここは比喩的に使っていると御理解いただきたいのですが――になればなるほど、集団内のあり方を示すような史料は乏しくなり、社会の側がどういうふうに見たのかというところに残る痕跡からその実態に迫るほかないのではないかと思うからです。

但し、これだけではなくてもう一つ源流的な思考法、ある存在の源流を探るという思考法と関わりがあるのではないかと思います。源流は何か、それを探るという思考法は、なかなか諸存在・諸集団の構造的把握に向かわないと思うからです。

以上のことと関わって、少し飛躍しますが、先ほどの大山喬平さんの話に触発されて、粗雑な感想を述べてみたいと思います。大山さんは、近世は周縁的存在について具体的事実が詳細にわかるが、中世史では素材が少ないので考えるべき細かい具体的なことがさっぱりわからないとおっしゃられましたが、おそらく古代史ではその傾向はより顕著でしょう。それは歴史学のあり方と関わるのではないでしょうか。つまり、第三の位相に関わるような史料を考証的に利用するのは、時代が古くなればなるほど、そうなるように思われます。一方、近代の方に行くと、むしろこの第三の位相に属する新聞とか、雑誌のような叙述的な史料を、叙述的に利用するという傾向を帯びてくるのではないか。近世社会の構造的把握ということを基点に、中世から古代へ、また周縁へと、考証的比重が高まり、近代へと叙述的比重が高まるのではないかということです。こんなふうなことをこの『シリーズ近世の身分的周縁』を読みながら考えたということで、いまだ粗雑な印象に留まりますが、歴史学のあり方、史料論にもつながっていくのではないかとの予感を持っております。今後、論点として少しあたためていきたいと思います。

4　時期の問題／地域の問題

第六巻収録の私の報告（「身分的周縁と歴史社会の構造」〔再録：本書Ⅱ第1章〕）で、集団化の二つの波（第一の波が一七世紀末から一八世紀初め、第二の波が一八世紀半ばすぎ）について言及したことをめぐって、シンポジウムでは、もっと多様な波を考えるべきこと、幕藩権力の政策との関連を考えるべきことなど、より豊富化するような議論が交わされました。しかし、今回いくつか論稿を読みながら、集団化の問題を考える際には、地域差の問題を併せて考えるべきだと思いました。それで第四番目に「時期の問題／地域の問題」という項目を上げておきました。

梅田千尋さんの「陰陽師《おんみょうじ》」（第一巻）と森田さんの「鉢叩」を読み比べると、興味深い点が浮かび上がります。梅田さんの「陰陽師」では、京都の陰陽師若杉氏を取り上げていますが、彼を含む京都の陰陽師は中世末には一定の地縁性を持つ声聞師《しょうもじ》集団として存在していたのが、一八世紀には地域的にも個々の家に分裂していき組を成し、出入りの旦那（場）を持って活動する陰陽師として見え、これが一八世紀の末には陰陽師の本所たる土御門家の家司《けいし》となっていく、こうして家司となっていった陰陽師がまた周辺の農村地域に集団性を持って存在している陰陽師（声聞師）たちを土御門家の下に組織化していく方向性を押し進めるという流れが提示されています。ここで想定されているのは、一九世紀に組織化される地縁性を持つ在方の声聞師集団と中世末の京都における声聞師集団は共通する性格のものということであり、都市京都という場が彼らの姿を大きく変容させ、異なった存在となっていたものがまた組織化されるということです。中世末の地縁的声聞師集団とする想定が妥当かどうかについては、先ほどの源流的思考に近いところがあり、今後の検討もいるのかなと思いますが、中世末には同じような存在だったのが、京都ではどんどん姿を変えていき、一八世紀末から一九世紀にかけてもう一度組織化の方向で結合していくという全体の立論は非常におもしろいと思います。

森田さんの「鉢叩」も、京都の空也《くうや》堂に集う鉢叩が中心に取り上げられています。そこでは、彼らは中世後期に乞食的・遊行《ゆぎょう》的念仏芸能者として存在していたが、徐々に芸能＝踊《おどり》念仏と商売＝茶筅《ちゃせん》業により勧進活動から離脱し、近世にはいると、都市京都の発展に伴い、一七世紀前半には、本拠としての空也堂＝「寺」の建築により定着を図り、「空也上人絵詞伝《えことばでん》」を創り出して芸能者ではなく念仏「修行」の宗教者としての側面を押し出し、それを茶筅業が支えたが、元禄期には京都の観光地化に乗り、寺容を整え、踊り念仏の本山たることを売り物にしていく、そして一八世紀半ばに幕府から公認され、寛政期になると西国の鉢（屋）・茶筅を末派として組織化していく、という流れが描かれている。ここで描かれている細部は、前節で言ったように素材の性格とそれによる考証的・源流的思考を感じ、検討がいると思いますが、森田さん自身が総括的に、「都市の社会経済情勢の変化に対応しながら、幕府の事実上の承認のもと「歓喜踊躍《かんぎゆやく》念仏の総本山」として自己形成を遂げるとともに、中世では彼ら同様の存在であったが近世には身分不明瞭な下層民化していた地方の人々を「末派」として編成し、一大集団を作り上げていった」［一八七頁］と述べられているのは注目されます。何故なら中世末期の共通する状況、都市京都における大きな変容、一九世紀における地方に及ぶ・異なる存在となっていた者を含む広域の組織化、という「陰陽師」の流れと重なる論点が見出せるからです。ここには、時期の問題と地域の問題が重なって存在しているように感じました。

以上の点と関わって、永井彰子さんの「寺中《じちゅう》――筑前の芸能集団」（第二巻）も注目されます。空也堂の鉢叩の末派に組織された近畿から中国地方の鉢（屋）や茶筅は空也に由緒を求めていましたが、九州において空也に由緒を求めたのが寺中でした。しかし、九州においては同じく空也に伝承を求める宗教的芸能者たちは一八世紀から一九世紀にかけて歌舞伎の芸能集団として地縁的な寺中と称する集団に変貌を遂げていく。その変貌する以前がどうだったのか、鉢（屋）・茶筅と同じようなものと把握していいかということはありますが、やはり鉢叩として組織化していく地域と歌舞伎役者の寺中として存在する地域というのはかなり地域差がある。

この地域差は、また芸能興行の問題でも意味を持つのではないでしょうか。神田由築さんが大坂の芸能集団をトップとした瀬戸内海地域から九州にかけて広範に広がるネットワークを明らかにされています［神田一九九九］。神田さんは大坂を頂点とするヒエラルヒーの問題を考えられていますが、逆にもう一度地域の方から見てみた場合には、大坂周辺と北九州は大きく異なる状況があり、瀬戸内海地域も一様ではないことを神田さんの研究は示しているように思います。そういう地域性、地域の問題と、この鉢叩と寺中の問題は関わっているのではないかと思います。

おわりに――《歴史社会の構造》

先ほどの大山喬平さんのお話では、ゆるやかなカースト制の社会として、列島社会全体に大きく共通するような網をかけられましたが、前節で見たような地域差あるいは地域性の問題を考えると、私自身は大きな列島社会全体に及ぶような問題群と地域や集団の固有の構造というものが絡み合うような形で《歴史社会の構造》というものを想定したいと考えています。

それはたとえば、武士身分は参勤交代《さんきんこうたい》などで江戸に行くわけでして、そこでの政治社会文化というものを共有していると思いますが、領地で民衆支配を行う際にはそれぞれの地域文化と社会構造に直面せざるを得ません。モノに即して言っても、シリーズ第四巻の『商いの場と社会』で述べられているように、物自身は蝦夷地で取れた魚肥が大坂市場にたくさん入ってくるように、流通は全国的です。しかし、取引方法はその地域の伝統と慣習を無視し得ません。知識人のネットワーク、国学でも儒学でもいいのですが、そういったもののネットワークはある種の地域性を越えるような部分もあると思いますが、先ほどの鈴木良さんの言葉で言えば慣習の世界に関わる地域文化がある。それは方言の存在を考えれば理解しやすいと思います。

こうしたことを考えて、私は「地域社会構造を政治社会レベルと生活世界（地域生活）レベルの統一として把握すべきこと、現実の歴史的世界はさまざまな歴史的蓄積を持つ諸社会の外延的併存と内包的併存によって存立しているが、これを《歴史社会の構造》と呼びたい」〔本書Ⅱ第１章：九二―九三頁〕との考えを提示したのです。まだ近世段階の列島社会における《歴史社会の構造》を具体的に提示できていませんが、そのことを考えるうえで示唆的なのが山口啓二さんの「豊臣政権の構造」〔山口　一九六四〕だろうと思っています。この論稿を手掛りに、これから少し考えてみたいと思っています。

以上、長くなりましたが、身分的周縁の研究会に参加しながら、一つ一つの具体的な存在を明らかにするという営為を通じて考えてきたことを述べさせていただきました。

第３章　近世大坂の身分的周縁

はじめに

本稿では、都市大坂をフィールドにして乞食・勧進で生きる人々のあり様を概観してみたい。日本近世社会には、土地や道具などの所有などを失い、自らの労働力販売によって生きていかざるを得ない多くの人びとが生みだされた。武家奉公人や「日用層《ひよう》」のような自らの労働力販売で生きることができた者以外に、乞食・勧進で生存を確保する存在も発生した〔吉田 一九八四、一九八五ａ〕。

ところで以前の近世社会の捉え方は、支配制度としての全国的な士農工商の身分制度によって、固定された社会であるというものであった。しかし、一九八〇年代以降、諸身分は身分集団を形成し、それらが複層して身分社会が全体として形成されているという理解が一般的となった〔塚田 一九九四〕。これらの身分集団が全体社会（＝政治社会）に公的に位置づけられる媒介が役（＝御用）であった。

本来、日用層や乞食・勧進層は個別的で流動的な本質を持っていたが、彼らも身分社会の中にあって、集団化して政治社会に公的な位置を占めようとする動向が見られた。乞食・勧進層においては、それは株や場の形をとる自らの勧進権を確保するためのものであり、さまざまな公家・武家あるいは宗教的な権威とつながって組織化を遂げる。こうした乞食・勧進層を捉えるには、個別的・流動的な性質と集団化・組織化の動向を統一的に見ていくことが必要であろう。

大坂は、江戸や京都と並ぶ巨大都市であった。近世都市の町人生活の基礎単位には「町《ちょう》」が存在していた。道路を挟んだ両側の空間で構成される「町」は、家屋敷を所持した家持を構成員とした団体でもあった。大坂には六〇〇以上の町があり、北組・南組・天満《てんま》組の三郷《さんごう》に分かれていた。(1)町には、家持よりもはるかに多数の借屋《かしや》人が居住していた。道路に面した表《おもて》借屋は商売を営むことができたが、路地を入った裏《うら》借屋は生活空間に一元化しており、表借屋と裏借屋は階層的な差があった。

本稿では、乞食・勧進《かんじん》層のうち非人身分と勧進宗教者を取り上げる。非人身分は町屋敷《まちやしき》に居住することを認められなかったが、勧進宗教者は基本的には裏借屋に居住することを認められていた。そこには大きな差異があった。しかし、同時に両者はともに町奉行所から勧進を生業《なりわい》とすることを認められていた。そこで、両者の存在形態と身分制社会における位置づけを検討することとしたい。(2)

1　非人身分

大坂の非人は、近世に乞食＝貧人として生み出されたが、彼らも仲間をつくり、市域周辺の垣外《かいと》と呼ばれる四つの居住地に住むようになり、その姿を大きく変えていく。この変容には、町奉行所盗賊方の下で勤めた御用が大きく関わった。また、彼らは、各町に垣外番として雇われ、非人制道《せいどう》（野《の》非人らの悪《わる》ねだり取締りを中心とする）を行う一方、その町内で乞食（勧進）する権利を獲得していく。以下、大坂の非人について具体的に見ていこう。

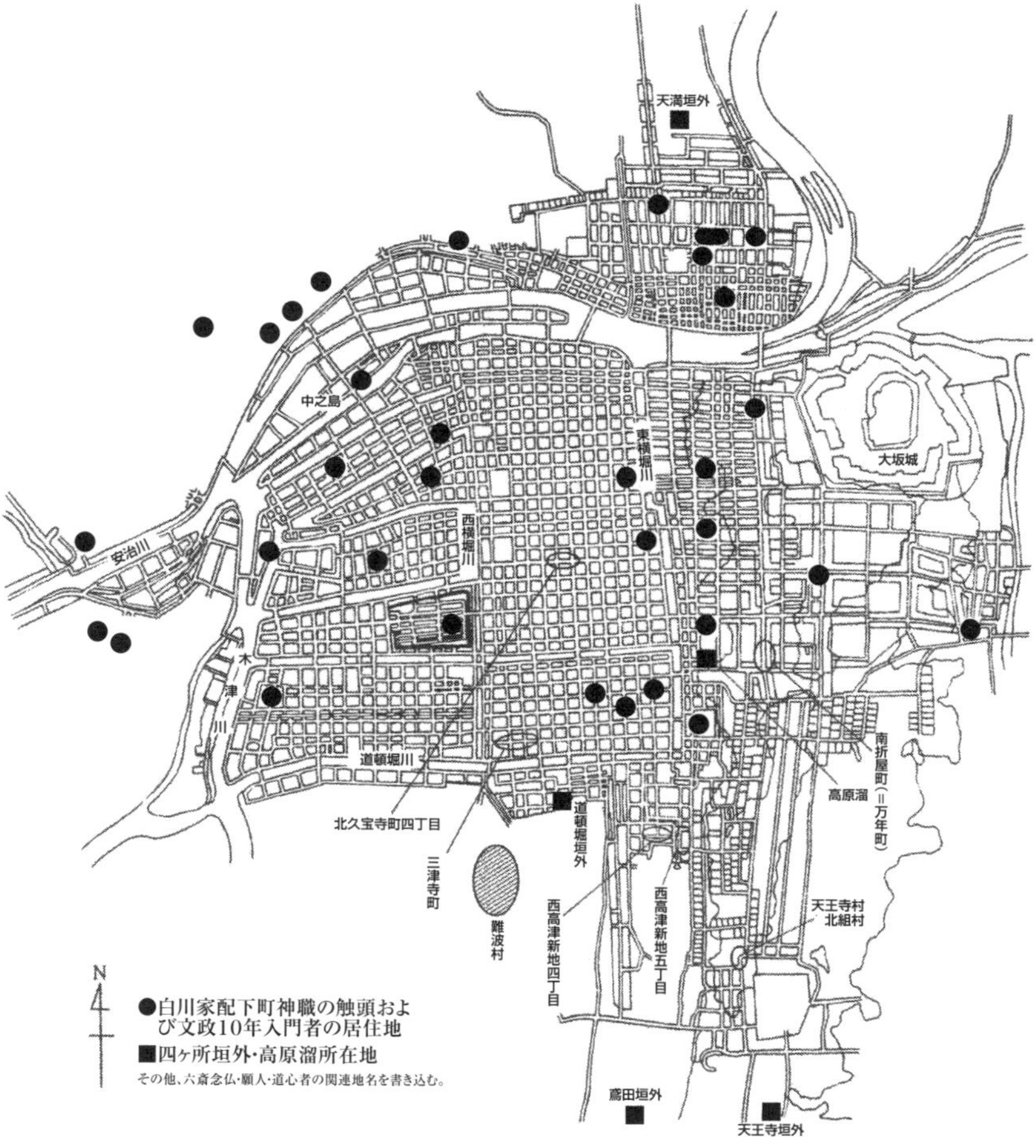

近世大坂の勧進者関連図

（1）垣外仲間の形成と変容[3]

（i）垣外仲間の構成

大坂の非人は、四ヶ所の垣外と呼ばれる区域に集住していた。それは、天王寺《てんのうじ》垣外、鳶田《とびた》垣外、道頓堀《どうとんぼり》垣外、天満《てんま》垣外の四ヶ所であるが、いずれも大坂三郷の周辺に位置し、天王寺垣外は天王寺村の領内に、鳶田垣外は今宮《いまみや》村の領内に、道頓堀垣外は難波《なんば》村の領内に、天満垣外は川崎村の領内にあった。各垣外には、トップに長吏《ちょうり》と呼ばれる者が一人ずつおり、さらに数人ずつの小頭《こがしら》（あるいは組頭）がいた。彼らは、「（長吏・小頭）御仲」と呼ばれる垣外の指導機関を構成していた。これ以外の一般の小屋持ち非人たちは若き者と呼ばれた。若き者の人数は垣外によって、また時期によって異なるが、数十人から百数十人くらいだったと思われる。

以上が、小屋持ち非人であるが、この他、彼らに抱えられた弟子がおり、弟子のうちには町あるいは町人のもとに垣外番として派遣された者もいた。垣外番を派遣する権利は、某町垣外番株という形で小屋持ち非人たちによって分割・所持されていたが、これはまたその町内で勧進を行う権利でもあった。

一つの垣外を越えるような問題は、四ヶ所として高原会所（高原溜《たかはらため》運営のために置かれた四ヶ所の連絡・相談機関）で対処した。また、摂河播の村々におかれた非人番も多くが四ヶ所の支配下であった。

垣外仲間は、幕藩制国家レベルの法的枠組みの中に存在していたが、仲間独自の法（身分内法）を持つ自律的な存在でもあった。垣外仲間の身分内法には、二つの形式があった。一つは、「御仲」（長吏・小頭）から若き者たちに守るべき箇条を申渡し、それを若き者たちが遵守することを誓約する形式である。もう一つは、小頭たちが申合せ事項を守ることを長吏に誓約する形式をとるが、実質的に長吏・小頭全体での申合せである。高原会所において四ヶ所全体での申合せが行われることもあるが、その場合も、各垣外毎に御仲から若き者への申渡しの形式での徹底がはかられる。つまり、先の二つの形式に還元されるのである。
身分内法の形式からは、長吏・小頭で総体として垣外の指導機関＝「御仲」を形成していたこと、一方、若き者も小屋持ちの非人ではあるが、長吏・小頭との間にははっきりした階層差があったことが確認される。なお、第一の形式においても、弟子らは誓約の署判には加われず、若き者からその内容を伝えられ、統制を受ける存在であった。その意味で、若き者までは身分法共同体の構成主体であるが、一方、弟子層は非人集団内の存在ではあるが、法共同体の客体であった。法の形式と集団構造はぴったりと照応していたのである。

(ⅱ) 垣外仲間の成立

四ヶ所垣外の成立については、次のように言われている。天王寺垣外は、文禄三（一五九四）年に片桐《かたぎり》市正且元《いちのかみかつもと》（豊臣家重臣）の検地に際して地面を与えられたという。鳶田垣外は、慶長一四（一六〇九）年に片桐市正の検地に際して今宮村領内の荒れ地を垣外屋敷地として与えられた。道頓堀垣外は、慶長一四年に片桐市正の検地に際して除地《じょち》（年貢免除地）とされた荒れ地を、元和八（一六二二）年に大坂町奉行嶋田《しまだ》越中守《えつちゆうのかみ》・久貝因幡守《くがいいなばのかみ》から屋敷地に下された。また、天満垣外は、寛永三（一六二六）年の藤林市兵衛（幕領代官）の検地に際して、除地の荒れ地を垣外屋敷に下しおかれた。鳶田・道頓堀・天満三垣外は、延宝五（一六七七）年の青山大膳亮幸利《あおやまだいぜんのすけゆきとし》（尼崎藩主）の検地に際し、荒れ地としてではなく垣外屋敷地として除地を認められた。

以上のように、大坂の非人の四ヶ所垣外は、秀吉による大坂建設の頃から、大坂の陣をへて、徳川氏直轄による大坂復興期に、それぞれ時期を追って連続的に成立したものである。ここから、大坂における非人集団の成立は、大坂の都市としての成立・発展とパラレルであることが想定されよう。そして、道頓堀の非人たちは、一七世紀半ば頃には、「道頓堀乞食合せて八拾人」（寛永二一年）、「天王寺垣外・富田《(鳶)》・道頓堀三ヶ所の貧人共」（慶安元年）などと表現されており、大坂四ヶ所の非人集団は、乞食＝貧人仲間として生み出されたことは間違いなかろう。

この道頓堀垣外の乞食＝貧人仲間の中には、一〇人の転《ころ》びキリシタンが含まれていた。これら一〇人は、東海・関西・中国地方の各地から流入してきた者たちだったが、この家系から長吏や組頭が出ており、垣外仲間の中核部分が各地からの流入者で構成されていたことがわかる。

貞享四（一六八七）年に転びキリシタンの子孫にまで及ぶ類族改め《るいぞくあらため》（男系五代、女系三代まで）が制度化された。この転びキリシタン類族改めに関わって残された史料から、一七〜八世紀の何軒かの非人の系譜がわかる。これによれば、一七世紀半ば以降、垣外仲間の定着が見られるものの、いまだ外部からの流入もあったこと、四ヶ所垣外間の交流だけでなく、京都や尾張の非人集団ともつながりのあったことが分かる。また、大坂周辺の村々に非人番として移住したり、町家に移って鉢を開いたり（乞食・勧進する）ということも見られた。一例をあげると、転びキリシタンきくの孫鉄心は上安堂寺町吹田屋次郎兵衛借屋に住み、鉢開きで暮らしていたが、享保三（一七一八）年に年老いて渇命に及んだため、道頓堀垣外に引き取り、仲間として養うことになった事例がある。

こうして定着しつつあった垣外仲間の外側に、新たに生み出される非人＝貧人もいた。慶安五（一六五二）年に大坂町奉行から惣代《そうだい》に対して、長吏に伝えるよう指示された三ヶ条の覚書が残されている(4)。その第一条では、市中（「町中」）にいる乞食を調べて、病障害がなく（「息災《そくさい》ニ而」）、最近乞食になったと思われる者については、惣代のところに届け出るべきことが長吏たちに指示されている。第二条では、寺の門前にいる「かたわ」（障害者・病者）の乞食は、住職の意向に任せ、病障害のない者は門前から追い払うように、長吏から住職に言うことが求められている。両条をあわせて考えると、健康な乞食は市中から排除し、病障害のある乞食は寺門前へと誘導しようとしたと考えられる。第三条では、垣外仲間に入っている乞食（「座へ入在之《いりこれある》乞食」）が悪事を働いた場合は、長吏も処罰するとして、仲間の取締りを厳重にすることが求められている。

一七世紀半ばの段階で、彼らが「座」＝仲間としての結合を強めていたこと、長吏たちには仲間の内外を問わず、「乞食」の支配がゆだねられていたことがわかる。反面では、乞食以外の存在にはその権限は及ばないこともわかる。なお、「座」＝垣外仲間に入っている者も「乞食」と呼ばれており、彼らが乞食＝貧人として発生してきたことが表現されている。

こうした新非人は、市中からは排除するのが原則だったが、周辺の村領内には彼らの野小屋《のごや》が容認され、野非人という呼称のまま定着した。天和三（一六八三）年に町奉行所地方与力《じかたよりき》から、市中の「川はた或いは家はつれに」小屋掛けしている非人を払い、四ヶ所垣外に引き取る措置が取られた。このとき各垣外の拡張が行われたが、これは新垣外と呼ばれ、除地ではなかった。さらに元禄四（一六九一）年には「大坂町中新非人」を収容するため、寺嶋藤右衛門請地《てらしまとうえもんうけち》（御用瓦師寺嶋が土取り場として認められた地所）の一部に長吏の管理する非人小屋が作られた「『地方役手鑑』『大坂町奉行管内要覧』大阪市史史料15：八〇頁」。ここが、四ヶ所が共同管理し、病幼囚を収容する後の「高原溜《たかはらため》」になっていく。一方、周辺村領内に定着した野非人たちにも、長吏たちから札を渡し、諸事吟味し、不審な非人はすぐ追い払うことを、長吏・組頭から庄屋に約束しており、彼らも垣外仲間の管理下に置かれていた。自らも乞食＝貧人として生み出された垣外の長吏・小頭らであったが、この時期には、新たに生み出されてくる新非人《しんひにん》・野非人《のひにん》に対する治安統制と救済の二側面からの支配を担う存在となっていったのである。

(ⅲ) 垣外仲間の変容

一八世紀に入って、垣外仲間は乞食＝貧人という存在形態から大きく変容を遂げていく。それを窺わせる二つのことを上げておこう。

第一は、元文六（一七四一）年に、①道頓堀垣外の宗旨帳面上書きに「乞食仲間」とあったのを、「垣外仲間」と改めたい、②新垣外の者に非人という肩書をつけないようにしたい、と難波村庄屋に願っていることである。ここでは、非人という呼称を市中の往来非人《おうらいひにん》に限定することで、自らの集団から乞食と非人の呼称を遠ざけようとしていたのである。その背景に、所有から疎外されて生み出された者たちの所有主体への変容という事態が示唆されている。

第二は、延享二（一七四五）年に、毎夜長吏たちに町中を廻らせ、盗賊捕縛などに当たらせるという町触が出されていることである[5]。これまでの町触では、長吏たちの権限は非人に対する治安統制と救済に関することに限定されていたが、ここでは、非人に限らない盗賊の探索・召捕りに長吏たちを廻らせることが触れられたのである。もちろんこれ以前にも、町奉行所の御用を勤めていたことは間違いないが、市中に町触で明示されたことの意味は大きい。彼らの御用の比重の増大とそれに伴う「御用」の意味の変容が見て取れるのである。

以下、御用のあり方と生活を支えた勧進のあり方を中心に、変容を遂げた大坂の非人たちの姿を見ていくことにしよう。

(2) 御用と勧進

(i) 御用[6]

大坂の非人＝垣外仲間の者たちは、町奉行所の手先の御用（警察業務の末端）をどのように勤めたのだろうか。主には、盗賊方与力の下での御用と定町廻《じょうまちまわ》り方与力の下での御用の二つがあった。盗賊方の主要な職務は、①火付け・盗賊や怪しき者の召し捕り・僉義《せんぎ》と②寺社法会《ほうえ》・神事や町中引き廻しなど「人立《ひとたち》多き場所」などへの不時の巡回である。一方、定町廻り方の職務は四方へ分かれての毎日定例の町廻り、寺社法会など人立ち場への臨機の巡回、さらに忍廻《しのびまわ》りも行っていた。

このような両者の下での御用では、非人たちの中の誰が何を行っていたのだろうか。定町廻り方の御用は、小頭はもちろん若き者を含む小屋持ち非人全体が勤めた。これは当り役とも呼ばれ、各自順番に二日間ずつ出役した。「落合会所」に集合して、定町廻り方与力らの巡回の御供をするのである。もちろん、与力らの指示で不審者や犯罪者の捕縛にあたるが、彼らだけの独自の警察権行使の余地は原則としてない。

これに対して、盗賊方の御用に出役するのは、基本的に長吏・小頭たちであった。この場合、盗賊方与力の巡回の御供もあったが、より注目されるのは、普段から「火付け・盗賊或いは人殺し・手傷負わせ、その外無宿体《むしゅくてい》のもの、怪しき様子の者徘徊仕り候はば、見逢い次第連れ来たり候様にと」指示されていたことである。つまり、盗賊方の下では、与力の巡回・出役に召し連れられるのとは異なり、独自に日常的に捜査・召捕りの行動を認められていたのである。また、盗賊方の下では「他国聞合《ききあわ》せ御用」があった。これは独自の捜査・召捕りの御用が大坂町奉行所の管轄である摂津・河内・播磨などの地域に拡大したもので、一九世紀には中国・四国・西国・北国路・伊勢路・美濃路まで派遣されることもあった。その際、摂・河・播州の村々番非人が動員されたが、その費用は番非人たちから村々に転嫁され、軋轢を生むこととなった。

盗賊方の下での御用は、長吏たちが盗賊方との太いパイプを形成することにつながった。それ故、長吏たちは、御用とは無関係のことでも、自らの要求を実現しようとするとき盗賊方に出願することがしばしば見られたのである。また、一九世紀に入ると、長吏・小頭らが町奉行所の御用の手先として町人らに横暴に振る舞うことが問題化するが、その余地があるのも、独自の警察活動を認められた盗賊方の御用に関わるものだったと考えられる。だとすると、この軋轢は、長吏・小頭たちと町方・町人たちとの間に生ずることになり、若き者の立場は異なってくる筈である。事実、一九世紀には、各町に派遣された垣外番が町内の者と協力して犯人捕縛に尽力したとして褒賞されている事例が数多く見られるのである。

それでは、若き者たちは盗賊方の御用と無関係なのだろうか。宝暦一二（一六六二）年七月、「向後《きょうこう》は町在共《ざいとも》垣外番へ申付け置き、盗賊這入り候趣聞付け次第、その家え密かに参り、聞合せ、少しにても様子相分り候はば、直《じき》に方角《ほうがく》の長吏小頭え申達」するようにと指示されている。すなわち、これによって垣外番は盗賊方に関わる情報収集の末端に正式に位置づけられ、機能的に包摂されたのである。注意しておきたいのは、ここで垣外番として情報収集の機能を期待されているのは、垣外番株を持つ若き者と各町に派遣された弟子の両方を含むが、主要には若き者たちだったと思われることである。垣外番株を持つ若き者は、その町に日常的に出向き、町からは彼が「垣外番」と呼ばれることが多いことや、文化一一（一八一四）年の天王寺垣外の若き者の連印する文書から彼らが垣外番株を持つ町で情報収集していることが確認されるので、そのように考えて間違いなかろう。

以上のように考えると、宝暦一二（一七六二）年の措置によって、各町に出向いて、町内に入ってくる乞食・勧進者の悪ねだりを取り締まり、排除することを中心に、夜番《やばん》や町の雑用に従事するという垣外番の存在形態に変化はなかったが、町の依頼とは別次元で、不審者や犯罪情報にアンテナを張るという二重の性格を持つことになった。情報収集のためには、市中各町に分散していることがかえって好都合なのであった。

（ii）勧進(7)

次に、勧進について考える。非人たちは、本来、乞食＝貧人として生み出され、乞食＝勧進で生きて行くほかない存在であった。その中には、季節季節に定期的に勧進する定式《じょうしき》勧進（布施米《ふせまい》や奉加物《ほうがもの》など）と祝儀《しゅうぎ》・不祝儀《ぶしゅうぎ》のある家で勧進する吉凶《きっきょう》勧進の二形態が区別される。若き者たちは、弟子を垣外番として各町に派遣する権利を垣外番株として分有していたが、この垣外番株は、一面では、その町内からの勧進を独占する事実上の勧進権であった（筆者は、垣外番賃〈垣外番への報酬〉も定式勧進の延長上にあると理解している）。

町の側では、勧進を与えるのは、町に出入りする若き者だけに限定する論理を有していた。それは、与える額まで町式目で規定していることに端的に示されている。しかし、四ヶ所垣外仲間の側の勧進に関する論理は少し違っていた。彼らは寛政四（一七九二）年に、吉凶勧進の貰い方についての申合せを行っている。[8] そこでの基本的な点を上げると、①勧進を受けるケースとして、町年寄就任、普請棟上《ふしんむねあげ》、結納・婚礼、帳《ちょう》切《ぎり》・名前替、死去・年忌法事、宮参りなど全一六ヶ条を列挙し、この他に「祝儀不祝儀」を申し受けることは禁ずる、②祝儀 志《こころざし》があることを聞き付けて、四ヶ所若き者一人がその家に入り、勧進を願ったならば、他の者は行ってはいけない、③勧進に行く時は木札《きふだ》（身元証明）を持参せよ、もし「先様《さきさま》」より「町内え参り居《おり》候番の者」（＝垣外番）を呼ぶように言われたら、木札を預けて「町番の者」と立ち会い、祝儀を受け、二割を「町番の者」に渡し、八割を最初に聞き付けた者の取り分とすることを決めている。

この申合せの論理では、〝祝儀不祝儀を最初に聞き付けた者に権利あり〟という規定になっており、四ヶ所のうちどの垣外の者であるかは問わないということになる。大坂市中での勧進は四ヶ所に対しては平等に開かれ、四ヶ所以外には閉じられているのである。これは、都市大坂の成立過程とパラレルに形成された大坂の非人集団（四ヶ所垣外）の本来のあり方が四ヶ所の論理として定着し、容易には否定しがたいものとして生きていたことを示すものであろう。

もっとも「先様」＝町人には、町番の者（垣外番株所有者）を優先させる、出入《でい》りの論理に基づく町の立場が窺える。四ヶ所の側でも、二割を「町番の者」に渡すことにしており、その優先権を全否定はしていない。おそらく祝儀志のあることを最初に聞き付ける可能性が一番大きいのは「町番の者」であると考えられ、それ故、先に垣外番株を「事実上の勧進権」と言ったのである。四ヶ所垣外仲間としても、その優先権を部分的に認めざるを得なかったが、勧進権そのものとして株化（権利化）していないことは、「勧進場」という形で勧進の権利そのものを「場」として分有していた江戸の非人集団の場合とは大きな違いである。また町と垣外の異なる論理が交錯するところに、勧進をめぐる町人と非人の社会関係が形成されていたのである。

(iii)　家督・家屋敷[9]

垣外番株は、垣外番派遣の権利として四ヶ所垣外仲間の公認するところであった。そして、それは垣外仲間では家督と表現されている。また、彼らは非人小屋のことを家屋敷と表現している。すべての所有から疎外されて乞食＝貧人として生み出された非人たちが、「家督・家屋敷」の所有主体に変容しているのである。

この家督・家屋敷所有について、留意点をあげておきたい。第一には、家督の有無が御用に出役する基準だったことである。すなわちそれは、一人前の小屋持ち非人と見做される基準だったのである。第二には、垣外番株は、一方の当事者たる町人の意向とは関係なく、垣外内部で売買されており、それは垣外の内部秩序として存立していたことである。第三には、垣外から町家へ出て、人別まで移す（人別帳への登録）ことがあっても、家督を傍輩（仲間の者）に預ける（得分を確保）など垣外と断絶しなかったことである。それは生活基盤を簡単に捨てることはできないからである。所有主体への変容が彼らを垣外へ繋ぎとめることとなったのである。第四には、垣外番株や小屋を家督・家屋敷と呼ぶなど市中の町人たちと同様な表現をとっていることである。垣外番株の売買証文などでは屋号を名乗っているのも同じ心性であろう。金融関係や頼《たの》母子講《もしこう》も行われており、それは変容の到達点ではなかろうか。

2　勧進宗教者

都市大坂において、多様な勧進宗教者が併存し、競合していた。彼らの多くは、町内の裏借屋に居住していたが、それは一七世紀半ばに町奉行所によって公認されたものであった。それらの勧進宗教者は、社会的実態としては近似的かつ流動的であったが、組織形態は一様ではなかった。以下、勧進宗教者の法的位置づけと組織のあり方を見ていこう。

（1）都市法制のなかの勧進宗教者[10]

（ⅰ）一七世紀の道心者

江戸で〝在家を借り、仏壇を構え、利用を求めてはならない〟と諸大名に触れられたのを受けて、寛文六（一六六六）年一一月一五日、大坂においても、市中の寺社や宗教者のあり方を基本的に規定する町触が出された[11]。それにより、在来《ありきたり》の妻帯道場《さいたいどうじょう》（＝浄土真宗の寺）以外の寺院の市中での所在禁止（神社は別）、清《せい》僧《そう》の市中居住の禁止、道心者《どうしんもの》の借宅は可能というあり方が確定する。

市中居住を認められた「道心者」には二つのタイプが想定されている。一つは、暮らしていけず髪を剃り、乞食している者（鉢開き）であり、もう一つは、隠居したり、身内の不幸に際会し、髪を下ろした者である。これら二つは市中に居住していた者が道心者になる場合であり、外から入ってくる者としては鉢開きだけが言及されている。

この町触は、以後繰り返し言及され、近世を通じた枠組みとなっていくが、こうした枠組みは江戸からの指示を受けて、ここではじめて作られたものではなく、大枠はこれ以前にできあがっていた。その枠組みの形成に大きな意味を持ったのが、明暦三（一六五七）年八月二七日に出された三ヶ条の町触である。[12]

この三ヶ条は、第一に、本願寺門徒以外の出家が町屋に住み、旦那を集めることの禁止、第二に、これまで町中にいた男女の道心者はそのまま居住を認めるが、彼らに不届きがあれば宿主はもちろん年寄・五人組も処罰するので、不審があれば町中から町奉行所に申し出ること、第三に、「今度穿鑿《せんさく》以後」他所から来た道心者はよく吟味して「誠《まこと》の道心者」に紛れなければ宿を貸すこと、という内容である。言い方は違うが、寛文六年令と実質的にまったく同じである。

第三条目に、この町触の発布に際して、市中に居住する道心者の調査（「穿鑿」）が行なわれたとあるが、三津寺町にはこれに関連する書付が残されている。[13] この町触が出される直前の八月一四日には、大福院行円《ぎょうえん》、ごんさい、浄念《じょうねん》、尼妙円《みょうえん》、遊玄《ゆうげん》の五人を町内居住の坊主として書き上げている。そして町触発布直後の九月二日に、行円を除く四人について怪しい点はないので宿を貸すこと、彼らも含め、今後不作法な道心者を町内に居住させたら自分たち町役人・家主《いえぬし》を処罰されても異存ない旨の手形を提出している。

事前の調査では、三津寺（大福院）住職の行円を含む町内居住の宗教者をすべて書き上げていたが、町触発布後には道心者に限定して、その監督責任を負う手形を提出させられたのである。道心者四人のプロフィールは次のごとくである。

ごんさいは、五兵衛に地借《ちがり》する六四歳。親の代から紺屋《こんや》をしていたが、一〇年まえに「道心」を起こし、剃髪。五兵衛の家屋敷を借りて庵を建てて居住。

浄念は、太郎右衛門借屋《かしや》に住む六二歳。阿波で生まれ、一八歳で大坂に出て、紺屋や古手屋《ふるてや》を営むが、八年前に剃髪して、三津寺町に来住し、以来鉢を開いて生活。

尼妙円は、彦兵衛借屋に住む六一歳。奈良で生まれ、一八歳の時大坂へ奉公に出る。翌年六右衛門と所帯《しょたい》を持つが、七年前に夫と死別して剃髪。三年前に三津寺町に来住し、鉢を開いて生活。

遊玄は、彦兵衛借屋にすむ五三歳。大坂生まれだが、九歳から奉公や魚売りに従事。三年前に炭屋町に引越した際、近所の道心者（鉢開き坊主）庵西を頼んで剃髪。前年に三津寺町に来住し、鉢を開いて生活。

以上の四人の来歴を見ると、（元々は外から流入した経歴を持つとは言え）町内居住の者が道心者となり、多くが生活のために乞食（鉢開き）を行っていることがわかる。寛文六（一六六六）年令で想定されていた道心者の二タイプが実態を踏まえたものであったことが確認される（第一のタイプ：浄念・尼妙円・遊玄／第二のタイプ：ごんさい）。

三津寺町には、この少し後の万治二（一六五九）年から寛文六年まで、次郎右衛門借屋に山伏《やまぶし》宝常院の一家が居住していた。なお、宝常院は本山派から当山派に移っている。また、寛文五年の宗門人別帳で、当山派山伏明覚の一家も勘兵衛借屋に住んでいたことが確認される。明暦三年令・寛文六年令は、先の四人の道心者のような組織化されていない者だけでなく、山伏（修験）のように仲間組織に加わっている者の町内の借屋居住を許容するものであった。

一七世紀の勧進宗教者の人数を窺える史料は少ない。表1は、一七世紀末頃の「難波鶴《なにわづる》」・「難波丸《なにわまる》」（大坂のガイドブック）の数字である［塩村編　一九九九］。山伏から願人までは、組（仲間）を形成していた存在であり、男女の道心者とあるのは組織化されていない個別の存在であろう。先の町触によって彼らはすべて町内居住を認められていたのだから、ここで道心者と呼ばれている者を狭義の道心者とすれば、組織化されたものも含めて広義の道心者と言えるであろう。個別的な存在である狭義の道心者の人数がどうしてわかる

表1　17 世紀後半の勧進宗教者

	延宝 7（1679）年	元禄 9（1696）年
当山山伏	160 人――組頭大福院〔白髪町〕 延寿院〔袛町〕 増常院〔上樽屋町〕	130 人――組頭大福院〔橘町〕 延寿院〔袛町〕 増常院〔坂田町〕
本山山伏	75 人――組頭薬師堂大学院 〔立売堀帯屋町〕 寿福院〔心斎町〕 理性院〔道空町〕 明学院〔新泉町〕 自宝院〔卜半町〕	120 人――組頭威徳院〔小浜町〕 大学院〔帯屋町〕 寿福院〔心斎町〕 理性院〔道空町〕 明学院〔日向町〕 自宝院〔卜半町〕
六斎（暁） 西方寺組	19 人――頭　西方寺 〔南折屋町〕	16 人――組頭宗慶跡目 〔上町万年町　金碩改〕
同（有明） 宝山組	16 人――頭　宝山 〔北久宝寺町四丁目〕	15 人――組頭順貞跡目 〔北久宝寺町四丁目 貞山改〕
熊野比丘尼	71 人――頭　宝性院 〔鰻谷東七丁目〕 頭　実相院 〔安堂寺町五丁目〕	70 人――組頭　法性院〔高間町〕 教伝〔大宝寺町〕
願人	9 人――頭　宝蔵 〔新玉作奈良屋町〕	？――組頭　宝蔵〔新玉作奈良屋町〕
道心者 (男女)	656 人	？

出典：延宝 7 年――「増補難波すゞめ跡追」延宝 7 年 5 月・「難波鶴」延宝 7 年 7 月「難波鶴跡追」延宝 7 年 8 月（内容はすべてに共通）。
元禄 9 年――「難波丸」元禄 9 年 4 月
いずれも『古版大阪案内記集成』［塩村編 1999］に収録。

のか疑問もあるが、先に見たような道心者調査の結果が踏まえられている可能性もあろう。

延宝七（一六七九）年の「難波鶴」の数字が、一七世紀後半の勧進宗教者の状況をよく表現していると思われる。第一には、当山派山伏一六〇人、本山派山伏七五人というように山伏（修験）の人数が多いこと、しかも当山派の方が二倍以上いることである。但し、元禄九（一六九六）年には、当山派が一三〇人に減少し、本山派が一二〇人に増えていることに注意しておきたい。第二には、六斎《ろくさい》念仏が西方寺組《さいほうじぐみ》（一九人）と宝山組《ほうざんぐみ》（一六人）の二組に分かれていたことである。第三には、熊野比丘尼《くまのびくに》が七一人と多数にのぼっていたが、願人《がんにん》は九人という少人数であった。第四には、男女の道心者が組織化された者全体より多い六五六人にのぼっていたことである。

（ii）一九世紀の勧進宗教者に関わる町触

寛政一〇（一七九八）年一一月一〇日の僧侶不如法《ふにょほう》についての町触は、第二条に次のような内容を含んでいた。

以前から町家への清僧の居住を禁じてきたが、近年、肉食妻帯《にくじきさいたい》の道心者が町中を托鉢《たくはつ》し、町家の仏事などに清僧と同様に回向《えこう》葬式の世話をするなど、増長している。こうした者が町家に居住していたら、俗体に改めさせるか、暁山西方寺・六斎念仏寺組下か、大蔵院下の願人組合に組み入れる。なお、「一通りの尼道心者の類」はこれまで通り、町家居住を認める。

寛文六年令を踏まえつつ、出家の不如法との関連で道心者への統制強化の方向が打ち出されたものと言えよう。この町触を受けて、西方寺や念仏寺の組下や願人仲間が、道心者の強制的な組入れを遂行していったが、町奉行所はこれを行き過ぎと判断し、同月二八日に、紛らわしくない者まで取り締るには及ばないと軌道修正する口達触が出された。この過程で注目されるのは、狭義の道心者（「一通りの道心者」）が願人・六斎念仏などと共通する実態を持っていたことがわかる点である。また、道心者が葬式・年忌などで清僧同様の行為を行っていることも窺える。

この翌年（寛政一一（一七九九）年）九月一一日には、稲荷《いなり》明神などを勧請《かんじょう》し、金銭を取って、加持祈祷《かじきとう》・占いを行う者の取締りについての町触が出された。そこで問題になっているのは、「土御門《つちみかど》下陰陽師《おんみょうじ》并に白川家門人組合」に加わり、名字官名を名乗り、内々は商売諸職を渡世にしている者、または町住の浪人体の者である。それ故、陰陽師惣頭・白川家門人組頭などに、組下のうち「業体《ぎょうてい》混雑の面々」を組除《くみよ》けするように命じている。

以上のように、一八世紀末に、寛文六年令を枠組みとして、勧進宗教者に関する町触が相次いで出されることとなった。そこには、寛政一〇年令のように、町中での勧進を問題にする局面と、寛政一一年令のように居宅での祈祷などを問題にする局面があった。一九世紀にこの二局面の町触が何度も出されていく。

前者の町中での勧進の局面については、まず、文政元（一八一八）年七月二三日に町触が出された。これによって、寛政一〇（一七九八）年以後も、念仏寺・西方寺や願人仲間から強制組入れを図る動きが絶えなかったことがわかる。天保一四（一八四三）年二月八日には、願人に絞った町触が出され、大坂では禁じていた鑑札の所持を江戸同様に義務づけている。

次に後者の居宅での祈祷などの局面については、文化八（一八一一）年四月一九日に、西宮《にしのみや》の者が野狐を寄せて奇怪なことを行い、金を貪ったとして遠島《えんとう》に処されたことを伝え、先の寛政一一（一七九九）年の町触が再確認されている。寛政一一年の時点では、土御門家下の陰陽師と白川家門人組合だけに言及されていたが、ここでは吉田家の門人も上げられている。

以上の二つの局面は、天保改革の中で出された流弊二五ヶ条の取締りを命じた町触（天保一三（一八四二）年六月二七日）の中で、一つの箇条に統合されている。

(iii) 弘化二年の町住規制

天保改革の中で、江戸では都市内宗教者の市中居住を制限する方向性が模索された。恐らくその影響もあったであろうが、大坂においては、弘化二（一八四五）年四月八日に勧進宗教者の市中居住に関する町触が出された。

まず、冒頭に「出家・社人等町家借宅の儀に付ては、寛文・元禄の度相触れ」たが、年月が経ち、不取締りとなっているので、今回、改革を仰せ出されたとある。ここでも寛文六年令が意識されていることがわかる。この町触は全一一ヶ条からなっているが、一〜三条に出家・社人に関わる箇条があり、四〜七条には陰陽師・願人・道心者（狭義）などに関わる箇条がある。

第一条の主文では、本山派・当山派の山伏や吉田家・白川家配下の社人・神職などの町住居を禁じ、本寺・本社・同宗同派の寺社内に引き取ることを原則としている。これは、引き取りうる寺社の存在が前提の箇条である。それに対して、第四条では、陰陽師・願人・道心者は本寺・師家の証文を取った上で、裏家居住を認めるとしている。こちらは引き取りうる寺社が存在しないからであろう。このように両者はまったく異なる位置づけをされている。しかし、第一条但書きで、もし本寺・本社等に引き取ることに支障があれば、裏家に差し置くことを認めるとされている。結果的には、両者はともに裏家に居住することが許容されることになるのである。個別人身掌握をより厳重に行うことになるが、実質的に勧進宗教者（広義の道心者）の町家居住が公認されている点では寛文六年令の延長上にあることは変わらない。

第一条では吉田家・白川家配下の社人・神職と本山派・当山派の山伏・修験が、また、第四条では陰陽師・願人が、町奉行所に名前帳を提出しているとある。この点でも両者は同質である。なお、本寺・師家もなく勝手に剃髪した道心者・尼僧も、以後、本寺・師家に随身し、証文を提出するよう言われており、この町触は「一通りの道心者」の組織化を促す効果を持ったであろう。

一八世紀末から一九世紀初めにかけて町奉行所が掌握していた勧進宗教者の人数を表2にまとめた。この数字は、町奉行の交替に際して作成された市政要覧から取っているが、勧進宗教者が提出する名前帳が基になっているのであろう。

一七世紀と比べると、次のような特徴が指摘できる。第一には、山伏の人数が大幅に減少し、特に当山派のそれが著しい。第二には、吉田家や白川家の配下の町神職が見えている。それは、白川家の配下では神祇《じんぎ》道《どう》と呼ばれ、吉田家配下では神道方《しんとうかた》と呼ばれている。特に一九世紀に吉田家神道方の増加が著しい。第三には、陰陽師が百人近くも見られる。第四には、熊野比丘尼の減少が著しく、一九世紀にはついに皆無となっている。第五には、鞍馬寺大蔵院下の願人坊主は三〇人前後の一定数を維持している。第六には、六斎念仏は一括表記され、寺と表記されたり、四五人というかなりの人数が認められる一方、「当時これ無し」となっている場合もあるなど、その記載が区々なことである。狭義の道心者は、名前帳を提出しないからここには見えない。

これらの勧進宗教者はどのような組織を形成していたのであろうか。弘化二年令第一条で本寺・本社・同宗同派の寺社内に引き取ることを原則とされた山伏と神職は、重層的な全国組織を形成していた。本山派山伏は、天台宗の聖護院門跡《もんぜき》を頂点として、当山派山伏は、真言宗の醍醐寺三宝院門跡を頂点として、全国組織を形成していた。その中には、寺庵《じあん》を持っている者もいた。公家の白川家と吉田神社の祠官《しかん》の吉田家は、ともに本所として全国の神職を組織化しようと競い合っていた。白川家神祇道は、白川家門人組織の中の町神職であった。一方、吉田家神道方は、吉田家配下の町神職であった。白川家や吉田家を本所とする組織の中には神社の神主なども含まれていた。つまり、本所・本寺の下に大坂周辺でも寺庵持や神社持の者から町内の借屋人までが重層していたのである（重層型）。彼らは引き取るべき者が存在すると見なされていたのである。

これに対して、第四条に規定がある陰陽師・願人は単層型の組織であった。願人は、鞍馬寺の塔頭《たっちゅう》大蔵院・円光院を本寺としていたが、大坂の仲間は大蔵院末の願人だけで組頭・年寄役が各一人と組下の願人か

表２　近世後期の勧進宗教者

	松平石見守殿御初入ニ付差出御覚書（天明七年）	町奉行所旧記（文化五年）	手鑑拾遺（安政四年頃か）
本山下山伏	59	51	27
当山下山伏	15	17	16
大善院下在領山伏	—	8	7
熊野比丘尼	14	0	0
陰陽師	95	67	96
六斎念仏	0	寺１	45
鞍馬願人	34	37	21
白川家神祇道	11	6	9
吉田家神道方	—	67	169

らなり、彼らは西高津新地四・五丁目の借屋に多くが居住し、その他も周辺地域の借屋人たちであった［吉田二〇〇〇c：再録二二五－二二七頁］。陰陽師も、公家の土御門家を本所としていたが、大坂の場合、具体的な組織については未詳だが、裏借屋に住む陰陽師たちだけの組織であったと思われる。つまり、京都に所在する点としての本所と大坂の裏借屋に居住する単層の願人仲間や陰陽師集団が単線で結ばれる組織構造である。

弘化二年令には見えない六斎念仏の組織は、以上の二つのタイプとは異なっており、第三の類型と見なすことができる（後述）。

小括

大坂における勧進宗教者の都市内での位置づけは、一七世紀半ばに確定したが、明暦三年令に関わる道心者調査のあり方にも窺がわれたように、その段階での町奉行所の関心は治安統制の側面に比重が置かれていた。そのことは、町奉行所から当山派・本山派の山伏仲間に出された慶安二（一六四九）年三月一八日の山伏仕置に端的に表れている。

そこでは、本山派の山伏が盗みをはたらき、当山派の山伏がその盗物を預かって、処罰されたことを述べ、他所から来て大坂に師匠がいない山伏には袈裟筋《けさすじ》を確認すること、弟子を取る時の厳格な確認などを命じているのである。そして書留文言では、本来、山伏の仲間仕置は本寺から申し渡すべきものであるが、盗人取締りに関わることなので直接申し渡したと断っている。すなわち、町奉行所には、山伏仲間に徒者《いたずらもの》が紛れ込み兼ねないという認識があり、山伏仲間への関心も専ら治安統制の側面からだったのである。

この時期、大坂では都市法制の整備が進められていたが、その中で、キリシタン、手負い、牢人、博奕、盗人などの「宿主科《やどぬしとが》の軽重」が規定されるなど、治安維持のため、宿主（家持）への責任を問うという方向が強化されたのである［塚田 一九九五c］。それ故、町人たちは証人（請人）のいない者に宿を貸さない状況が広がった。それが、山伏仲間に徒者が潜むことにつながっているという町奉行所の認識が生まれていたのであろう。

それに対して、一八世紀末から一九世紀にかけては、勧進宗教者の勧進や祈祷など市中での「宗教的」活動そのものに関わる町触が出されていった。市中でのそれらの行為が問題視され、個別の道心者を組織化し、仲間の統制力に依拠して取り締まろうとしてみたが、その仲間自体が問題行為に及び、その取締りを命じるなどの試行錯誤が行われたのである。その延長上に弘化二年の町方居住規制が位置するのであるが、勧進宗教者の裏借屋居住を否定するには至らなかったのである。

(2) 勧進宗教者の併存と競合

(i) 願人仲間

前節では、都市法制の中での勧進宗教者の位置づけを見たが、そこから仲間組織のあり方にも三タイプがあったことが窺がえた。そのことに留意しながら、勧進宗教者の実態を見ていこう。

願人仲間については、吉田伸之氏が詳細に明らかにされている[14]。

①近世前期の願人仲間

願人仲間の掟は、寛文一二（一六七二）年に組下念故の行為をめぐる紛争を契機として、本寺大蔵院（名代寿福院円随）からの申渡しの形で成立した。念故の具体的行為はわからないが、掟の制定は組下の者の非人に紛らわしい行為を排除することを目的の一つとしたものであったと想定される。ここからは、願人たちの行為が非人と近いものであったことがわかり、興味深い。

掟では、願人仲間の人数は弟子も含めて五〇人に限定されていた。願人は実子・養子と弟子を含む「家」を形成していた。仲間は、二組に分かれ（組頭二人）、年一回の汁《しる》（会食と会合）と毎月の毘沙門講《びしゃもんこう》を催すことが規定されていた。組織への加入は、当地の者に限り、他所の者の加入を禁じていた。

願人の職分＝「勧進仕り候大法」として、正月の鞍馬の札配りなどが上げられているが、吉田氏は、天保段階の史料も参照しながら、「正月の鞍馬寺の札配りをはじめとし、金毘羅《こんぴら》社・住吉社・秋葉大権現への代参などを名義として、市中家々の軒先・門先を廻り、多少の施物を乞うたのである。そして、住吉代参の踊勧進や、あるいは鉦をたたいて行う諸寺社代参の勧進において、芸能を演じたものであろう」とまとめている［吉田 二〇〇〇ｃ：再録一二三頁］。

ここで注目されるのは、組外の者がこれらの諸勧進をした場合、鞍馬の札配り以外を本寺から差し留めることはしないと付言している箇条の存在である。願人仲間自身は、仲間以外の者の諸勧進すべてを排除したいという希望を持っていたが、本寺はその特権を鞍馬の札配りだけに限定して考えていたことがわかる。また、他所の勧進者が入り込んだ場合、願人仲間として吟味し、特に本寺（鞍馬寺）から他所の者に添状を出すことはないので、添状を持っていると称する者（つまり願人と称する者）は公儀（町奉行所）に届けるとある。ここからは、願人仲間が市中での勧進行為に一定の規制力を持っていたことが窺えると同時に、外からの勧進を全面的には排除できなかったことがわかる。一方で、仲間をやめて天台宗・真言宗の「呪字袈裟」（種子袈裟）をもらって、それを掛けて勧進に廻ることは構い無しとしている。これらは本山派・当山派の修験を指していると思われるが、そちらに移る者もいたことが想定されている。

寛文一二（一六七二）年一一月二七日に、この掟の写を町奉行所に提出したが、その時、町奉行所の意向を受け「願人仕置《しおき》」三ヶ条の遵守を誓約する願人仲間の連判一札を提出している(15)。その第一条では、「道心を発し」、願人になるという者がいたら、組中の相談と二人の組頭の許可の上で弟子とし、仲間に入れることと規定している。ここには、願人が「広義の道心者」であることがよく示されている。第二条では、他所よりの願人を大坂に入れないこと、具体的には、願人に紛れ込んだ旅人がいたら仲間として捕らえ、一夜の宿も貸さず、請人のいない先行き（行方）の不明確な者を弟子にしないと定めている。第三条では、悪事に携わらないこと、もし悪事に関わる者がいたら仲間より申し上げるとしている。以上のような願人仕置は、全体として治安統制からのものであり、当時、町奉行所の関心はそこにあったのである。

②近世後期の願人仲間とその周辺

以上の状況は、一七世紀後半のものであるが、続いて願人仲間の様子がわかるのは、近世後半である。先の**表2**では、一八世紀末から一九世紀前半にかけて、願人の人数は三〇人前後となっている。彼らは、一九世紀には、本組と新組に分かれていたが、一七世紀後半の二組とは事情が異なっていた。新組のメンバーは、東寺（京都・古義真言宗）、竜光寺（徳島・真言宗大覚寺派）、壺坂寺（大和・真言宗豊山派）などからの勧進僧が、大坂市中で勧進する便宜のため願人仲間に参加したものであった。彼らは、町家で「茶所《ちゃじょ》」を出し、仏像を飾り、勧進する（賽銭を集める）という活動形態をとっていた。

ところで、弘化二（一八四五）年の勧進宗教者の町方居住規制の一環として、町家での寺構え禁止が強化された。「茶所」に仏像を飾る新組の活動形態は、寺構え・仏壇構えに抵触したため、彼らは組を抜け、願人仲間は本来の願人「本組」の八、九人になってしまうのである。

こうして、弱小集団となった願人仲間は、西高津新地四・五丁目に集住し、市中に勧進に廻る存在として残ったが、本寺大蔵院との関係は継続した。但し、大蔵院への上納金は滞りがちとなっていく。

安政五（一八五八）年、年寄役岸本房が組から抜ける一件が生じる。この時、岸本房の「職行場先」が次のように譲られている。

代参職行　東天満場―松之坊弟子自秀へ
　　北上町場―龍善弟子孝観へ
住吉踊り「一席半」―儀弁・弁龍により配分

これにより、願人仲間の勧進権が「場」や「席」という形で確立していたことがわかる（「席」の具体的あり方は不明だが、「場」は仲間内的な縄張りであろう）。しかし、岸本房の弟子であった文証は、修験の和勝院の弟子となり、天王寺寺町で大聖院と名乗って「修験道日行」に出ていることが問題になった。願人組頭松之坊は、「修験道」と願人の「僧業」とは似寄りの職業であり、放置できないとしているが、ここには願人と修験が市中を勧進するという点ではほとんど同じであったことが示されている。

こうしたことは、嘉永六（一八五三）年の願人と当山派修験の間の金毘羅宮への代参の権限をめぐる紛争にも見て取れる。元々、当山派修験が金毘羅宮への代参と配札を担っていたが、市中西横堀に金毘羅金光院の掛所《かけしょ》（別院）が新設された際に、願人が代参を行っている由来が糺されたのである。松之坊らは、この返答に窮して、本寺大蔵院に指示を求め、訴訟になれば雄弁な僧侶を大坂へ派遣してほしいと要請している。ここには、修験と願人の勧進行為の近似性が示されているとともに、こうした勧進をめぐる競合が、各集団が本寺の権威を求めていく理由にもなることが示唆されている。

（ii）白川家配下の町神職

次に『白川家門人帳』によって、白川家配下の町神職のあり方を具体的に見ていこう[16]。

①重層型の組織構造と町神職

白川家では、文化五（一八〇八）年以降、門人の入門・継目《つぎめ》などの動きを記録する「諸国御門人帳」が作成されるようになる。この後、それ以前の記録を基にして、「諸国門人帳　古帳の写」も作成された。このうち摂津国の分に大坂に関する者たちの詳細な記載が見られる。

門人帳には、多様な性格の者が含まれている。まず、各地の神社の神主である（例えば文化六（一八〇九）年二月の八部《やたべ》郡石井村天王社祠官《しかん》谷徳左衛門の「入門」）。また、神社に属する巫女《みこ》もいる（例えば同年二月二九日の八部郡長田宮神楽《かぐら》巫女安藤みつきの「巫女許容」）。宮座のメンバーの場合もある（例えば明和四（一七六七）年の西成郡高津宮の宮座《みやざ》九人）。また医者（文政四（一八二一）年五月二六日・高津新地五丁目堀田市正存顕など）や国学者（安政七（一八六〇）年二月二七日・上本町二丁目兵藤正右衛門方同居畠山信濃など）もわずかだが含まれる。そして、これら以上に多数見られるのが、町神職《ちょうしんしょく》と巫女である。

享和三（一八〇三）年六月二七日に継目を認められた西成郡本庄村豊崎社神主《かんぬし》の足立長門について、これまで「大坂町神職」だったが、この度豊崎社神主を相続したので、「神主号」の許状《きょじょう》を願ったものと注記されている。この時、彼は町神職の組合から「組除け」されたことが確認される。これによって、町神職とは、神社の神主とは区別された存在であること、つまり属する神社を持たない存在であること、町神職だけの組合が存在していたことがわかる。町神職が神社神主になる足立のような事例は門人帳にはほとんど見られず、例外的であったと考えておきたい。

なお、表2に見える白川家配下の「神祇道」は、この町神職のことである。吉田家の場合、町神職が「神道方」（もしくは神道者）と呼ばれ、神社神主が「神祇道」と呼ばれており［井上 二〇〇〇b］、白川家と吉田家の配下ではまったく逆になっていることに注意しておく必要がある。

天保七（一八三六）年五月一七日、初入門した内平野町亀山町角の豊後屋市兵衛事《こと》山本馬之助は、公家徳

表3　白川家神祇道の触頭

触頭		触頭加役など	
寛政2年頃～7年頃	小林兵部		
享和2年頃～文化4年頃	伊藤主水		
文化6年頃～文政2年頃	寺田多門	文政？～天保3年9月	上村市正
文政8年9月～天保9年頃	田中兵庫	天保3年5月～	荒木久米之丞（のち筑前）
		天保3年9月～	尾形良祐
天保12年1月～　（代役）	尾形良祐		
弘化2年6月8日～	森岡石見	弘化2年6月～（目代役）	荒木筑前
弘化3年7月～　（代役）	尾形良祐		
嘉永5年2月21日～	芳川帯刀		
安政3年12月19日～	坂口豊後		

大寺家の家来柳田将監の吹挙《すいきょ》によるものであった。これに対して、白川家からは、「右大坂住居の儀に候へば、触頭《ふれがしら》の組下に随従すべきの旨」を申し渡された。どういう経緯で入門したかを問わず、神社に属さない大坂居住の門人は触頭の支配下に属すべきなのであった。そして、この町神職の組合の統括者が触頭なのであった。

②触頭の存在形態

『白川家門人帳』からわかる限りで、触頭の名前と在任期間をまとめておく（表3）。基本的に触頭は一人である。触頭欠員時に代役が置かれている時期もある。一方で、加役や目代役が併置されている。

田中兵庫は、文政五（一八二二）年一〇月一六日に入門している。この時、田中兵庫を含めて六人がいっしょに入門したが、この六人について「土御門《つちみかど》家配下陰陽《おんみょう》職の者」だったと注記されている。陰陽師と白川家配下の町神職とは近似的な存在で、実際に相互の集団間で移動が見られたことがわかる。しかも、それは先例もあり、土御門家も了承しているという。そして、陰陽師だった田中は入門後三年程で、触頭になっているのである。

荒木久米之丞は、文政一三（一八三〇）年四月一七日の入門時には「大坂北新地曾根崎村阿波屋宗助借屋《かしや》修験小林院事《こと》」と肩書されている。荒木久米之丞は、本山派か、当山派かは不明だが、これまで修験だったのである。町神職は修験（山伏）とも近似的で、相互に流動可能な存在だったのである。また、彼は借屋人だったことがわかるが、町神職は借屋人階層が一般的だと見做せるであろう。

芳川帯刀《たてわき》と坂口豊後の入門と触頭就任の経緯は、ほぼ共通する特徴を持っている。芳川帯刀は、上福島渡し場町の豊嶋屋清左衛門借屋に住み、大和屋文吾と名乗っていたが、嘉永五（一八五二）年二月一二日に荒木筑前の申《もう》し次《つぎ》で入門する。そして二月二一日に「摂・河・泉州御門下触頭役」を仰せ付けられ、同月二四日に大坂町奉行所への届書が提出された。つまり、芳川は入門の九日後に触頭に就任しているのである。まるで触頭になるために入門したかのようである。

芳川の触頭就任に当たって、白川家御用場《ごようば》から、万端を目代役《もくだいやく》荒木に相談するように言われているが、その後の町神職の入門の申し次などを見ると、芳川は一例のみで、ほとんどは荒木が行っている。実質的な権限は荒木の方にあったのである。

これらの事実は、触頭の役職が一種の株《かぶ》のような形をとり、売買されていることを示しているのではなかろうか。なお、芳川に対して、触頭の権限について「社職《しゃしょく》御門下」すなわち神社神主は「別段の儀」といわれているが、触頭が管轄するのは町神職だけであることが確認され、注目される。

坂口豊後の場合、安政三（一八五六）年一二月七日に「継目」が認められ、一九日に「芳川帯刀跡役《あとやく》摂・河州触頭役」に任じられている。この場合、「継目」となっているが、その肩書は「大坂鍛冶屋町壱丁目加嶋栄（屋脱カ）蔵支配借屋《しはいかしや》河内屋文吾事」とあることから、実は入門ではないかと思われる。だとすると、このケースも実質上入門後一二日で触頭になっているのである。

さらに、目代役荒木筑前と相談すること、社職は別段という白川家御用場からの達書が出されていることなど、芳川帯刀の場合とまったく同じである。但し、文久年間（一八六一年）以降は、荒木筑前の申し次は見られなくなり、坂口豊後の申し次に一元化する。おそらく、組合内部で大きな変動があったものと考えられる。

以上のように、最幕末期には、触頭役の実質的な株化が見出され、近世社会で広く見られた地位や役職を株化していく動向と共通する方向性が確認されるのである［塚田　一九九四］。

③町神職の組合とその流動性

この時期、白川家の町神職の組合が、どれほどの規模だったかは不明であるが、表2を見ると、一八世紀末から一九世紀半ばにかけて、せいぜい二〜三〇人くらいだったのではないかと思われる。大坂において、白川家による町神職の組織化は、一八世紀半ばすぎから吉田家に先駆けて行われたが、一九世紀にはいって吉田家による組織化が著しく進行するのに対抗できず、停滞ないし微増にとどまったものと思われる。

こうした状況に対して、白川家が積極的な組織化を試みなかったわけではない。文政一〇（一八二七）年には、大坂に白川家から「出役取調べ」が行われており、その際、二八人が一斉に入門している。安政期に、白川家家来塚本播磨が何件かの神主・町神職の入門・継目の申し次に当たっているが、ここでも白川家家来が出役して積極的に組織化を図ろうとしていたことがわかる。

しかし、そうした組織化も大きな限界があった。それは、文政一〇年の出役の際に入門した者たちの状況に窺うことができる。この時入門した町神職一九人、町内の巫女九人のうち、一九人が「元職札の者」とされている。また、初入門とされた三人のうちには、触頭の息子や触頭加役の妻が含まれている。この出役においては、過去に白川家と何らかの関係を持っていた者や、すでに町神職の組合に属している者の関係者などを強引に組織化していったことがわかる。

ここで入門したうち一三人が、三年後の文政一三（一八三〇）年までに脱退している。そのうち七人までが一年後の文政一一年の内に抜けている。さらに一三人の内、一人が休職・許状返納であるが、それ以外はすべて破門である。ここでの組織化がかなり強引であったことが窺えると同時に、町神職の流動的なあり方を示していると言えよう。白川家からの出役による組織化は大きな限界があったのである。

彼らの居所を見ると、船場などの大坂の中心部にはまったく見られず、上町や島之内、西船場など周辺地域に分布し、さらに上福島村・九条村など大坂に隣接し町場化した区域に居住していたことがわかる。町神職は、周辺地域の裏借屋人が一般的だったと言えるであろう。それは、西高津新地四・五丁目とその周辺に借屋していた願人坊主たちと共通する状況であったと言えよう。

以上、町神職の組合の全体構造はいまだ十分には把握できていないが、彼らが都市下層の裏借屋層であり、流動的な存在であったことは確実である。

（iii）六斎念仏と西方寺

六斎念仏は、重層型とも単層型とも異なる集団を形成していた。次にこれを見ていこう。[17]

①六斎念仏西方寺組

慶安四（一六五一）年段階で、大坂には、六斎念仏が合わせて三七人おり、そのうち「上町あかつき組弐拾四人」、「船場法山組拾三人」の二組であった〔『大阪の部落史』（第一巻）部落解放・人権研究所 二〇〇五：二八〇頁〕。この段階で、上町方面と船場方面の地域的なまとまりを持つ二組に分かれていたが、前者は後に西方寺組と呼ばれることになる。

延宝七（一六七九）年刊の「難波鶴」などには共通して、「六斎西方寺組」一九人、「同宝山組」一六人という人数が見える（表1）。西方寺組の「頭」として南折屋町の西方寺、宝山組の「頭」として北久宝寺町四丁目の宝山の名前が上げられている。

ここからは、一七世紀後半の大坂において、二つの六斎念仏の勧進宗教者のグループがあり、その中心にいる組頭が宝山や西方寺と呼ばれ、またその組が西方寺組（暁組）、宝山組と呼ばれていたと考えられる。

貞享三（一六八六）年一二月二三日に西方寺組と宝山組から町奉行所に「六斎道心者」として守るべき三ヶ条の遵守を誓約した連判一札を提出した。西方寺組の一札によって内容を見よう。第一条では、「道心」をおこし、「かねた、き」に成りたい者は、組頭宗慶の跡目である順悦の組中で相談し、二一人の六斎念仏坊主の同意の上で弟子として仲間に入れることとある。ここからは、六斎道心者たちは鉦叩《かねたた》きとも呼ばれたことがわかる。第二条では、他所からの六斎念仏坊主を大坂に入れないこと、具体的には、順悦組中に徒者《いたずらもの》が紛れ込んだら仲間として捕らえ、一夜の宿も貸さず、請人《うけにん》のいない先行き（行方）の不明確な者（不審な者）を弟子にしないと定めている。第三条では、悪事に携わらないこと、もし悪事に関わる者がいたら仲間より申し上げるとしている。

以上のように、一札の内容は治安統制の局面に関心が集中している。また、先に触れた寛文一二年一一月二七日に願人仲間が提出した連判一札とほぼ同内容であり、六斎道心者の組合と願人仲間が近似的な集団であることが窺がえる。つまり、この段階での西方寺組の六斎道心者とは組頭順悦を中核とする勧進宗教者の集団そのものであり、それとは別個の西方寺という寺院やその住職の存在は想定できない。

ところが一八世紀末から一九世紀初頭のものと思われる町奉行所宛の一札（「六斎西方寺判形帳」）による

と[18]、先の三ヶ条に新たな二ヶ条が加えられ、「天王寺村暁月院　西方寺」が提出する形式になっている。新たな箇条には、西方寺は往古より「摂河両国六斎念仏の者支配」を仰せ付けられているとあり、自らが六斎念仏を支配する立場にあると主張している。これらの微妙な変化の背後には、西方寺「住持」という地位が組頭から機能的に分離している可能性も考えられる。

融通念仏宗の本山である平野郷大念仏寺の記録によると、西方寺は正保四（一六四七）年に大念仏寺の末寺になったという[19]。住持は妻帯であり、その地位は子供に譲られていくというが、延宝五（一六七七）年段階の住持名として宗慶が見える。ここから考えると、先の延宝七年段階で頭西方寺とあったのは、この宗慶と見てよかろう。貞享三年の連判一札に「宗慶跡目」とあったのは、この住持宗慶の跡目という意味合いだったことが確認される。

ここまで見てきたことを勘案すると、六斎念仏道心者の集団あかつき組が、大坂・上町地域を範域に形成されており、その集団が正保四年に願い出て、大念仏寺の末寺としての西方寺という位置づけを獲得したと想定できよう。その組頭が、大念仏寺からすれば住持ということになるのである。そうだとすれば、組頭＝住持なのであり、住持はもちろん妻帯の道心者ということになる。つまり、この段階では、組頭と住職の分離は見られないのである。

しかし、六斎念仏集団が丸ごと大念仏寺の末寺西方寺となり、組頭が住持という位置づけを与えられると、彼が組下の寺請をできるようになる。近世大坂では、三郷の家持・借屋人らの寺請状を出す諸宗の寺院は町奉行所に把握されていた（『大坂町奉行所日記』上、大阪市史史料41：九三－一〇九頁）。大念仏宗の寺としては、平野郷の大念仏寺、浜村の源光寺、下難波村の法照寺とあわせて、西方寺もそこに含まれていたのである。その一方で、安政五（一八五八）年一〇月に、西方寺は天王寺村北組町の鍵屋九郎兵衛（支配人太郎兵衛）の借屋に引っ越しており、幕末においても周辺町村の借家に所在していたのである。[20]
　以上のような特殊な六斎念仏西方寺組のあり方が、表2において、寺と表記されたり、四五人というかなりの人数が認められる一方、「当時これ無し」となっている場合もあるなど、区々な記載となったのではなかろうか。

②弘化二年～四年の西方寺出願一件

　西方寺は、弘化二（一八四五）年から四年にかけて、六斎念仏支配についての触流しを町奉行所に出願した（以下、西方寺出願一件と呼ぶ）。[21]この西方寺出願一件から、西方寺が自認する六斎念仏の位置づけと当時の実態を見ていこう。

　一件の終りに近い弘化四年末ころに西方寺が大坂東町奉行所に提出するべく用意した願書下書きから、この一件のほぼ全容が窺がえる。この願書下書きは、①六斎念仏に対する支配を認められてきたことの説明と現状、②弘化二年からの出願の経過とその出願が認められていない状況の説明、③六斎道心者の悪ねだりの状況、④六斎念仏の由緒と現状、および出願の趣旨という構成となっている。

　この史料からは、以下のような諸点が注目される。

　第一には、西方寺は、六斎念仏の由緒について、聖徳太子が仏説に基づいて月六日の施与《せよ》を説いたのを始まりとし、往古《おうこ》は月六日の六斎日に限って僧尼とも托鉢修行に出ていたと説明している点である。ところが、近来猥《みだ》りになり、勝手に剃髪した僧尼・道心者が生業のため毎日のように念仏勧進に出ているのだという。

　第二には、西方寺は〝往古より〟摂河両国の「六斎念仏諸勧進僧尼共」の取締りを公認されてきたと述べている点である。これを自らの「公用」と呼び、それを勤めることを「寺務《じむ》」と呼んでいることが重要である。

第三には、寛政一〇（一七九八）年の市中道心者改めの町触に請書を提出したとある点である。これは、先に触れた寛政一一月一〇日の町触を指しており、西方寺・念仏寺組下、願人組合が市中勧進を公認された存在であり、同様な行為を行う者を組み入れすべきことが全市中に伝えられたことは、西方寺にとって（同じく念仏寺や願人仲間にとって）大きな意味を持ったのであろう。また、彼ら六斎念仏と願人の社会的実態が共通していたことを示している。

第四には、天保改革の中で出された天保一四年の町触と弘化二年の町触が、道心者改めの新しい状況を現出したという点である。弘化二年の町触とは、先述した弘化二年四月八日に出された出家・社人・道心者らの町住規制に関する町触である。弘化二年の町触で修験・神道者・願人などには言及があったのに、西方寺には触れられていないこと、また、天保改革で株仲間解散令が出されたことから、西方寺の立場が否定されたと心得ている者がいて、取締りが行き届かなくなっているというのである。

第五には、こうした状況が出願の直接の契機となった点である。西方寺は、市中・近在に居住し、庵号を称し、「茶所仏前の絵・木像を飾り」、清僧に紛らわしい者や、旅籠屋止宿《しじゅく》の念仏勧進に廻る道心者を取り締まりたいが、困難に直面しているとして、弘化二年四月に六斎念仏道心者の取締りに関する触流しを東町奉行所へ願い出たとある。

弘化二年四月の町触では、茶所を設け、仏前の絵や木像を飾るような行為を禁じる文言があり、これを受けていることは明白であり、西方寺は弘化二年四月令が出された直後に最初の出願を行ったことがわかる。つまり、弘化二年令に西方寺についての言及がなかったことに敏感に反応したのである。

しかし、これに対しては、弘化二年四月令が出されて間もないことと、町奉行所が多忙との理由で差し控えるように命じられ、一年余の空白期間が置かれることになる。その後、西方寺は、弘化三年六月九日に西町奉行所に再び願書を提出した。

第六には、自らの主張に説得力を与えるために、六斎念仏道心者の悪ねだりの状況を記している点である。西方寺の取締り支配が必要であることを示そうとしたものと考えられる。そこでは、勧進の途中、雨などで傘や下駄等を借りても返さず、場合によっては売払うなどの行為や、婦人だけの家だと侮って米銭の施与を無理強いしたり、宿泊・食事を求める行為をあげている。

また、諸国より入り込んで来る道心者が、勝手にさまざまな名目を立てて、唄念仏《うたねんぶつ》・和讃《わさん》・詠歌《えいか》・踊念仏《おどりねんぶつ》などで勧進していることを指摘している。ここで上げられている唄念仏・和讃・詠歌・踊念仏などは、六斎念仏道心者が一般的に行っている行為であり、外来者がそれを行うことは自らの権利の侵害ということなのであろう。

第七には、取締り支配の対象として、二つが区別されている点である。西方寺は、取締り支配の方式として、一つは、大坂市中とその周辺に居住している肉食妻帯の僧尼・道心者の名前・住所を調べ、調印させ、組下の出入・死亡等を町奉行所に届け出る、もう一つは、諸宗寺院の僧尼の不如法があれば申し出る、ということを上げている。そして、今後「托鉢修行の者」は西方寺へ断り、印札（許可証）を受けて念仏諸勧進修行に出るよう触れてほしいと述べている。諸宗寺院の僧尼は西方寺の組下に編入できないため、托鉢勧進という行為を行う者はすべて印札（＝西方寺の許可）が必要だという論理を構築して、自らの支配対象を拡張しようとしたのである。

③六斎念仏集団の性格

この出願の願書を見ると、西方寺は、自らを六斎念仏の取締り支配を公認された存在であると位置づけていた。その地域的範囲については、大坂市中と摂河両国を含んでいた。また、その対象については、寺院に属する者から、市中の借屋や村方の百姓家に居住する者まで、さらには宿屋に滞留する一時止宿者までを含んでいた。但し、それらは一律ではなく、寺院に属する僧尼の場合は托鉢勧進に出るという〝行為〟については許可を必要とするというものであった。但し、寺院に属していながらも、肉食妻帯で生業として勧進を行っている者は組入りを求めた（その場合は、市中借宅を求めることとセットである）。また、市中・村方居住の者で、法衣を着用した肉食妻帯の勧進者は組入りを求めた。それは短期の市中居住者であっても同様だった。

そのような組入りした者は、名前帳（「株帳面」）に記載され、町奉行の交代の際（初入り）に提出されていた。その一七世紀の三ヶ条と一八世紀後半以降の五ヶ条を比べると、西方寺はもともと大坂市中の六斎念仏道心者の集団としてあったものが、摂河の六斎念仏の者を支配する存在へと変化したことの反映が窺えるのである。それが、西方寺住職という立場を存立させているのであるが、一方で組頭という立場は住職と分離する形で併存しうることになったのではなかろうか。

この出願は西方寺の住職名で提出されているが、西方寺の住職は短住・無住勝ちで、組寺（＝法照寺）預りとなっている時期も多かった。無住とされた時期においても、例えば「智範組中」と見え、組頭が存在していたこともあった。しかし、住職は組頭とまったく別個の存在ということもできない。組頭が住職に就任するということも見られたであろうし、また、願書に西方寺「代」として現れる人物が組頭である可能性も高いであろう。もともと組頭＝住職であったものが、両者が分離しつつ絡み合っていたというのが現実だったのではなかろうか。それ故、住職とはいっても、実態としては六斎念仏者と変わるところはなかったであろう。

こうした西方寺が、六斎念仏の支配取締りを、町奉行所に対しても、町人や百姓に対しても、正当化する論理が悪ねだりの取締りであった。その悪ねだりの具体的な実態は願書であげられていたが、その一部に外来者が唄念仏・和讃・詠歌・踊念仏などで勧進していることが含まれていた。これは六斎念仏道心者が一般的に行っている行為であり、外来者がそれを行うことは自らの権利の侵害ということになろう。それ故、悪ねだりの取締りは一面では、西方寺組の勧進権を確保しようとするものでもあった。西方寺が取締り支配の対象をどう設定しようとしているかということと、六斎念仏についての自己規定は表裏の関係にあり、それは他の勧進宗教者との差異化を図る意図を持っていた。しかし、そうした差異化を図ろうとすることの背後には、勧進宗教者（市中・在方居住の道心者）の実態における共通性が潜んでいたのである。

おわりに

本稿では、都市大坂を対象として、そこで勧進に関わる諸存在とその集団のあり方を概観してきた。前近代の乞食（物貰い）は、勧進とも表現されることからも窺えるように、多かれ少なかれ宗教的な性格を持っていた。それが芸能の発生にも関わる側面を持っていたのである。

大坂において、勧進に関わるものとしては、非人からさまざまな勧進宗教者まで多様な存在が併存していたが、そのうち最も宗教色が乏しく、純粋に生業として物を乞う存在として乞食＝非人があった。都市大坂の形成過程とともに、関西周辺諸国から流入した貧人は四ヶ所の垣外に定着し、長吏—小頭—若き者という階層性を持つ仲間組織を形成していった。

彼らは、一七世紀後半には、新たに生み出されてくる新非人・野非人に対する統制と救済をゆだねられる存在となっていく。さらに一八世紀には、町奉行所の警察業務の末端を担うようになっていく。また、彼らは徐々にそれぞれの町や町人と出入関係を形成し、その町内に垣外番として雇用されるようになる。垣外番の役割は、町内にやってくる悪ねだりの排除が中核であったが、その垣外番を派遣する権利＝垣外番株は、その町内での勧進を独占する事実上の勧進権であった。非人たちの勧進は、大黒舞や節季候という形態をとることもあり、季節ごとの呪術的要素や芸能的な要素も含んでいた。

大坂の都市法においては、一向宗を除く寺院と清僧は市中居住を禁じられていたが、非清僧の勧進宗教者は、町内の裏借屋居住を許容されていた。そこには、京都の公家や大寺院などを本所・本寺として組織化を遂げていた山伏、願人坊主、熊野比丘尼、六斎念仏、陰陽師、町神職のような存在から、組織化されていない「一通りの道心者」まで多様な者たちが含まれていた（広義の道心者）。組織化されていたものは、仏教系（修験・念仏・願人）から、陰陽道・神道系までを含み、組織形態としては単層型と重層型が区別され、また集団自体が「寺」という形式をとるものもあった。

寛文六（一六六六）年の市中居住を認める町触の中では、道心者を定義して、市中居住の者が生活できずに物乞いをする（「渡世成り難く、鉢を開く」）場合と、身内の不幸などで哀傷のあまり剃髪した場合をあげているが、ここには宗教的形態をとろうとも、貧人（＝非人）と共通する生業としての勧進の性格が見てとれる。実際、一七世紀半ばの大坂・三津寺町に居住していた四人の道心者の記録に、三人までが鉢を開いていると記されている。

また、六斎念仏について「道心を発し、鉦たたきに成」った者、願人についても「道心を発し、願人に成」った者と言われている。両者とも道心者としての共通性が窺えるが、特に前者の鉦たたきという表現は、鉢ひらきとも共通する物貰いを意味する言葉である。宗教的形態をとり、異なる組織を形成していたが、都市下層を形成する乞食坊主として近似的な実態を持っていたのである。実際、願人から山伏になったり、陰陽師や山伏が白川家配下の町神職になったりという組織間の移動も見られたのである。

ここまで勧進に関わる存在として見てきた非人と多様な勧進宗教者の間には、一線が画されていたことは言うまでもない。勧進宗教者（道心者）は、市中居住の都市下層民衆の一部を構成していたが、非人は、非人身分として三郷周辺の四ヶ所垣外に集住せざるをえなかったのである。しかし、道頓堀垣外の鉄心のように、人別を移して借屋に居住し、鉢を開いていたものの、年取って暮らしていけなくなって、垣外に引き取られる事例もあった。両者（垣外の世界と裏借屋の世界）は身分社会の中で隔絶されているかのようでありながら、接点を持っていたのである。また飢饉や米価高騰時には、裏借屋を中心とした都市下層民衆が生きるために袖乞いに出て、新非人になることも広く見られた。ここにも垣外の世界との接点があった。

非人たちは垣外仲間として組織化を遂げ、また、多様な勧進宗教者たちは公家や有力寺院などを本所・本寺として組織化を遂げていた。それは自らの勧進権を確保するためであったが、町奉行所から組織と勧進権を公認されるためには、自らが社会的に有用であるということを示す必要があった。そのための根拠として重要だったのが御用（＝役）の論理であった[22]。西方寺が六斎念仏の取締りを自らの御用だと述べていたのは、その例である。非人たちが町奉行所（とりわけ盗賊方与力）の下で担う市中や周辺諸国に及ぶ手先の御用（警察業務の末端）も同様の意味を持った。しかし、この手先の御用の淵源を探れば、長吏たちに非人状態にある者たち（新非人・野非人）への治安統制と救済の二側面からの支配がゆだねられたことにあった。

その意味では、それぞれの集団においては集団内の統制とその周縁に展開する同様の存在に対する秩序化こそが御用であったと言えよう。この点は、以前に吉田伸之氏が江戸の出版統制に関わって、錦絵の企画・制作・出版・流通の「どの局面にもそれぞれの分業を担う人々が、仲間や師弟組織などの自律的な集団を形成していた。幕府による出版統制とは、江戸市中の支配名主制を部分的には動員しながらも、原理的にはこれら自立的な諸社会集団が有する利己的・排他的な職分独占の論理に依存することではじめて機能できたのである」〔吉田 一九九八ｂ：再録二九二頁〕。と指摘されたことと本質的に共通する。ここに身分社会としての特質があり、それは勧進者の集団だけでなく株仲間などにも当てはまるのである。但し、勧進宗教者の集団の御用と非人の御用を比べると、統制することを求められた者たちの範囲に広狭の違いがあり、そこから手先の御用へと広がったことがさらに差異を大きくしたと言えるであろう。

ヨーロッパ近世社会において、社会的に零落し、乞食で暮らしていかねばならなかった人々は組織化されていたのであろうか、その物乞いは宗教的な色彩を帯びていたのであろうか。彼らは、都市社会の中でどのような位置を占めていたのであろうか。日本近世における勧進に関わる者たちの具体的な存在形態を紹介することで、このような問題での比較都市社会史が可能になれば幸いである。

【註】

（１）大坂には、大坂城代を頂点に、大坂城の警備に当たる定番・大番・加番などが配置されており、市政を担当する町奉行（東西二人）が置かれていた。また、西日本諸藩の蔵屋敷も多数設置されていたが、その空間は町人地であった。本文でも触れるが、多数の寺社も存在していた。なお、大坂の全体構造については、拙著『歴史のなかの大坂』〔塚田 二〇〇二ｂ〕参照。

（２）なお乞食・勧進に従事している者としては、勧進芸能者や座頭《ざとう》・猿引《さるひ》きなど、あるいは浪人なども含まれるが、公認された存在を対象とする本稿では触れない。

（３）以下、本節の叙述は、注記した以外はすべて拙著『都市大坂と非人』〔塚田 二〇〇一〕による。なお、本節全体にわたって、道頓堀垣外に関する『道頓堀非人関係文書（上巻・下巻）』〔内田・岡本編 一九七四・六〕、天王寺垣外に関する『悲田院文書』〔内田・岡本編 一九八九〕を中心として利用している。これ以外の史料については、適宜注記する。

（４）「大坂御仕置留」大阪府立中之島図書館蔵。

（5）『大阪市史』（第三巻）。後注11参照。
（6）以下、本項の叙述は、拙稿「近世大坂における非人集団の組織構造と御用」［塚田 二〇〇七a：第五章］による。
（7）以下、本項の叙述は、拙稿「非人の勧進と垣外番株」［塚田 二〇〇七a：第六章］による。
（8）「佐古文書」大阪商業大学商業史博物館所蔵。
（9）以下、本項の叙述は、拙稿「えた身分・非人身分と所有」［塚田 二〇〇七a：第三章］による。
（10）以下、本節の叙述は、拙稿「勧進宗教者の併存と競合――町触を手掛りとして」［塚田 二〇〇七a：第七章］に基づく。それ以外については適宜注記した。
（11）『大阪市史』（第三巻）。なお、近世大坂に出された町触は、『大阪市史』（第三・四巻）に編年で収録されている。そこに含まれる町触は発布年月日で確認できる。以下、含まれないものについては適宜注記する。
（12）「せん年より御ふれふみ」大阪市立大学学術情報総合センター所蔵。（なお本史料は大阪市立大学大文学研究科都市文化研究センターのデータベースとして公開されている（http://ucrc.lit.osaka-cu.ac.jp/database/sennen/1000.html）。
（13）『御津八幡宮・三津家文書（上巻）』（大阪市史史料17）三一・三三号史料。なお、一七世紀の三津寺町の勧進宗教者については、拙稿「都市の周縁に生きる――一七世紀の大坂・三津寺町」［塚田 二〇〇六b］参照。
（14）以下、本項の叙述は、特に注記した以外はすべて吉田伸之氏の「鞍馬寺大蔵院と大坂の願人仲間」［吉田 二〇〇〇c］による。
（15）『大阪市史』（第三巻）。なお、この史料は、巻末に補遺として収録。
（16）以下、本項の叙述は、「白川家配下の町神職」［塚田 二〇〇七a：第八章］による。そこで、利用する史料は、近藤喜博編『白川家門人帳』［近藤編 一九七二］である。
（17）以下、本項の叙述は、拙稿「六斎念仏と西方寺」［塚田 二〇〇七a：第九章］に基づく。
（18）「摂陽奇観（巻之四）」『浪花叢書』（第一）：二四四－二四五頁。
（19）「大念仏四十五代記録幷末寺帳」、融通念仏宗教学研究所編『融通念仏宗年表』大念仏寺、一九八二年。
（20）「大念仏宗暁山西方寺一件留」（大阪城天守閣寄託成舞家文書）による。

（21）この一件に関する史料は、近松狂言堂「狂言堂続売文録」（国立国会図書館所蔵）に記録されている。
（22）御用（＝役）については、本文で述べた集団内とその周縁の秩序化という類型とともに、諸身分・諸集団の職能・職分に応じた役負担が主要な類型としてあった。もちろん、この二類型は単純に切り離すことはできない。この点については［塚田　二〇一〇ａ］を参照。

Ⅲ

先学に学ぶ――山口啓二・鈴木良・永原慶二氏の人と学問

第1章　山口啓二氏を偲ぶ

1

歴史科学協議会の創立以来五年にわたって代表委員を務められた山口啓二氏が、猛暑の二〇一三年七月七日に自宅で亡くなられた。私は学生時代以来、山口氏から学問的にも生き方の上でも大きな影響をうけ、また公私にわたってお世話になってきた。山口氏が亡くなられた喪失感は容易に埋まりそうにない。

山口氏の『鎖国と開国』〔山口　一九九三〕を除く主要な業績は『山口啓二著作集』全五巻（二〇〇八～九年）にまとめられている。その編集の途上で、『歴史評論』（二〇〇八年、七〇四号）において「近世史研究の原点――山口啓二の人と学問」という特集が組まれ、多様な世代から山口氏の学問的な意義をどう受けとめるかも論じられている。そこで、学問的な側面はそれらにゆずり、ここでは（私の理解する）その背後にある山口氏の生き方と考え方の一端にふれて、先生を偲びたい。

著作集の第五巻には「聞き書き――山口啓二の人と学問」が二七〇頁余にわたって掲載されている。これは、二〇〇〇年から断続的に開催された「山口ゼミ」で、幼少期から順を追って話されたものを整理して収録したものである。私が山口氏のゼミに参加したのは一九七五年であるが、それ以前の山口氏の軌跡を系統的にご自身から伺うことができたことで、まさに山口氏の「人と学問」を全体的に理解することが可能になったように思われる。今回、この「聞き書き」を再度読み直してみて、さらにその感を深くした。

2

山口啓二氏は一九二〇年に父山口政二・母絢子の次男として誕生し、一九四二年に東京帝国大学文学部国史学科に入学された。当時の国史学科は皇国史観の平泉澄一派が支配しており、それに同調しない山口氏らへの嫌がらせが日常的であったというが、それが永原慶二氏や稲垣泰彦氏との友情をはぐくむことにもなった。戦後、特研生となった山口氏は、井上光貞氏や関晃氏とともに国史研究室の民主化の中心となった。その頃までの研究は、近世の対外関係・海防（松平定信とラクスマンの来日）をテーマとされていたが、農村史料調査を行い、古島敏雄氏と出会うことで、「もっと社会の底辺から、交通関係から上部構造まで」［聞き書き：二二一頁］を捉えないといけないと考えて研究方向を転換された。

山口氏は一九四七年一〇月に東京大学史料編纂所に入所し、一九七〇年から文学部での演習（「山口ゼミ」）を担当することとなった。一九七九年に名古屋大学文学部に移り、一九八三年にそこを辞する。山口氏の研究展開は、近世史研究の全体の動向と深く関わりながら、格闘する史料群によって大きく段階区分できる。史料編纂所で「梅津政景日記」の編纂に携わる以前の第一期（一九四〇年代まで）、「梅津政景日記」時代の第二期（一九五〇〜六〇年代）、東松山市史関係史料時代の第三期（一九七〇〜八〇年代）、菊池家文書と取り組んだ第四期（一九九〇年代以降）というふうに分けられると考える［塚田 二〇〇八b、本書Ⅲ第2章］。内容的には、第二期は幕藩制成立史に取り組んだ時期である。第三期は国郡制論を提起し近世国家論に取り組んだことで知られるが、東松山市史で取り組んだ研究は「新しい地域史の創造」と表現するのがふさわしい。

山口氏は、「梅津政景日記」の編纂にあたって、一九五七年に自費で秋田での現地調査を行い、東松山市史の執筆は二万点の近世史料すべてを読んだうえでないと執筆できないとして、毎週末泊り掛けで同地に通ったとのことである。紀州栖原の豪農で江戸や大坂に出店をもっていた菊池家の文書（史料編纂所寄託）も退職後の一〇数年にわたって、妻の村田静子氏とともに二人三脚で整理に当たられた。山口氏は史料を調査し、読むこと自体が本当に好きなのである。

以上のような職務・研究とならんで山口氏は、多様な社会的活動を行われた。その範囲は、学会活動、労働組合活動、民主運動、文化活動など幅広い。学会活動では、戦後の民主主義科学者協会の活動に参加し、また一九五九年の歴史学研究会の危機に際して、江口朴郎委員長、石母田正編集長とともに幹事として新体制の確立に尽力された。この時は、仕事のあと毎日亀戸の印刷屋に通ったとのことである。「建国記念の日」反対、「明治百年祭」反対運動のなかで歴史科学協議会が設立されたが、その中心に山口氏がおり、創立期の代表委員を五年にわたって務められた。

労働運動では、史料編纂所職員組合の委員長、東京大学職員組合の委員長を何度も務め、学外組織の役員も務められた。特に六〇年安保の改訂に反対する六月一五日の国会請願デモに参加・指揮していた時、第五機動隊に襲撃・暴行されたのに対して、国家賠償請求訴訟を起こし、六八年の高裁判決まで中心となって戦われた（『歴史学研究』・『歴史評論』に何度も時評を執筆）。また、一九六八〜九年の大学紛争の時期に東大職員組合の委員長を務め、いわゆる「安田講堂」の攻防と言われるものの裏側、すなわち当局側（政府・機動隊）と全共闘とマスコミの大政治陰謀劇だということを間近に目撃された。今でもマスコミで大学紛争を象徴するかのように「安田講堂」攻防が放映されることがしばしば見られるが、重要なのはそれではない。真に重要なのは、大学構成員すべてがそれぞれの立場での大学自治の担い手であることを規定した、加藤一郎総長代行と山口啓二東職委員長が署名した「確認書」である。現在の学長のガバナンスが声高に叫ばれる大学の現状を思う時、全構成員自治の意味を改めてかみしめる必要があろう。

山口氏は民主運動にも積極的に取り組まれた。いくつかを上げると、松川事件の被告たちを支援する活動、チリ人民連帯日本委員会の活動、国民融合をめざす部落問題全国会議の活動、日朝協会の活動などである。松川事件については、鉄道をよくしようと労働運動を行っている国鉄労働者（国労の人たち）がやるはずがないとの直感から、獄中にあった同い年の鈴木信氏に手紙を送ったところから始まったという。チリ人民連帯の活動も、ピノチェトによるアジェンデ大統領暗殺、人民連合政府に対する転覆（クーデター）と流血の弾圧、民主主義の破壊へのまっすぐな怒りが出発点であった。部落問題や韓国・朝鮮問題への民主主義的な情熱も、自由労働者のセツルメント（「労働共励会」）などの社会改良運動を行いながら、若くして国会内で倒れた父山口政二の思いを引き継ぐものであったのであろう。「労働共励会」には、日本人だけでなく、多くの朝鮮人もやってきていたという。

山口氏は、職務・研究とこうした社会運動をともに自ら主体的に引き受けて、誠実に遂行された。歴研幹事の時は、自ら「本当に眠る時間はいつあったんだろうかという生活」だったというが、編集長だった石母田正氏の姿と言葉に「研究者としての魂」が固まったという〔聞き書き：二七七－八頁〕。山口氏が、我々に何をどうすべきだということを言われるのは聞いたことがない。ただ、自分で自分が信じる研究と社会的活動とを進めることで、我々にどういう生き方をすべきかを指し示されているように思われる。とても山口氏と同じようにはできないが、その歴史学の精神を受け止められればと思う。

3

山口氏の歴史学の特徴は、史料の徹底的な調査・分析の上に立って、諸事象を広い視野から位置づけるところにある。さらにその根底には、民衆的視座から弱い立場の者に寄り添う人間的な基礎が据えられている。著作集第五巻の「聞き書き」の〝研究者以前〟の部分から、それに関わると思われるいくつかの点にふれてみたい。

山口氏は離乳期に消化不良と診断され、誤った措置が取られたため、命を落とすところだったという。そのためか幼いころ病弱であまり活動的でなく、虫など小さなものをジーッと眺めていることが多かったという。山口氏自身の最初の記憶も川原でカニを眺めているシーンとのことである。山口氏は、こうして克明に観察することが習性になったと述べ、「史料を穴のあくほど見て楽しむ」が、「そこから歴史の真の姿を引っ張りだすという能動性に欠けている」との自己評価〔聞き書き：一一頁〕は謙遜にすぎないが、史料への沈潜は他の追随を許さない。同時に、小さなもの、弱い者への共感はこの辺りから萌しているのであろうか。

小学校入学前に父政二が急逝し、経済的な苦境に陥るが、祖父斎藤阿具方で暮し、多くの人たちの支援により学業を継続していった。一九三八年に第一高等学校（文科丙類）に入学し、学友たちといかに生きるべきかを議論し、読書に明け暮れる充実した青年らしい高校生活を送っていたが、農業問題に関心をもち満州国の実態を見ようと二年生の夏休みに一ヶ月の満州旅行に出かけたとのことである。その旅の途中でアメーバ赤痢に罹り、最後の釜山辺りでは栄養失調で針のように痩せ、どうにか東京に帰り着いたのであるが、実は結核が発病していたのである。そのため一年間休学、絶対安静の療養生活を余儀なくされた。その時、

「アメーバ赤痢程度だと思っていたものが結核だと聞いて、本当に目の前が真っ暗になりました。以来、死と隣り合わせの学生生活となり、意気揚々とした一年半の一高の寮生活が急転直下、終わりを告げ」〔聞き書き：七四頁〕、病気が悪化し、一一月末に東大の病院に入院したころには「私はもう、結核は死ぬことと思っていましたから、ノイローゼ状態で食事が食べられず、拒食症のようになって」いたとのことである〔聞き書き：七五－六頁〕。

山口氏は青年期に死と直面して、生きることの意味と向きあわざるを得なかったのである。その後、無教会派のキリスト教と格闘し、クローチェやランケにも親しんでいった。「戦後マルクスを読み出したらクローチェが消えてしま」ったが、ランケの「歴史における一回性」ということは、「私に染みこんでしまって、マルクス主義を身につけてからも、矛盾なく存在していました。それは、結核で死ぬかもしれない、戦争で死ぬかもしれないと思って、自分の一回きりの人生と対面しながら生きていた青年期が、私の歴史観、人間観の基礎を育てたからです」とのことである。これは「個人の体験に結びついた、一番大事な思考の道具」だという〔聞き書き：八二頁〕。山口氏の歴史学の基盤にある人間的な基礎を理解できたように思われる。

山口氏は結核のため徴兵検査で「丙種合格」とされ、学徒出陣することはなかった。一九四四年一一月から本格化する空襲に対して、大学でも地域でも防護団が組織され、山口氏も国民の一人として懸命に義務を果たそうとされていた（基底にあるヘーゲル的な国家観）。その人生観が根底から一変させられたのが、三月一〇日の東京大空襲であった。当時勤務していた葛飾中学に駆けつけ消火活動をした後、杉並区の自宅に帰宅の途中で「あれだけの死骸――焼け焦げた死骸」を見て、「人間にこんなことをしていいのか、という怒りというのか、なんというか涙が出て、どうしようもない思い」に駆られ、それを「一生に一度だけれども、本当に、私の人生観がガラガラッと変わりました。昨日までの自分を全面否定したい気持ちに駆られました。こんな馬鹿なことのために俺はやってきたのか、という思い。戦争に対する批判よりも前に、自分が何もできないことを責めたのです。自分の人生、全否定ですよね」と説明している〔聞き書き：一四七頁〕。

こうして戦争批判の考えははっきりしてくるが、敗戦の段階でも天皇制国家そのものに対する批判には至っていなかったという。「だから、現在のような考え方には、三月一〇日から変わりはじめて、戦後変わったのです」〔聞き書き：一七〇頁〕。戦後のさまざまな経験に裏付けられながら、特に一九四六年三月の憲法草案要綱と自分なりに格闘することで国家観が大きく転換したのである。国家と歴史の基底に民衆を位置づける山口氏の歴史の観方は、これらの切実な経験に裏打ちされて確立したものであろう。一方で、自らが果たすべき役割には責任感をもって取り組む姿勢（前記の諸活動を見よ）は、ある意味で青年期からずっと持続しているように思われる。

先にも触れたが、山口氏は我々にどうすべきだと言われたことは記憶にない。自分の歴史学と生き方は自分で考えよということであろう。山口氏の研究と生き方を振り返り、歴史科学協議会の初心を思い返して、山口氏への追悼にかえたい。

第2章　『東松山市の歴史』と『鎖国と開国』

はじめに

筆者は、『山口啓二著作集第4巻　地域からみる近世史――東松山の歴史から』の編集を担当した。この巻は、序章として「自治体史編さんの課題」〔山口 一九七五〕を収録した以外は、すべて『東松山市の歴史』中巻（近世の東松山を叙述）の山口啓二氏執筆分で構成されている。その序章「自治体史編纂の課題」は、一九七四年一一月に行なわれた東京歴史科学研究会主催の市民講座で講演されたものであるが、それも一九七一年に開始された東松山市の市史編纂事業の経験を踏まえたものであり、まさに東松山市史に関わった内容ですべてが成り立っている。

山口氏の研究展開は、近世史研究の全体の動向と深く関わりながら、格闘する史料群によって大きく段階区分できる。おおよそ「梅津政景日記」以前の第一期（一九四〇年代まで）、「梅津政景日記」時代の第二期（一九五〇～六〇年代）、東松山市史関係史料時代の第三期（一九七〇～八〇年代）、菊池家文書と取り組んだ第四期（一九九〇年代以降）というふうに分けられると考えるが、ほぼ第一期の論考を収録した著作集第一巻、第二期の論考を収録した第二巻、第三期の論考を収録した第三・四巻という著作集の編集もそれを反映している。第四期の成果の多くはいまだ論考の形をとっていないが、一部は第三巻に収録されている。

筆者は、山口氏の第三期の研究について、第四巻の内容に即して「新しい地域史の創造」（解説）と表現したが、本稿では、それを踏まえつつ、さらに若干の私見を付け加えることとしたい。

1　東松山市史と「新しい地域史の創造」

山口氏の近世史研究の第三期を東松山市史時代（一九七〇～八〇年代）と考えると、第二期から第三期への展開は、近世史研究全体における幕藩制構造論から幕藩制国家論への展開と重なる。また、日本近世を東アジア世界の視野の中で考えるべきことも自覚されてきた。

そうした幕藩制国家論の進展の中で、山口氏のいわゆる「国郡制」論が大きなインパクトを持ったことは周知のことである。その「国郡制」論とは、封建領主制がいかにして公権力（＝国家）として成立しうるかを問い、そこに古代国家の律令制以来の地域統治の枠組みとして継承・再生産されてきた国郡制の枠組みの掌握による飛躍を必要とするというものである。それは、個別の領主―農民関係を超えた、国家的な課役であれば、担わざるをえないと考える百姓の存在とセットで考えられていた。

それが、『東松山市の歴史』において、この地域の近世社会の枠組みを示す叙述として「公儀とお百姓」という節（著作集第四巻第二章、以下、章・節の表記は同様）が置かれ、①触達からみる公儀と領主の支配の範域、②人びとの生活・生産に不可欠な山野と用水をめぐる関係、③鷹場《たかば》とされた村むらの困難、④松山・高坂両馬継場《うまつぎば》のあり方と大助《おおすけ》村むらのあり方、⑤日光社参への人馬動員のあり方、⑥百姓など諸身分の役負担、特にかわた身分の組織と村むら百姓との関係、⑦村むらの寺院の本末関係の中での位置や宗門改め、などの諸問題を論ずるというユニークな構成をとることにつながったのである。

もちろん他の自治体史においても、これらの諸問題が取り上げられることは言うまでもないであろうが、それらは、支配や山野と水、鷹場、交通、宗教、賤民身分などそれぞれに項目立てされるか、時期的な展開に従った章立てがされるのが普通であろう。ところが、『東松山市の歴史』中巻では、それらを「公儀とお百姓」という形で集約するユニークな構成をとっているのである。ここには、山口氏の国郡制論（＝百姓論）が『東松山市の歴史』中巻の骨格を成していることが窺える。

こうした国郡制論（＝百姓論）を生み出す契機となった日光社参に関しては、一九八〇年代に実証論文として発表され、著作集第三巻に収録されている。しかし、そうした個別論文として発表されていない多くの調査・分析が積み重ねられていた。それが、東松山市域を対象とした地域史であり、それは「新しい地域史」であった。

その第一の特徴は、クロスする多様な問題群の重なりの中に、東松山市域の地域像が浮き彫りにされていることである。

その一つは、徳川軍団の中堅武将（二〜三〇〇〇石）が隣村続きに知行を与えられたという点である（第一章「領地をあてがわれる徳川譜代衆」）。その後、相給の段階をへて、清水家領、前橋藩領が展開して、中堅旗本による徳川軍団の基盤としての性格を失っていく。彼ら旗本たちは隣村続きの一村に陣屋《じんや》をおき、菩《ぼ》提寺《だいじ》を設けるなど、領地に根づいた国侍《くにざむらい》としての支配であったが、そこに山林原野が包摂されていたことが重要な意味をもった。

二つには、第三章「物と土地と人の動き」において、近世中後期の商品生産・流通の進展による社会の変動を包括的に捉えようとした中で、材木や薪炭《しんたん》などを含む商品・物資が運ばれる舟運と河岸《かし》・河岸問屋のあり方が描かれている。東松山市域は、江戸向けの材木「西川材」や薪炭の生産地の一翼を形成していた。また、江戸と内陸部を結ぶ荒川や新河岸川の舟運の末端部に属していた。そこに材木・薪炭生産と舟運を結ぶ御林設定を条件づけた。

このような地域にクロスしてくる問題群は、第二章で見た街道と宿場、および助郷の問題もその一つであろう。その結節点として松山町の「市と町」（第二章第二節）が存在していた。また、伯楽《ばくろう》仲間や、弾左衛門《だんざえもん》支配下のかわた身分・非人身分の組織、修験《しゅげん》や神職の組織などの広域の仲間集団もそこに重なってこよう。

同時に、特徴の第二は、近世における村や地域の生活圏としての意味が浮き彫りになっている点である。たとえば、第三章第四節「融通と小作」では、質地《しっち》・質流地《しちりゅうち》証文の網羅的分析から、それらは地主も金主も同村内の者同士が八五パーセント、隣村を含めると九五パーセントを超え、その金融の性格は村内の融通関係であるということを明らかにしている。そして、流地になった土地であっても返金すれば本主に戻されるべきだという意識の根強い存在も指摘されている。また、村むらに展開している質屋の金融も百姓らの生活と密着したものであった。

また、同章第三節「村を出る・村に来る」では、奉公人請状《うけじょう》や村送り一札を網羅的に収集して、奉公関係や婚姻・養子関係による人の動きが把握され、そこからわかる人の移動は、近隣地域（一〇キロ圏内）に収まることを指摘されている。さらに、村内の婚姻・養子関係では、このような史料は作成されないので、婚姻圏は村内が中心で近隣地域に限定されていたことを確認されている。もちろん、金融関係に伴う土地の移動も婚姻関係などによる人の移動も、一九世紀以降商品経済の進展に伴って広域化する動向の指摘を忘れていないが……。

第二の点は、近世の家と村を基盤とする伝統社会としての意味を浮かび上がらせるものといえよう。もちろん、一点目と二点目で指摘した両側面は決して対立するものではない。それらが併存するのが地域の歴史的現実なのであった。

このような地域の多様で具体的な歴史像を把握することができたのは、市域に残った史料の徹底的な収集・分析の結果であった。それと同時に、高度経済成長による地域破壊に抗して、住民が主人公の自治体づくりに資するという目的意識に支えられたものであったことが重要であろう。

こうして、山口啓二氏の東松山市史における営為は、「新しい地域史の創造」につながったが、それらは個別論文としてはまとめられておらず、学界に十分認識されているとは言い難いのが現状であろう。「新しい地域史」の一面として、伯楽仲間や、弾左衛門支配下のかわた身分・非人身分の組織、修験や神職の組織などの広域の仲間集団の具体的な解明が含まれていたが、それは、諸社会集団の「重層と複合」という視角から一九九〇年代に展開していく「身分的周縁」研究の先駆けであることに気づく。先駆けというより、ハイレベルな「身分的周縁」研究そのものというべきかもしれない。しかし、それも十分認識されていなかった。ここに、著作集第四巻が東松山市史における仕事をまとめた一冊として刊行される意味があるのである。

2　『鎖国と開国』と通史

山口氏の東松山市史時代は、一方で名著『鎖国と開国』〔山口 一九九三〕が準備された時期でもあった。『鎖国と開国』は、二〇〇六年に岩波現代文庫に収められたため、本著作集には収録されていない。しかし、山口氏の仕事のなかでは大きな位置を占める。

『鎖国と開国』は、「はじめに——院内銀山の人たち」、「第一講　「鎖国」——地球的世界の形成と近世日本の対応」、「第二講　近世の武家政権と伝統的権威」、「第三講　支配組織と再生産構造」、「第四講　幕藩体制下の政治史」、「第五講　思想と文化の特質と展開」、「第六講　幕藩制社会の変質」、「第七講　開国——近代日本への道程」から成っている。以上の構成から明らかなように、本書は狭く日本近世の対外関係を扱ったものではなく、幕藩体制社会の成立・構造・展開・解体の全体像を描いたものである。

ヨーロッパのキリスト教勢力がアジアに及び、地球的世界が形成され、それに対する対応として幕藩体制社会は成立したのであり、通常「鎖国」と呼ばれているものは、文字通り国を鎖したものではなく、長崎・対馬・薩摩・松前の四つの口で外的世界に開かれた体制で、それは「地球的世界の形成に加わった東アジアの、中国を中心とした朝貢《ちょうこう》貿易体制の変容に対応して、わが公儀を中心に新たな通行・貿易秩序を創出しようと」〔山口 一九九三：三七頁〕したものと捉えている。それ故、「鎖国」にはカッコが付されているのであり、その「鎖国」の形成過程は幕藩体制社会の形成過程そのものなのであった。そして、変質しつつあった幕藩体制社会の解体の過程が開国の政治過程なのであった。

同書は、近世史研究の動向と蓄積を踏まえながら、山口氏のそれまでの研究の総体が集約される形でまとめられている。梅津政景時代の豊臣政権論から秋田藩政や鉱山と都市、幕藩体制の理解がすべて包摂されながら、東松山市史時代の国郡制と百姓論を糸目として全体が統一されている。それ故、コンパクトだが、密度の濃い近世史の通史叙述となっている。

同書においては、先にあげた「鎖国」の理解以外にも、次のような特徴的な論点が叙述全体にわたって貫かれている。

（1）近世社会の基礎に小農民経営を見る安良城説以来の研究をふまえているが、山口氏は、農民だけでなく職人や鉱山などを含めて近世社会の生産力的基礎に小経営《しょうけいえい》があり、それは技術のあり方や思想・文化の形態までを特質づけたとする。

（2）武士の領主制が国家権力＝公儀として自己を確立するに際して、律令制以来の「国郡制」の枠組みを掌握することが必要であったが、それは私的隷属民として支配されることを容認しない「御百姓」という身分意識をもつ小農民をいかに支配するかという課題と表裏であった。

（3）幕藩権力は主従制と官僚制という二つの原理で組織され、この異質な両者が家権力というあり方の中に統合されているという国制の構造をとっていた。

（4）この国制の構造が政治的矛盾の特有のあり方を生むが、この国制的矛盾と財政的矛盾、階級的矛盾のからまりのなかで近世政治史を捉える方法を提起し、その七期にわけた近世政治史の叙述を行っている。

（5）幕藩制的全国市場・領域市場を、国民的需要に対応して商業利潤を追求する近世商人資本の活動が、国民的市場に変質させていくところに、幕藩制社会の変質の内発的要因を見出す。

（6）内憂外患《ないゆうがいかん》に対応して、「開国」を実現し、民族的危機を乗りきることを可能にした要因の一つとして、洋学の発達だけでなく外交の担い手（官僚）と外交知識（文書）の蓄積があった。

『鎖国と開国』には、他にも豊かな論点が盛り込まれているが、以上のまとめの中にも、それまでに山口氏自身の掴み取った論点を基礎に、多様な近世史研究の成果を包括するものであったことが理解できよう。そのうち第六点目などは、第一期の松平定信と海防の研究からつながってくるものであり、第五点目を具体化する事例として検討されている飛騨屋久兵衛や栖原屋角兵衛についても第一期に起源があり（『鎖国と開国』第六講、注11参照）、さらに紀州栖原に本家を置き、江戸・大坂に出店を経営した菊池家文書と取り組んだ第四期に発展させせられていくのである。

先にも触れたように、第二点目の論点を掴む契機は東松山市史にあったが、第一点目の小農民経営の実際や、第五点目の幕藩制社会の変質について、山口氏自身が史料分析の中から具体的に把握されたのは東松山市史においてであった。その意味で、『鎖国と開国』の通史叙述を基底で支えるものとして、東松山市域の地域史があったのである。

『鎖国と開国』が刊行されたのは、一九九三年であったが、すでに一九六〇年代後半にその執筆を引き受けていた。しかし、なかなか進展しないため、その執筆促進のため一九八二年に「岩波セミナー」が行われたのであった。それは、視点を変えれば、『東松山市の歴史』中巻の執筆が行われた時期には、『鎖国と開国』の準備が本格的になされていたということである。それ故であろうか、『東松山市の歴史』中巻の山口氏の叙述を合わせると、近世社会の成立から展開・変質までの通史叙述として一貫したものになっているのである。すなわち、著作集第四巻は、「新しい地域史」であるとともに、出色の近世通史でもあるといえよう。

そこでは、徳川家の軍団配置の一環として、中堅旗本たちの知行配置の特質を位置づけ、その展開を幕政全体の推移の中で見ている。鷹場支配についての叙述においては、徳川歴代将軍の幕政の特質と推移が簡潔に述べられ、また、日光社参への動員を見るところでは、幕藩制の諸段階における日光社参の意味を浮かび上がらせ、東松山市域とその周辺の川除《かわよけ》用水普請を見るところでも、国役《くにやく》普請体制の展開との関係が理解できるようになっている。

また、広域の仲間集団の叙述においては、神職についてなら、吉田家と白川家による全国の神職の組織化の動向や江戸役所の設置などを踏まえ、修験についても、諸宗寺院の本末制や寺請制と宗門改めについても全国的な動向の中に位置づけられている。

薪炭生産や舟運などの幕藩制社会の展開・変質に関わるところでは、江戸の需要に支えられ、またそうした生産・流通の進展が地域社会を変容させていく様子が双方向的に描かれているのである。

こうして、『東松山市の歴史』中巻における山口氏の叙述は、幕政と江戸を軸とする通史というにふさわしいものとなっているのである。

ところで、山口氏の「豊臣政権の構造」（〔山口　一九六四〕著作集第二巻所収）は、戦国期の在地領主制のあり方を封建小農の展開と関連させて、畿内・近国型、中国型、薩隅型、東国型、奥羽型という五つの地域的類型を設定している。そして、その地域差が産み出す矛盾のあり様が、豊臣政権を統一政権として成立させる条件ともなり、秀吉亡き後、急速に解体せざるを得ない要因ともなっていくことが示されていた。その具体的な一側面として、全国に設定された諸タイプの蔵入地《くらいれち》が、統一過程では求心的役割を果たしたが、秀吉の死によって大名相互間の矛盾が深まると政権の財政的基礎を弱める要因となったという指摘は説得的である。

山口氏の豊臣政権論は、こうした地域差をダイナミックな歴史展開の契機として組み込むことに成功したのであるが、近世期を通じて列島社会が均質化したわけでは決してない。その意味で、地球的世界に対応する列島規模の通史『鎖国と開国』よりも、『東松山市の歴史』中巻は江戸と地回り地域に即した通史と言えるであろう。そうであるとするならば、近世期における地域差をどのように類型化し、そこからダイナミックな歴史展開をいかに把握していくかが、課題として自覚されてくるのである。

おわりに

山口啓二氏の近世史研究の第三期（東松山市史時代）について、筆者の理解したところを述べてみた。最後に課題として上げた点は、紀州栖原に本家を置きながら、江戸や大坂に出店《でだな》を経営した菊池家の史料を分析する中で、山口氏の中では一定の達成を見ているのかもしれないとも想像する。山口氏の方法に学びながら、《歴史社会の構造》の解明をめざす自らの課題として考えていきたい。

第3章　新しい地域史の創造

1

本巻（『山口啓二著作集（第四巻）』）は、山口啓二氏の東松山市史の中での仕事で全体を構成している。それはほとんどが『東松山市の歴史』中巻の叙述なので、一般の論文のような形をとっていない。それにもかかわらず、こうした編集を行ったのは、山口氏の歴史学の中での、東松山市史の持つ意味の大きさということもあるが、山口氏の東松山市史における仕事が近世史研究にとっても大きな意義を持っていると考えるからである。

まず、『東松山市の歴史』中巻全体の中での位置づけを確認しておこう。本巻は、序章に「自治体史編纂の課題」を置いているが、二部に分けた本編部分は、『東松山市の歴史』中巻の以下の部分に対応している。

『東松山市の歴史』中巻

第一章　徳川軍団を支える村むら　　第一部「徳川軍団を支える村むら」

第一節　領地をあてがわれる徳川譜代衆　↓第一章「領地をあてがわれる徳川譜代衆」

第二節　村むらの成立ちとしくみ

第三節　公儀とお百姓　→第二章「公儀とお百姓」
第四節　旗本知行の地方直しと相給村
第二章　動き出す社会と村びとたち　第二部「動き出す社会と村びとたち」
第一節　明和伝馬騒動
第二節　物と土地と人の動き　→第三章「物と土地と人の動き」
第三節　村びとたちがとらえた神仏　→第四章「村びとたちがとらえた神仏」
第四節　村びとたちの旅と遊び　→第五章「村びとたちの旅と遊び」
第三章　破たんする旗本財政と村むら
第一節　村が管理する旗本財政
第二節　旗本の財政改革と村
第三節　鈴木氏の知行所支配
第四章　幕末の政治と社会
第一節　文政改革と組合村の結成
第二節　天保飢饉と天保改革
第三節　開国以降の政治の動きと村むら
第四節　政治の重みできしむ助郷村むら
第五節　世直しの旋風——武州一揆
第六節　松山陣屋の建設
第五章　明治維新を迎えた町と村

第一節　傍らを通りすぎた戊辰戦争
第二節　領主支配の廃止と県の設置
第三節　新政下の諸改革と新政への建白

『東松山市の歴史』中巻は、全体で七四四頁のうち、山口氏の執筆分がほぼ半分を占める。同書は、「公儀とお百姓」の視点を貫き、多様な社会的存在に広く光を当てるなどユニークな構成をとっているが、そのキーストーンの位置を占めるのが山口氏の担当分である。おそらく全体をこのような章節立てとするうえでも、山口氏のイニシアティブが発揮されたものと想像される。

なお、本巻の各章とも、それだけで完結する論文の形をとっていないが、第一部・第二部の冒頭に入れた一頁分の導入に、その位置づけが示されている。この文章はもともと『東松山市の歴史』中巻の第一章・第二章の導入として書かれたものであるが、これを導きに読み進めていただきたい。

2

序章「自治体史編纂の課題」は、一九七四年一一月に行われた東京歴史科学研究会主催の一一月講座で講演されたものである。東松山市の市史編纂事業が開始されたのが、一九七一年なので、この講演はそのごく初期に行われたものである。山口氏が自治体史編纂に携わったのはこれが最初であったが、この講演で紹介されている「市民参加の市史づくり」をめざす東松山市史編纂の方向性は、現在、求められている地域史研究のあり方の出発点をなしているように思われる。

第一には、一九六〇年代からの高度経済成長による市街地、農村部、丘陵部におよぶ地域破壊の状況に直面して、その来し方を振り返り、行く末を考えることが根幹にすえられていることである。それが市制二十周年の取組みであることについて、同じ「記念」であっても、明治百年記念事業とは根本的に異なることを指摘しているが、そこには地方自治体が、基本的に住民が主人公として作り上げていく場であるという理解がある。そして「市民参加の市史づくり」の取組み自体が、住民が主人公となっていく実践だという指摘もきわめて重要であろう。

現在、グローバル化と新自由主義の横溢により、地域破壊のあり方は、当時と比べてもより深刻となっている。また、平成の大合併が進められて、地方自治体はさらに大きくなって住民へのサービス提供機関と化し、我々の生活から疎遠になるなど、その面でも危機的状況であろう。その意味で、そうした現状に対峙し、人々が生きる共同の場として地域を再生する立脚点を探ることを求めた地域史研究の出発点をなしているのである。特に、歴史を学ぶ営み自体が我々の主体形成の実践であるという点は、我々に再自覚を促しているように思われる。

そうした地域史研究にとって、地域史料の内在的・構造的分析が不可欠であるが、第二点はそれと関わる。山口氏は、「市民参加の市史づくり」のなかで取り組む史料調査に関して、①遺跡や埋蔵文化財の調査・発掘・保存、②庶民史料の保存と③その利用、④政党や労働運動・農民運動史料などの課題をあげている。

本巻の内容に関わるのは、②③点目である。②点目では、高度経済成長によって地域と家の破壊が進み、庶民史料（名主《なぬし》文書・地主文書・商人文書）が急速に失われていくなかで、その調査・保存の必要性が指摘されている。そこで重要なのは、一見、反故《ほご》や塵芥《じんかい》と見做されかねないものが、地域の歴史を明らかにする史料であり、かけがえのない文化財であるということについて、市民（史料所蔵者を含む）の理解を得る必要性を強調されていることである。

③点目では、東松山市域にはまとまった史料群がなかったため、無系統で少数の史料のすべてを細部にわたって分析する他なく、そこから新たな地域の姿が見えてくる可能性を示唆されている。

山口氏は、第二次世界大戦後に古島敏雄氏に出会い、学際的・総合的な農村調査を組織し、地域史料の重要性を深く理解していた（著作集第五巻「聞き書き」参照）。こうした経験が、②の指摘につながっていくであろう。しかし、それだけではなく、東松山市域の不十分な史料的な条件を逆手にとって、新たな史料分析の手法と地域史理解を切り拓いていくことを見通しているのである。

山口氏は、東松山市史の事業期間中、毎週末に東松山市に行き、二万点におよぶ近世史料をすべて読破したうえで、『東松山市の歴史』中巻の担当部分を叙述することを実践された（著作集第五巻「聞き書き」参照）。後述のように、これによって新たな近世地域史像を打ち出すことに成功したのである。

序章の講演をされたのは、東松山市史の事業が開始されて間もない頃であったが、その段階で先のような見通しを獲得していたことにも驚くが、それを現実化するのに十数年にわたって二万点の史料と格闘しつづける姿勢には感嘆せざるをえない。

以下、山口氏が東松山市史に取り組む中で何を獲得していったのかについて考えてみよう。

3

一九五〇年代末から六〇年代にかけて、日本近世史は幕藩制構造論が一つの集約点をなしていた。山口氏は、梅津政景日記と秋田藩の歴史を立脚点にしながら、幕藩制構造論の論客たちの一角を占めていた（著作集第二巻参照）。一九七〇年代にはいると、近世史の動向は、幕藩制国家論へと展開する。幕藩制国家論において、古代以来の国家の枠組みが意味を持つという「国郡制」論の立場は重要な潮流の一つであったが、その中心に山口氏が存在していた。そうした動向を画期づけたのが、山口氏と永原慶二氏の対談「日本封建制と天皇」〔永原・山口 一九七六〕であった。

山口氏が「国郡制」論に到達するうえで、東松山市域の史料に接したことが決定的であった。それは将軍の日光社参に民衆が動員される時、所領を越えた国郡単位に行われたことや、大規模河川の国役《くにやく》普請、朝鮮通信使《つうしんし》や琉球慶賀使《けいがし》来朝に際しての国役金徴収などに関する史料である。それらの史料は、封建的な領主‐農民関係のもとにある近世の小農民たちも、国家の「御百姓」という意識を持ち、国家的な負担には従わざるをえなかったことを示していたのである。こうしたテーマは、八〇年代に個別の研究論文として発表されていくことになる（それらは著作集第三巻に所収）。

『東松山市の歴史』中巻を見ると、こうした山口氏の立場に立脚したユニークな構成をとっていることがわかる。それが、最も鮮明なのが第一章第三節「公儀とお百姓」の節である（著作集では第二章）。そこで論じられているのは、①触達からみる公儀と領主の支配の範域、②人びとの生活・生産に不可欠な山野と用水をめぐる関係、③鷹場《たかば》とされた村むらの困難、④松山・高坂両馬継場《うまつぎば》のあり方と大助《おおすけ》村むらのあり方、⑤日光社参への人馬動員のあり方、⑥百姓など諸身分の役負担、特にかわた身分の組織と村むら百姓との関係、⑦村むらの寺院の本末関係の中での位置や宗門改、などの諸問題である。

②では、山論や水論も取り上げられているが、入会いの山野に新田が開発されたり、材木・薪炭《しんたん》の商品化が進んで御林・百姓林が設定されるなど、新たな山野利用の展開がそれまでの村間秩序に変更をきたし、山論が起こってくるなどの事態が詳細に述べられている。すなわち、山野河海の国家的性格だけが論じられているのではないのである。③では、武家政権と鷹狩りの位置づけや生類憐《しょうるいあわれ》み政策の展開などと関連づけなが

ら、鷹場村むらの抱える問題が論じられている。ここでも、鷹場・捉飼場《とりかいば》村むらの、領主支配を越えた広域性だけを論じているのではない。

もちろん他の自治体史においても、これらの諸問題は取り上げられることは言うまでもないであろうが、それらは、支配や山野と水、鷹場、交通、宗教、賤民身分などそれぞれに項目立てされるか、時期的な展開に従った章立てがされるのが普通であろう。ところが、『東松山市の歴史』中巻では、それらを「公儀とお百姓」という形で集約するユニークな構成をとっているのである。一三〇頁余におよぶ第三節（著作集では第二章）の叙述は、この地域の近世社会の枠組みを示すものという位置づけが与えられており、山口氏の幕藩制国家論が『東松山市の歴史』中巻全体の骨格をなしているのである。

4

さて、一九七〇年代から八〇年代にかけての山口氏の研究の中核に、地域から幕藩制国家論を構築していく課題が据わっていたことは、著作集第三巻所収の論文にも示されており、筆者などもその点の理解は持っていた。その点が『東松山市の歴史』中巻の構成にも表現されていることは、先に見た通りである。しかし、著作集第四巻所収の各章を見ていくと、それに限定されない多様な問題群が鋭利かつ豊かに分析・叙述されていることに気づく。それらは、いずれも一九九〇年代から現在に至る研究動向の先駆けといっても過言ではない。次に、それらのうち二、三の点を瞥見しておきたい。

第一には、幕藩権力が公儀権力として立ち現れてくるとともに、当該地域の旗本領主らが徳川軍団の一員としての特質を示すことを具体的に明らかにされていることである。第一章では、当地域に知行地を与えられた旗本領主らの所領配置の特質が、徳川家康の関東入り直後の段階、寛永年間の変動に即して解析されている。江戸城にはいった家康は、松山城に配置した一万石の松平家広を中心に、二〜三〇〇〇石の中堅武将の知行を配置した。それは、徳川包囲網を敷く豊臣政権に対抗して、新たな徳川軍団の基盤を固める一環であったが、その際、隣村続きにまとまった知行地《ちぎょうち》が与えられていることが特徴であった。彼らは、その一村に陣屋《じんや》をおき、菩提寺《ぼだいじ》を設けるなど、領地に根づいた国侍《くにざむらい》としての支配であった。

　江戸幕府の成立から大坂の陣後に至るまで、大名の二、三男を旗本に取り立てて徳川軍団の増強が図られるものの、大きな変動は寛永一〇年代の体制の安定化を待たねばならなかった。そこでは、蔵米取《くらまいどり》の地方直《じかたなお》しが行われ、旗本の二、三男の番士《ばんし》への取立てが行われたのである。この中で、市域村むらも幕領がほとんどなくなり、徳川軍団の中堅武将が配置される性格がより強化されたのである。

　言うまでもなく、東松山市域は現在の行政区域であり、それが徳川家の知行割の単位になることはありえない。だから、村続きで知行地を与えられた領主たちの支配領域は市域を越えている。それを、東松山市域に知行を与えられた人物に即して、広域にその領地を展望することで、徳川軍団の基盤たる旗本層の具体的存在形態を浮き彫りにできたのである。それは第二章冒頭に示された、元禄・宝永の地方直しによる（分郷《わけごう》を伴う）相給《あいきゅう》制の展開、宝暦一三（一七六三）年の清水家領の設置、文化八（一八一一）年の前橋藩領が設定されることで、中堅旗本による徳川軍団の基盤としての性格を喪失していくという展望の中で位置づけられているのである。これらのことは旗本知行論として画期的な意義を持つものといえよう。

　以上の徳川軍団論とも関わるが、第二には、クロスする諸系列の問題群の重なりで地域の姿を浮き彫りにされていることである。著作集第三章「物と土地と人の動き」は、近世中後期の商品生産・流通の進展による社会の変動を包括的に捉えようとしたものといえるが、その第一節「稼ぎと商い」では、市域のすべての史料から農業以外の職種の存在を示すものをすべて洗い出し、その中で特徴的な動向を整理している。そこには、馬医である伯楽《ばくろう》や酒造、木綿織、瓦焼き、さらに材木・薪炭生産などが扱われている。そして材木や薪炭などを含む商品・物資が運ばれる舟運と河岸《かし》・河岸問屋のあり方が描かれるのである。

東松山市域は、江戸向けの材木「西川材」や薪炭の生産地の一翼を形成していた。また、江戸と内陸部を結ぶ荒川や新河岸川の舟運の末端部に属していた。そこに材木・薪炭生産と舟運を結ぶ都幾川《ときがわ》・越辺川《おっぺがわ》のいかだ流しが存在したのである。ここでは、問題群が市域を含んで広域に展開し、それらがクロスすることで、市域の地域的特色が浮かび上がってくることに注目しておきたい。そして、材木・薪炭生産の進展は、第二章で見たように山野の用益のあり方に変化をもたらし、御林の設定や「林畑」の開発などが行われ、山論が誘発されていく問題とつながっているのである。

このような地域にクロスしてくる問題群は、第二章で見た街道と宿場《しゅくば》、および助郷《すけごう》の問題もその一つであろう。その結節点として松山町の「市と町」（第二章第二節）が存在していた。また、そうした問題群としては、先の旗本知行のあり方などもあげられるであろうが、伯楽仲間や、弾左衛門《だんざえもん》支配下のかわた身分、非人身分の組織、修験《しゅげん》や神職の組織などの広域の仲間集団もそこに重なってこよう。

その一方で、第三には、近世における村や地域の生活圏としての意味が浮き彫りになっている点である。著作集第三章第四節「融通と小作」では、質地《しっち》・質流地《しちりゅうち》証文の網羅的分析から、それらは地主《じぬし》も金主《きんしゅ》も同村内の者同士が八五パーセント、隣村を含めると九五パーセントを超え、その金融の性格は村内の融通関係であるということを明らかにしている。そこには、流地になった土地であっても返金すれば本主《ほんしゅ》に戻されるべきだという意識の根強い存在も指摘されている。また、村むらに展開している質屋の金融も百姓らの生活と密着したものであった。

第三節「村を出る・村に来る」では、奉公人請状《うけじょう》や村送り一札を網羅的に収集して、奉公関係や婚姻・養子関係による人の動きが把握される。そこからわかる人の移動は、近隣地域（一〇キロ圏内）に収まるが、史料に表れない村内の婚姻・養子関係が分厚く存在していた。もちろん、金融関係に伴う土地の移動も婚姻関係などによる人の移動も、一九世紀以降商品経済の進展に伴って広域化する動向の指摘を忘れていない。

こうした村の融通機能の指摘は、その後の近世史研究における質地請戻《しっちうけもど》し慣行への注目などの先駆けとしての意味も持つであろうが、近世の家と村を基盤とする伝統社会としての意味を浮かび上がらせるものといえよう。そして、二点目と三点目で指摘した両側面は決して対立するものではない。それらが併存するのが地域の歴史的現実なのであった。そして、このような把握が可能になったのは、序章の講演で宣言された通り、市域に残った史料の徹底的な収集・分析の結果であった。そうした姿勢は、著作集第四章第一節「石仏は語る」の東松山市域の石仏の網羅的な分析に見られるように文書史料だけに限定されないのである。

第四に、『東松山市の歴史』中巻の叙述は一九九〇年代から展開してくる身分的周縁研究を先取りしているという点である。先にも触れたが、たとえば、当山派や本山派の修験（著作集第四章第二節）、吉田家配下の神主（同第三節）など、山口氏はこの地域における広域な仲間集団の展開を詳細に描き出している。ここでの修験については、岩殿《いわどの》観音の別当《べっとう》正法寺に対して、観音堂役人としての地位と賽銭の分け前をめぐって争った正学院や正存院などが紹介されており、岩殿観音という場をめぐる寺僧と修験の複合関係からなる境内秩序が窺えて興味深い。また吉田家に出仕した野本八幡宮の神主布施田家は野本村の名主《なぬし》の一人であり、彼の場合、百姓集団と吉田家配下の集団との接点にいたことになり、両者の複合関係が興味深い。

山口氏は、修験にしても、神主にしても、その組織化の背後にあるものとして旦那場《だんなば》をめぐる競合関係を見ている。著作集第四章第四節の「野田村神子若狭一件」は、寛政一〇（一七九八）年に布施田大和門弟の神子《みこ》若狭と当山派修験の間で起きた争論を取り上げているが、これはかつて若狭が修験巫女《みこ》として廻った旦那場村むらに神子として廻ったため、修験が自分たちの旦那場が侵されたとして起こされたものであった。こうした勧進宗教者の本所の権威を求めた組織化の進展と、にもかかわらずそれらの集団間の流動性・近似性は、身分的周縁研究の中で「勧進の併存と競合」として注目されている問題であるが、その出発点は、ここでの山口氏の理解にあったのである。

こうした身分的周縁研究につながってくる諸存在としては、弾左衛門支配下のかわた身分・非人身分の組織や伯楽仲間、あるいは各宗派の寺院・寺僧の本末関係なども興味深いものである。また、著作集第五章「村びとたちの旅と遊び」で取り上げられている崎西の相撲取り集団なども、その一つである。個別の論文の場合、往々にしてこれらの諸仲間・諸集団の一つ、あるいはそのいくつかの関係が取り上げられがちであろう。しかし、ここでは東松山市域という地域的広がりの中で総合的に取り上げられているのであり、そこにまた独自の意義があるように思われる。それはまた、新しい地域史としての一面をあらわすものと言えるであろう。

5

以上、山口氏の東松山市史における研究がどのような特徴を持つかについて、筆者の理解するところを述べてみた。それは、一九七〇年代から八〇年代の近世史研究に大きな位置を占めたことの確認にとどまらず、現在の研究につながってくる出発点であることの確認でもあった。そして筆者自身にとっては、これからの自らの歴史学に向かう姿勢を再確認する機会となったのである。

第4章　時代に向き合って生きる
――『山口啓二著作集』の刊行によせて

はじめに

山口啓二先生の主な業績を集成した『山口啓二著作集』全五巻が校倉書房から刊行された。その巻構成は次の通りである。

第一巻『近世史研究への旅立ち』（二〇〇九年五月刊）
第二巻『幕藩制社会の成立』（二〇〇八年一一月）
第三巻『幕藩制社会の構造』（二〇〇九年二月）
第四巻『地域からみる近世史――東松山の歴史から』（二〇〇八年一二月）
第五巻『時代に向き合って生きる』（二〇〇九年一〇月）

山口先生は、戦後の近世史研究を常に主導されてこられると同時に、民主的な学会活動を担い、さまざまな社会運動に参加して、一貫して平和と民主主義を求める生き方を貫いてこられた。本著作集第五巻は、二七〇ページ余の先生からの聞き書きが収録されており、先生の多面的な人生が凝縮しているとも言える内容になっている。

1　山口先生の研究展開と著作集

私の理解するところでは、山口先生の研究展開は、近世史研究の全体の動向と深く関わりながら、格闘する史料群によって大きく段階区分できる。おおよそ「梅津政景日記」以前の第一期（一九四〇年代まで）、「梅津政景日記」時代の第二期（一九五〇～六〇年代）、東松山市史関係史料時代の第三期（一九七〇～八〇年代）、菊池家文書と取り組んだ第四期（一九九〇年代以降）というふうに分けられるであろうか。

第一期は、近世日本の対外関係をテーマとしていた学生時代から、戦後に古島敏雄氏の『信州中馬の研究』［古島 一九四四］に出会って近世社会史に展開していく転換を含んでいるが、著作集第一巻は未発表だった卒業論文「松平定信と海防」（二〇〇ページ余）をはじめとする第一期の研究を中心に構成されている。この時期、近世社会史へと専門を転換していくが、未だ過渡期であり、病気療養もあり、その成果はそう多くない。しかし、この時期に書かれ第五巻に収められた小さな書評などに、その後の山口先生の近世社会の基礎に小経営《しょうけいえい》（百姓だけでなく職人まで、また文化の特質に及ぶ）を見る考え方の芽が見出せるのが注目される。

第二期の「梅津政景日記」とは、秋田藩の院内銀山の銀山奉行などを務め、家老ともなった梅津政景の慶長一七（一六一二）年から寛永一〇（一六三三）年に及ぶ日記であるが、山口先生はこれを大日本古記録として刊行することに心血を注がれた。第五巻の聞き書きを参照いただければ、単に史料編纂所の業務として担当したというのとは全く違うことがよくわかる。だからこそ、「梅津政景日記」を通して、幕藩制社会の成立や都市論、技術史についての見通しを獲得し、またそれを豊臣政権論へと展開させていくことができたのである。これらの成果は、当時の幕藩制構造論の研究動向の一翼を担ったものであるが、名著と定評のある『幕藩制成立史の研究』〔山口 一九七四〕にほぼ収録されていた。著作集第二巻は、この著書をベースに第二期の成果を収録したものである。

第三期を東松山市史関係史料時代としたが、山口先生は一九七一年から一九八六年まで東松山市史の編纂に携わられた。山口先生は、郷里に対する愛着もあり、毎週末泊り掛けで東松山に通い、近世史料二万点をすべて読んでから書くという類例のない取組みをされた。この時期の成果が著作集第三巻・第四巻に収録されている。

このうち第四巻は、序章として「自治体史編纂の課題」を収録した以外は、すべて『東松山市の歴史』中巻（近世の東松山を叙述）の山口先生執筆分で構成されている。その序章「自治体史編纂の課題」（一九七四年一一月の市民講座での講演）は、東松山市の市史編纂事業の経験を踏まえたものであり、まさに東松山市史に関わった内容で一巻全体が成り立っている。この仕事は、単に見事な自治体史というにとどまらない「新しい地域史の創造」であり、一九九〇年代以後近世史研究で展開する身分的周縁研究の先駆けとしての意味を持つものであった。

山口先生の近世史研究の第三期東松山市史時代（一九七〇～八〇年代）は、近世史研究全体における幕藩制構造論から幕藩制国家論への展開と重なる。また、日本近世を東アジア世界の視野の中で考えるべきことも自覚されてきた。

そうした幕藩制国家論の進展の中で、山口先生のいわゆる「国郡制」論が大きなインパクトをもったことは周知のことである。その「国郡制」論とは、封建領主制がいかにして公権力（＝国家）として成立しうるかを問い、そこに古代国家の律令制以来の地域統治の枠組みとして継承・再生産されてきた国郡制の枠組みの掌握による飛躍を必要とするというものである。それは、個別の領主―農民関係を超えた、国家的な課役であれば、担わざるをえないと考える百姓の存在とセットで考えられていた。こうした理解は、東松山市史に取り組むなかで百姓たちが担う広域の「国役《くにやく》」の実態をつかむことで得られ、確信となったものであった。また、こうした理解が『東松山市の歴史』のユニークな叙述の基盤になっている。第三巻には、この時期の国郡制論に関わる論考やその基礎となった東松山関係の近世史料を分析した論文が収録されている。

山口先生の近世史研究の第四期を区切る菊池家文書というのは、史料編纂所の同僚だった菊池武雄氏の家に残された史料であり、史料編纂所に寄贈されたものである。七〇〇〇点以上に及ぶこの菊池家文書を、山口先生は静子夫人とともに一〇年以上にわたって深い友情と責任感からボランティアで整理に通われた。菊池家は、紀州栖原村に本家を置いたまま、江戸や大坂に干鰯《ほしか》問屋や薬種《やくしゅ》・砂糖問屋の出店《でだな》を出し、また多くの医者や文人《ぶんじん》を輩出した家であったが、山口先生はこうした存在を豪農問屋商人と概念化された。この時期の成果は、唯一「歴史と現在、そして未来――南紀栖原の豪商菊池家の文書整理を通じて見えてきたもの」［山口 一九九九］で発表されただけだが、これは著作集第三巻に収録されている。

以上に見てきたように、山口先生の研究は史料との格闘のなかで発展してきたと言える。それが本著作集の構成にもよく表現されている。もちろん、後述するようにいろんな人の研究との格闘、理論的な営為、そして現代的な課題意識が大きな意味を持っているが、何より史料との格闘が山口先生の研究者としての姿勢を表しているように思うのである。

なお、本著作集に収録されなかったが、山口先生には名著と定評のある『鎖国と開国』［山口 一九九三］がある。『鎖国と開国』は狭い意味での近世の対外関係を論じたものではなく、小経営を基礎に成り立つ近世社会の全体史を描き出したものであり、山口先生の第一期から第四期に及ぶ研究展開の全体が集約されたものである。本著作集と合せてご覧いただくことをお勧めしたい。

2　聞き書きを収録したユニークな第五巻

本著作集の最もユニークな点は、第五巻に二段組み二七〇ページにも及ぶ「聞き書き――山口啓二の人と学問」を収録していることであろう。山口先生の生い立ちから始まって今日に至るまでの軌跡が詳細に語られている。本当はこの聞き書きについて紹介しようと思い、書き始めた本稿であるが、最早与えられた紙数が尽きようとしている。ここでは、二、三の印象深い点を述べるにとどめ、詳細は直接本書をご覧いただくことをお願いしたい。

山口先生の生い立ちに即して、武州の豪農家の暮らしの様子が紹介され、興味深い。また、治安維持法に反対した少壮の代議士・父山口政二の話、その父が国会内で倒れた後、母方の祖父斎藤阿具（西洋史研究者、一高教授で夏目漱石の同級生）方での暮らし（近世の文人の最後の雰囲気）、戦時期に向かう中でも自由を求める一高の高校生活、平泉澄の皇国史観が支配する東大国史での体験とそれに対する抵抗感を共有する永原慶二氏や稲垣泰彦氏との友情、昭和二〇年の日記に基づく東京の空襲の詳細な記録、戦後の東大国史研究室の民主化の取組み、戦後の研究展開・科学運動・社会運動のことなどなど、本当に興味深い話題で満ちている。

先に触れたように、山口先生は紀州栖原村の菊池家のような存在を豪農問屋商人と呼ばれたが、そのような階層は、兵農分離の近世では（政治に向かわず）文人社会につどっていくが、明治以降になると、地方に地主として基盤を置きながら、近代的な教育制度の中で学び、官僚や実業界や学者・文化人といった近代のエリート層の基盤になっていくと指摘されている。この聞き書きでは、こうした階層の近代における展開を武州の豪農に即して示されている。そして戦後の変革と高度成長による、その階層としての終焉までを展望しているのである。その意味で、この聞き書きはスケールの大きな日本近代史の叙述になっていると言えよう。

戦前の一高時代に大きな影響を受けた羽仁五郎氏について、大学紛争時代の言説についてははっきりと批判しながらも、その意義を否定することはない。一高で講義を受けて魅了された大塚久雄氏の影響も、史的唯物論の立場に立ってからも捨てることはない。山口先生は多くの魅力的な研究を自分のなかに柔軟に受け止めながら、自己を豊かにしていかれるのである。その中で最も大きな位置を占めたのが、古島敏雄氏であろうが、その姿勢は後輩の安良城盛昭氏においても変わらない。

この聞き書きは、二〇〇〇年から断続的に行われた山口ゼミで話されたものをまとめたものである。山口ゼミはかつて山口先生の下で勉強した我々やその周辺の人々がつどって、続けられてきたものであり、本著作集の編集も山口ゼミで行った。こうしたことが可能なのも、山口先生が我々の研究を柔軟に広い立場から位置づけ、いつも励ましてくださるので、自然とみんなが集まることの結果であろう。その先生の魅力が凝集しているのが、著作集第五巻なのである。

第5章　鈴木良氏の近代史研究に学ぶ
――地域史研究の立場から

はじめに――本稿の目的

二〇一五年二月に、近代史研究に大きな足跡を残された鈴木良さんが亡くなられた。一九八〇年の歴史科学協議会大会（高野山）で鈴木さんが報告された際に、会場で質問したのが、鈴木さんと私の最初の出会いであった。最後に話をしたのは、亡くなられる直前の一月二一日の電話であったが、この間三十数年にわたって、著書・論文を通じて、また直接の会話によって、歴史学のこと、現代社会のことから私事に至るまで、いつも導かれ、励まされてきた。

鈴木さんの研究は多方面にわたり、その全面的な把握は容易ではないが、本稿では、これまで私が鈴木さんから学び、考えてきたことの一端を述べて、鈴木さんの築かれた達成の意味を考え、その発展方向を探ってみたい。

最後の電話で、鈴木さんは、〝『思想』（二〇一四年八月）の特集「交差する日本近世史」を読んだが、そこに入っている吉田伸之さんの論考に刺激を受け、もう一度日本の歴史学におけるマルクス主義の意義を考え直し、その創造的発展の方向を探るつもりだ〟という趣旨の話をされていた。これからひと仕事もふた仕事もする意欲を持たれていた鈴木さんが、その二週間後に亡くなるとは予想もできなかった。鈴木さんが何を模索しようとされていたのか、少しでもそれに近づくことをめざしたい。

そうした目標に向けて、具体的には、以下の順に話を進めていきたい。

第一には、「鈴木さんがめざしたもの」は何だったかという点である。鈴木さんは折に触れて、歴史学は「社会」を捉える必要があると言われていた。そして、本来、マルクス主義は「社会」を全体として捉えようとする方向性を有していたのであり、そのための最良の方法であるということを口にされていた。そのことの意味を考えることは、鈴木さんの歴史学の視点と方法を把握することと同義である。

第二には、「鈴木さんは何を明らかにしたか」という点である。鈴木さんは一冊目の研究書を刊行した後、一九八〇年代後半から「水平社創立」について実証的な研究を積み重ねられた。鈴木さんは、それ以外の主題でも多くの研究を発表されているが、最も力を入れ、一貫して取り組まれたのは「水平社創立」に関わる主題である。但し、それは狭い意味での「水平社創立」研究ではなく、それを通じて日本近代社会の全体を捉えようとするものであった。その意味で、二冊目の研究書『水平社創立の研究』［鈴木 二〇〇五］が明らかにしたことをきちんと理解することは、鈴木さんの研究の中核を把握することにつながると考える。

第三には、「鈴木さんが提示したものをどう受け止めるか」という点である。私は、近世の身分社会としての特質を踏まえながら、都市社会史や地域史を研究してきたが、その研究に立脚して、近代への展開を見通すに際して、これまでも鈴木さんの近代史研究を参照してきた。後述するように、佐々木隆爾氏が『水平社創立の研究』を書評され、鈴木説の全体の枠組みを提示されている。これは学ぶべき点の多い書評であるが、現代の政治社会史を専門とする佐々木氏の視点からの受け止めということができる。以下では、あくまで私が携わってきた近世地域史の立場から、鈴木さんの研究をどう受け止めるかを提示してみたい。

1　鈴木さんがめざしたもの

鈴木良さんは奈良で教員生活を始める中で、部落問題と出会い、それまでの近代日本の帝国主義化というテーマから転換して、奈良をフィールドとした近代地域史を研究する方向に進むことになった。その際、中心に据えられたのは、「近世身分制の遺制として近代に部落差別が残存するメカニズムの解明」という課題であった。この点について、鈴木さんは『水平社創立の研究』の序章「地域支配構造の成立」において、自らの研究を振り返りつつ次のように述べている。

「この「（水平運動史研究の……引用者）課題と方法」論文で私が主張したことは、「近代日本の部落差別（の存在）は、封建的身分差別の遺制をのこすしくみが存在したことを意味する。それは、封建的、差別的慣習を維持した地域の構造にあった。この構造こそ、『共同体』的、閉鎖的、非民主的な町と村のしくみであり、それはブルジョア・地主の支配のそれでもあった」という一文に集約される。天皇制権力による政治的強力や寄生地主制という経済的関係などから一義的に解明できないのが部落問題であり、これを解くには近代日本の「町と村」の秩序構造に着目する以外にはないのではないか。そしてこの構造はブルジョア・地主の支配構造の問題であること、すなわち社会構造の問題であることを指摘したのである。

これを方法的に具体化しようとすれば、農村地域における「むら」の構造に着目する必要があると考えられた」［鈴木 二〇〇五：九－一〇頁……以下、同書からの本章での引用は頁数だけを記す］

この引用であげられている「水平運動史研究の課題と方法」は、一九八三年に書かれたもので、前著『近代日本部落問題研究序説』〔鈴木　一九八五〕にも収録され、前著のめざしたものを端的に表現しており、本書でもそれは引き継がれている。

鈴木さんは、近代の部落差別の残存は地域の構造、具体的には共同体的な村と町のしくみに基礎づけられているという視角を提示しているが、それは天皇制の「政治的強力」や「寄生地主制」という経済的関係から直接説明することはできないということと表裏の見解であった。この指摘の背景には、一九六〇年代前半に起こったいわゆる奈良本・井上論争に見られるような思考法を乗り越える営為があったと思われる。

奈良本辰也氏は戦前の部落差別は半封建的な寄生《きせい》地主制が支配のために必要としていたが、戦後に独占資本の支配が確立し、もはや部落差別を必要としなくなったと主張した。それに対して、井上清氏が戦後は独占資本が部落差別を自らの支配に組み込み利用しており、独占資本が差別の元凶だと批判したのである。鈴木さんは、こうした思考法は、それ以前からの部落差別の階級的基礎を寄生地主制に見るというような見方にも共通しており、奈良本・井上どちらの立場も含めた、こういう思考法自体が不毛なものであるという立場に立っている。

そして鈴木さんは、近代日本の「町と村」の秩序構造に部落問題が残存する仕組みを見出すとともに、それは近代日本の天皇制の支配構造全体の問題であるという理解を提起するのである。つまり、これは鈴木さんのなかでは、奈良本・井上論争というようなレベルを超えた、日本近代史の全体に関わるより大きな問題に関わっていたのである。このことは序章における安良城盛昭氏の研究に対するコメントに窺うことができよう(1)。

鈴木さんは、安良城氏の地主制研究について、明治二〇年代に確立する地主制の全体的動向や東北日本型と西南日本型の地帯区分などの包括的な分析を行った画期的な研究であると評価されている。言うまでもなく、こうした評価は、安良城氏による地帯区分が鈴木さん自身の全国的な未解放部落の地域性理解に示唆的だと判断されていることに基づいていよう。しかし、その上で安良城氏が「寄生地主が天皇制の基盤であることを前提に、その経済的支配がどのように形成されたかを追究しようとし」て、明治二〇年代の近代天皇制の成立と寄生地主制を直結させている点に疑問を呈されている〔一六頁〕。天皇制の社会的基盤であることは間違いないとしても、寄生地主制がどういう回路を通じて天皇制支配を支えることになるかを説明する必要があるということであろう。

鈴木さんは、ブルジョア・地主の支配も「町と村」の秩序構造を媒介にして把握するべきだと考えたのである。そのことは奈良における近世以来の「むら」（＝大字）の構造の理解によって具体化され、逆にその具体的把握によってその視角の重要性に確信を持つことになったと思われる。鈴木さんがこのような視角に立つのには、一九五〇年末から六〇年代に京都で研究活動を開始したことも背景にあるのではなかろうか。

当時、近世史の朝尾直弘氏は領主―農民関係に収斂して近世封建社会を把握するのでは不十分であると考えて模索されていた。その点を、朝尾氏は著書『近世封建社会の基礎構造』〔朝尾　一九六七〕の「序にかえて」で自著の位置づけを次のように述べられている。朝尾氏は、自らの書評論文「幕藩体制社会分析の方法について」において「(安良城盛昭『幕藩体制社会の成立と構造』に対して）第一に封建的生産関係と封建的社会構成を区別すべきこと、第二に直接的な生産構造、被支配者の形成する生産共同体を把握すべきことを主張した点において、意義を有していると思う。本書はさしあたりこの第二点を基礎に出発した」〔朝尾　一九六七：ⅱ頁〕というのである。すなわち、この著書『近世封建社会の基礎構造』は、問題を領主―農民関係に還元せず、小経営農民が形成している生産共同体＝村のあり方を基礎に、そこから幕藩制社会全体を見通していく方法を模索したものだというのである。朝尾氏は、百姓の再生産を可能にする村共同体を基礎に考えたわけだが、近世の村からつながってくる大字への鈴木さんの着目は、朝尾氏のこうした模索を踏まえていると理解できるのではなかろうか。

つまり、鈴木さんは、戦後の領主―農民関係や地主―小作関係に問題を収斂する傾向をどう乗り越えるかという模索として、「社会」を捉える必要があると考えられていたのである。その際、村（大字）がクローズアップされたのは、朝尾氏の小農の生産共同体＝村への着目に示唆を与えられていたのではないか。

これに関わって、注意しておきたいのは、鈴木さんの「民主主義と歴史学」［鈴木 一九八七］における丸山眞男への言及である。周知のように丸山眞男は戦後の民主主義思想に大きな影響を与えたが、近代日本（天皇制）の精神構造の基礎に「部落共同体」を見る丸山説について、鈴木さんは、①「部落共同体」の変化・発展（＝内部の矛盾・対立）を見ない、②より広域な有力者支配を見ないという点で批判・克服する必要性を指摘されているが、同時にその克服は容易ではないこと（ある意味での共感）を表明されている。その微妙な両義的な評価の根拠には、自らの村（大字）の支配構造への着目が存在していたのである。

また、歴史学にとって「社会」を捉えることの重要性の自覚が、吉田伸之氏の巨大都市の社会＝空間構造の把握（分節構造論）や私の社会集団間の「重層と複合」論に対する強い共感につながっている。鈴木さんは、吉田氏や私の社会構造・社会関係の具体的な把握には、本来のマルクス主義歴史学が求めていたものと共通するものがあると考えられたのである。

鈴木さんの研究視角と方法において、もう一つ重要なのは、部落問題解決過程への視座である。鈴木さんは、「部落問題」の性格を、「未解放部落に対する不平等なあつかいや蔑視」「部落を疎外し、排除する社会関係」〔ともに一一頁〕と捉えられているが、そうした関係性は部落の閉鎖性をもたらしたと理解できる。それ故、鈴木さんは、部落問題解決過程を、この閉鎖性が克服され、開放性がもたらされるプロセスと考えたのである。

鈴木さんは『部落問題解決過程の研究』（第1巻）に「歴史のなかの部落問題とその解決過程」〔鈴木 二〇一〇a〕・「日本社会の変動と同和行政の動向――同和対策審議会から同和対策事業特別措置法へ」〔鈴木 二〇一〇b〕の二論文を発表されているが、そこでは一貫して、部落の閉鎖性の弱まり＝開放性の強まりの指標として、居住状況（混住率〔同和地区内の総人口に占める部落外出身者の割合〕の高まり）と通婚状況（部落内婚率の低下）の二つを置かれているのである。後者の論文で、一九六五年の同和対策審議会について、答申そのものよりも、その前提として居住状況と婚姻状況に着目した全国的な調査を行ったことを高く評価されているのもその反映である。

鈴木さんは、混住の広がる第一の画期として水平社創立の時期、すなわち一九二〇年代を位置づけている。そして、同対審の調査が行われた時期、すなわち高度成長による日本社会の流動化が促進された一九六〇年代には、混住は一段と広がっているが、部落内外の通婚の広がりも見られ始める。こうした状況が同対審の調査に反映しているのだが、この時期が第二の画期として位置づけられている。第二の画期について詳細に論じられているのが、後者の論文「日本社会の変動と同和行政の動向」である。

第一の画期について検討を深めているのが、鈴木さんを中心に取り組まれた科研の共同研究の成果をまとめた論集『身分的周縁と部落問題の地域史的研究』〔部落問題研究所編 二〇一六〕に収録された論文「地域支配構造の発展」〔鈴木 二〇一三〕とその補論「近代日本の地域支配構造を考える」〔鈴木 二〇一二〕である。そこで鈴木さんは、古島敏雄氏の日本の産業革命を一九二〇年代に求める理解に賛意を表しつつ、大阪における重化学工業の発展とそれに伴う労働者の定着を検証し、西浜を中心とする地域の状況を素描されている。そこでの視点が、同地域の混住状況の検証と、そこへの移住の誘因として労働力需要を見出そうとするものなのである。

これらの視点が、鈴木さんの研究を貫いていることが理解できるであろう。

2　鈴木さんは何を明らかにしたか――『水平社創立の研究』に即して

鈴木良さんは、一九八五年に一冊目の研究書『近代日本部落問題研究序説』を刊行された。この著書は、近世の身分制的社会編成から近代的編成への転機となる一八七一（明治四）年のえた非人の称を廃するという「賤称廃止令」から、さまざまな可能性が存在した自由民権期を経て、近代の部落問題の定置につながる一八八八（明治二一）年の市制町村制、それが最初の動揺をむかえる（米騒動を経た）一九二二（大正一一）年の水平社の創立、戦時下の暗黒時代を経て、戦後の部落解放運動の再建と高度成長期の新たな状況の転回までを見通したものである。いわば、部落問題を通して日本近代を通観した研究書である。

この著書の刊行後、鈴木さんの研究活動は多方面に展開するが、その中核には水平社創立の時期に絞って、部落問題を全体社会のなかで総合的に把握せんとする一連の論考が位置していた。それらをまとめた二冊目の研究書が『水平社創立の研究』である。鈴木さんの最も中心的な研究はこの二冊の研究書にまとめられているが、『近代日本部落問題研究序説』については、以前に拙稿「「地域支配」論とは何か――書評・鈴木良『近代日本部落問題研究序説』」〔塚田　一九九一〕において詳細に検討し、私なりの受け止めを述べたことがある。最初の著書についてはこの書評をご覧いただくこととして、本稿では、その後の研究である『水平社創立の研究』に即して、鈴木さんが明らかされたことについて、私なりの理解を示してみたい。

なお、本書『水平社創立の研究』には、すでに二つの重要な書評が出されている。一つは、「座談会『水平社創立の研究』（鈴木良著）をめぐって」〔竹永・広川・奥村・塚田・鈴木 二〇〇七〕である。(2) もう一つは、佐々木隆爾氏による「水平社創立史研究の新紀元――書評・鈴木良『水平社創立の研究』」〔佐々木 二〇〇八〕である。特に佐々木氏の書評は、この著書の全体を佐々木氏自身の視点から総合的に整理しており、(3) また、本書の持つ研究史上の意義についても、次のように述べられている。

「いうまでもなく、近代日本の社会運動の中で全国水平社の創立は、最も著名な事件の一つである。そのことは、現在発行されている高校日本史の教科書Ａ・Ｂのすべてにおいてこの事件が取り上げられているという事実に照らして明らかである。それほどまでに周知の事件を対象としながら研究の新紀元を開くというのは、誠に至難のわざであるが、著者は以下で論じるように、対象となる地域、とくに奈良と京都に対する並々ならぬ愛着と知識、また水平社の創立にかかわった人々との間に深い信頼関係を築くことによって収集が可能になった資料や記憶の活用、さらに聞き取りした「事実」を必ず裏付けとなる資料の精力的な渉猟によって確認し、確証が得られた事柄のみを史料とするという厳しい歴史学的な態度等、他の追随を許さない資質をもって、これまでには見られなかった着想と問題意識をはぐくみ、新たな論理をもって記述するという仕事を成し遂げたのである。（中略）同時にまた、著者の研鑽は、全国水平社を題材としながら、歴史研究上の方法論の面で多大の前進をもたらし、かつ新たな問題を数多く提起することとなった。本書は、日本近代史学史に重要な寄与をした作品としても評価され、継承されるべきものであろう」〔佐々木 二〇〇八：四〇頁〕

私も、鈴木さんの『水平社創立の研究』は、水平社創立について画期的な研究であるだけでなく、日本近代史学史全体にとって大きな意義を持つものであるという点に全く同感である。但し、佐々木氏の整理は近現代の社会的政治史ないし社会運動史の立場からの受け止めであり、近世地域社会史をテーマとする私の立場からすると、力点の置き方や評価の仕方にニュアンスの違いも存在する。

そこで、細部にわたる理解は佐々木氏の書評を参照いただくこととし、以下では私の立場から重要と思われるところに焦点を合わせつつ、『水平社創立の研究』の内容を紹介していくこととする。

（1）柏原における水平社への動き〈第一〜四章〉

第一章から第四章までは、奈良県の柏原北方での西光《さいこう》万吉や阪本清一郎らの動きを中心に、水平社創立に向けた動向を検討している。

第一章「水平社創立の前提――燕会について」は、西光万吉、駒井喜作、阪本清三郎・清一郎父子らが参加した燕会がどのように水平社結成に向かうのかを検証している。一九二〇（大正九）年五月に柏原北方で相互扶助を目的として数人から出発し、数十人の組織となる燕会は、低利金融[4]、消費組合、団体旅行、夜話《やわ》及び講演会などを行った。おそらく消費組合について学ぶために、神戸に賀川豊彦を訪問してもいる。燕会は、有力者の子弟（青年層）が下層の輿望《よぼう》を担って組織したものであるが、奈良県内で先行して、あるいは並行して作られた北葛青年同志会、郷土文化協会、三協社などと共通する性格を持つと評価されている。

しかし、燕会の活動がそのまま水平社創立の方向へ向かったのではなかった。一九二一（大正一〇）年四月段階では自殺賛美論者だった西光万吉は、三浦参玄洞《さんげんどう》や阪本らとの議論で自主的解放の思想へと変わっていく。当時三七歳の三浦は西光や阪本らより一〇歳ほど上の世代であり、隣接する柏原中方の誓願寺住職で『中外日報』の社員であった。西光らは到達した自主的解放の思想を奈良県各地の演説会や寄稿などで広め、同志の糾合に尽力していくのであった。

第二章「『よき日の為めに』考（その一）」では、水平社創立の主意書である『よき日の為めに』の参照した文献の精査などから、その思想の特質を浮かび上がらせる。そこでは、キリスト教と仏教（特に親鸞の同朋《どうぼう》主義）の影響の大きさが指摘され、その立場から大杉栄を糸口にロマン・ロラン、ゴリキーに到達し、それらが組み合わさって『よき日の為めに』となったことが明らかにされる。読後の印象は、佐野学の影響は部分的であり、親鸞理解を媒介した三浦参玄洞の役割の大きさである。

第三章「『よき日の為めに』考（その二）」は、『よき日の為めに』の五点の原本の精査から、その奥付に施された二つの貼紙の変化から水平社創立大会に向かう一九二一（大正一〇）年末からの曲折を復元している。奥付の変更は、柏原北方での活動が官憲や家族、地域の圧力によって困難になったことに余儀なくされたものであるが、そうした困難に対して彼らを支えたのが三浦参玄洞であった。その際に、最も重要だったのが自主的運動の意義（「部落民が集まることは「自ら差別する如きもの」だという意識の克服」〔一四八頁〕）をつかむことであった。そのことがあって、一九二二（大正一一）年二月二一日の大日本平等会主催の同胞差別撤廃大会において、京都での水平社創立大会への参加を呼びかけるチラシ配布が実現した。その動きを伝えた『中外日報』や『労働週報』が創立への気運を後押ししていたのである。

なお佐々木氏の書評では、この章は「全国水平社の創立大会が京都で開かれた」のは何故かという文脈の中に位置づけられている。一つの有効な整理と考えるが、奈良の状況を全体として捉えるうえでの位置づけも可能であろう。

第四章「真宗教団批判の展開」は、奈良県の部落における東西本願寺教団（特に西）の比重の大きさを確認しつつ、真宗教団批判が西光や阪本たちにとっても切実性を持ち、水平社へとつながっていくことが示される。その背景には、大正期に入り僧侶の被選挙権を要求する僧参運動が教団内部に新風を吹き込んだこと、また、梅原真隆・宇野円空らが親鸞の同朋主義にかえれと提唱し、教義のうえでの批判も強まっていたことなどがあった。奈良県では、一九一二（大正元）年に作られた大和同志会の機関誌『明治之光』が発行されるが、その中心課題は西本願寺改革論であった。また、『中外日報』は一貫して真宗教団批判の論陣を張り、その中心にいた三浦らは西光らを「親鸞にかえれ」という同朋主義に導いたのである。それが水平社による教団への募財拒否通告へとつながった。

なお、この時期、西本願寺の疑獄事件に関わった勢力の復活を策する動きに対する反対が沸き起こったが、その中心に大阪西浜部落の加藤哲勝（徳浄寺住職）や竹田由松（地域有力者）たちがいた。但し、西浜での真宗教団批判は水平社へとは向かわず、有力者支配に結果するという奈良との違いが印象づけられる。明治末期の動向を反映する大和同志会と『明治之光』を一つの転機と捉え、「それまでの習慣に疑問をいだく青年たちが生まれて来る。地域支配の構造が変化しはじめたのである」［一八三頁］と評価していること、奈良における水平社への動向が真宗革新運動と深く結びついていたことが説得的に示されている。(5) このテーマは、本書刊行後にも「真宗教団批判の発展」［鈴木 二〇〇七］においてさらに追究されている。

（2）京都における水平社創立前後の動き〈第五～七章〉

第五章から第七章では、水平社創立を取り巻く京都の複雑な状況が解き明かされていく。

大正中期は、京都市における公同組合・町―学区を基盤とする都市構造の転換点であり、それを背景として、第五章「京都における水平社の結成」では、水平社創立直前の時期の状況が検討されている。一九一八（大正七）年の京都の市域拡張により周辺に所在していた部落の学区・学校問題が緊急の課題となる。その要求を憲政会の片岡直温や市会議員の鈴木紋吉などが吸収していた。それもあって、憲政会などが進める普選運動に差別撤廃期成同盟などとして参加している。そんな折、部落に対する侮蔑的な発言を行った市会議員上田壮吉を鈴木紋吉が殴打するという事件が起こった。

西光は一九二一年秋には京都に移り住み、水平社創立に向けて諸方を糾合すべく活動していた。その中で西光らより一世代上の既に実績のある南梅吉（楽只《らくし》青年団長、水平社委員長に就任）ら有力者層と下層に基盤を置く吉崎民之輔らの二路線が伏在することとなった。水平社創立を前にして、後者の吉崎らが上田壮吉宅に直談判に押し寄せるという事態に対して、上田が伏見の博徒《ばくと》の親分である増田伊三郎（勇山・京都の国粋会の中心）に仲介を依頼した事実を指摘する。

京都の部落住民が直面する課題（学区・学校問題など）とそれに関わる政治勢力との配置関係、内部に二路線の伏在する状況が浮き彫りにされている。そこには真宗問題が浮かんでこないことが印象づけられる。また、全国水平社創立後、京都水平社は四月二日に田中部落を中心に結成されたが、それほど広がらなかったことが奈良県との対比で指摘されているのも重要であろう。

第六章「全国水平社創立大会について」は、京都府・同警察部作成の「水平社状勢一班」（大正一一年七月）、「水平運動の情勢」（大正一三年三月）、「水平社ニ対スル今後ノ対策ニ就テ」（大正一二年中頃か）という三種の文書を中心的史料として、水平社創立大会の実態とその後の状況を検討したものである。

創立大会の参加者数は三〇〇〇人余と公式には言われているが、実際は一〇〇〇人余で京都の参加者が中心であった。京都の参加者に「上田壮吉氏失言問題」追及の大衆化を図ろうとする動向が存在していた。しかし、委員長南梅吉は増田伊三郎と通じていたと思われ、この件での上田や他の市会議員への寄付強要事件が報じられていた。

また、創立大会の多額の費用を増田や憲政会関係者から調達していたこと、雑誌『水平』の広告料という形で運営資金を出していた者たちには、国粋会関係（増田や今田丑松（奈良）など）、京都市参事会員・市会議員、憲政会支部、マスコミ、地域の企業や有力者などがいたことを指摘している。そして、参事会・議員が広告に応じたのは増田の動きだけでなく官憲の意向（「穏健」な南らに主導権を取らせようという）があったのではないかと推測している。一九二三（大正一二）年一月に東七條で水平社が結成されると、すぐに反水平社の国民研究会が組織（官憲の指導で青年団などが動いたか）されたが、一九二三年中ごろの「水平社ニ対スル今後ノ対策ニ就テ」では水平社を危険視する傾向が強まっていた。

こうした事実の解明を踏まえて、鈴木さんは「今日から見れば不思議ではあるが、この時期までは暴力団が事件解決に動くことは当たり前のことであった。増田伊三郎らの動向をさらに追及する必要があるけれども、水平社の運動にも国粋会の力がかかわっていたのである。その力は吉崎民之輔らの大衆的な上田壮吉追及の動きを押し止めるだけではなく、水平社の資金を調達することにも働いた。総じて言えば、府市・警察・博徒・市会議員の一部が協力して水平社結成に対処しようとしたといえる」〔二五六頁〕と評価している。

南や駒井喜作らが宮内大臣牧野伸顕を訪ね、「恩賜金」や「運動会」について相談している事実なども、こうした文脈の延長上で位置づけられている。

第七章「続・京都における水平社の結成」では、侮蔑的態度をとった個人への糾弾を発端とする「水国争闘事件」（一九二三年）などを経過して、個人糾弾から差別の根源に向けた運動（部落内の下層に基礎を置く労働運動・小作人運動と結合）が前進する時期の京都の状況を検討している。

東七條水平社が結成されると、その直後の二月二三日に東七條の有力者らが反水平社を掲げる国家中心主義の国民研究会を発足させた。機関誌『国民運動』（創刊号のみ）の広告に応じた者を調べると、東七條や京都各部落の有力者はもちろん、京都市会議員、増田伊三郎、マスコミなど『水平』の広告に応じた者と重なる者たちがいた。また、大阪西浜の有力者たちの存在は、同地での反水平運動の動きと関連している。さらに京都経済界の代表と言っていいような人物たちも含まれていた。実際には実現しなかったが、国民研究会を中心とする全国団体の設立の動きも見られた（一九二三（大正一二）年六月二三日に融和運動家・二六団体が京都で協議）。

こうした水平社にかわる融和団体を結成しようとする動きは、京都府警察部の水平社を解散させ、融和団体を育成しようという「対策」に後押しされていた。それに対抗する形で、おそらく吉崎らの潮流（急進派）の担い手であった青年たちは、無政府的な傾向を持つ水平社盛年党（青年党）を組織するに至ったのである。

（3）地域支配の構造！

鈴木さんが本書の集約点の意味を持たせているのが、第八章「地域支配の構造――いわゆる水国争闘事件の分析を通して」である。本章については、節を追いながら丁寧に見ていきたい。

鈴木さんは、本章「はじめに」で「事件を分析するなかから、この地域の構造を明らかにするのが本稿の課題」［二九六頁］と述べているが、私見では、地域社会構造を意識しながら、事件［あるいは水平運動］を位置づけたものというべき内容のように思われる。史料的な条件もあり、地域支配構造そのものを十分に分析しえない憾みもあるが、水平社・水平運動の内実を考えるうえで大きな示唆を与えてくれる。

最初に、①「いわゆる「水国争闘事件」の概要」が説明される。

この事件は、一九二三（大正一二）年三月一七日に川西村下永から大福村大福に嫁入り道具を運ぶ通行中に、都村八尾の老人が侮蔑行為を行ったことを契機に起こり、水平社と周辺村民・国粋会との暴力的な対峙・衝突に至ったもので、同月二〇日に収束した。翌日から関係者の検挙が始まり、一〇月に公判開始、一二月に判決が出された。前年以来、この地域で次々と水平社が結成され、連続的に侮辱発言・行為をめぐる対立事件が発生していた中でのことであった。

当初、老人の居住する八尾の国粋会員中西常蔵と下永の水平社地方委員松本松太郎が和解の交渉にあたったが、老人の謝罪状を要求して決裂した。国粋会側では御所《ごせ》の今田丑松、水平社側では駒井喜作や泉野利喜蔵などが応援に駆け付けた。都村村長や八尾区長、県警察部長なども事態収拾に深く関与したのである。

②「在村の国粋会員」では、奈良県の博徒の親分が組織された国粋会員たちについて整理されている。『水平』に広告を出していた御所の今田丑松は初嵐のしこ名を持つ元相撲取りで、土木請負業を行い、免囚保護事業にも携わった。事業は二代目初嵐を継いだ南口竹造に譲っていた。南口は南葛城郡《みなみかつらぎ》消防組合副会長でもあった。八木町の木原房次郎は土木建築請負業や見世物小屋を経営し、大和角力《すもう》協会会計部長であった。高田町の宮高治平も土木請負業であった。博徒の親分は、土木請負業を営むことが多く、相撲に関わることが多いことが分かる。八尾の中西常蔵は目下売り出し中の親分で、磯の森というしこ名を持ち、大和角力協会頭取《とうどり》を七年間勤めた。職業は貝釦《かいぼたん》商、付近に子分一〇人ほどがいたという。

なお、国粋会員の動員は三百数十名ほどで、その二～二・五倍の一般村民が動員されていた。決して、国粋会対水平社だけの衝突ではなかったことにも注意を喚起している。

③「村長と区長—地主層」では、磯城《しき》郡の行政村レベルの支配層（村長層）を多額納税者から、大字レベ

ルの支配層（区長層）を土地所有と経営規模から探っている。前者は、ブルジョア・地主と言っていい存在であり、奈良県でも大正初期に、地主・小作の矛盾が顕在化しつつあった。後者は、小地主と自作農からなり、大字の土地所有者の合議で決める形式をとってヘゲモニーを行使し、大地主以上に水平運動に敵対的であることもあった。

④「村民たち」は、大字の一般村民のあり方を抽出している。村民で活発な動きをしたのは青年会や在郷軍人会であったという。都村の青年会は、八尾青年会、新町青年会、（宮古・黒田・富本の三大字の）都友会、宮古自彊会などが地方改良運動のなかで作られた。その前身には、大字ごとの若中があり、男女の交際、時には婚姻の媒介にもなった。村内婚が多く、大字は地縁性、血縁性を持っていたが、青年の統制を強化しようとする背景には、内部に地主と小作の和解しがたい対立が生じていたからであろうと、この時期を位置づけている。

奈良県は高い土地生産性で知られていたが、その実現には耕作地主・自作上層のみならず小作も含めた努力があった。そのため各地で農事講習会が開かれ、各村で農事研究会や青年夜学会が開かれた。これも青年層の自主的な動きとして注目される。

③④を踏まえて、鈴木さんは、この地域の農村では《ブルジョア・地主（郡・村レベル）》《小地主（大字レベル）》《小作・半プロ》という「社会関係の三極構造が存在した」〔三二二頁〕と総括している。この総括の仕方では、三階層が存在したということにすぎなくなってしまう。水国争闘事件の分析に即するということから、「ブルジョア・地主」が実際に形成する経済的・社会的関係の分析に及ばないことは致し方ないが、大字や若中・青年団への着目や婚姻関係への着目が汲み上げられていないことは残念である。

⑤「水平社」では、水平社側の動員が、県内の場合、村ぐるみで行われたが、それは水平社の組織のされ

方と関連していたことが指摘される。「部落の多くでは、大字総代などの有力者が中心となって水平社が作られ……村＝部落・大字はすなわち水平社であって、水平社役員は村の役員とも重なっていた」〔三一六頁〕というのである。後の部分で、村の有力者が反水平社の場合には、水平社は誰もいないという部落もあったことが紹介されているが、両者は表裏の関係にある。なお、部落全体の参加のため、共同浴場の営業を休んだという事例もあった〔三一五－六頁〕。

⑥「部落の血縁関係（その一）」は、一九一三（大正二）年の「奈良県部落調査票」を基に、⑦「部落の血縁関係（その二）」は、一九一八（大正七）年の「奈良県部落調査」を基に、部落の村ぐるみの根拠となる地縁・血縁のあり方を検討している。大正二年については、特に結婚のあり方に着目し、部落内婚率が高く、若連中が親の反対する結婚を媒介する「嫁かたげ」と称する風習も最近まであったことに留意している(6)。その背景に、年頃の男女の五～六人ずつが宿親の一部屋に寝泊まりし、草履表製造などの夜業に従事する宿元制度があった。

しかし、五年後の大正七年の調査では、仲人婚が一般化し、また部落内婚が一般的だが遠隔の部落との婚姻が増えてきたことなどの変化が指摘される。また部落内下層においても、京都・柳原町や大阪・木津北島町（西浜）などに移住する者が増加していることなどに、資本主義の展開に伴う変化の動向を見ている。

その上で、「血縁を中心に村の結合はきわめて強かった。それは共同体的結合の強さといっても良いであろう。しかし内部をさらに観察すると、未解放部落の構造が明らかになる」〔三二四頁〕という理解のもとで、⑧「部落の社会構造（その一）―部落上層」・⑨「部落の社会構造（その二）―部落下層」が検討される。先の⑥⑦などで見た「村の結合」や若者仲間などは「構造」の一環ではないのかという疑問が浮かぶが、実際はそうした点への着目があることが重要である。

ここでは部落内の上層と下層の存在を確認し、その性格を見ているが、下層について、零細小作は日稼ぎ・雑業を兼業しなければ、生活できなかったこと、その際、国粋会員の土木請負業者などに土方として雇用されることもあったなどという重要な指摘がある。また草履表の内職が広がっていたが、それらは問屋のもとに編成されていた。一方で、職人たちが組合を結成し工賃値上げを求めることもあった。

それらを踏まえて、「上層と下層とは大きな障壁で切り離されていたのではなく、ひきつづき部落内婚が行われ、共同体的な外貌のなかで、上層は絶えず下層の声を意識しなければならなかった……水平社の役員には、部落上層と下層とが「平等」に名を連ねていた例が多い。しかし、内部に矛盾が含まれていたから…相互に対立が激しくなるのは当然であった」〔三三一頁〕と総括している。

⑩「地域支配構造と政治権力」では、警察や国粋会の対応を整理し、最終的な裁判結果を示すとともに、この事件と裁判に要した費用は下永部落の困窮に結果し、他部落にも及ぶ経済的負担が水平運動にも支障を生じさせるのではないかと見られていたことを紹介している。

以上の「素描」を踏まえて、「むすびにかえて」として「事件の背景となった地域社会の構造」〔三四〇頁〕を次のようにまとめている。

この地域の農村は、「大地主・ブルジョア、小地主・小営業主、民衆世界」という三極構造からなっていたが、「しかし、何より大事なことは……これらの家と家が結びついてむら＝大字を形作っているということ」〔三三八頁〕であるとし、若者組を基礎においた婚姻が揺らぎはじめ、仲人婚が一般的になったものの、強い親族結合をなし、さまざまな慣行や宗教的行事に支えられたよそ者を排除する固い結合の集団であった。

「この村や大字から疎外され、蔑視されたのが未解放部落」〔三三九頁〕であった。部落内婚による同族意識の強さは、一般農村よりさらに緊密であったが、一方で「小営業主・小地主と下層民衆との二極構造」

〔三三九－三四〇頁〕をなしていた。下層の存在形態は、日稼層の多さを特徴とし、「この地域全体の土木建築、運搬、雑業の労働力提供の重要部分」をなしていた。国粋会員が営む土木請負業に雇われることも広く見られた。

以上の通りである。鈴木さんは、こうした地域社会構造を基礎に成り立つ天皇制の支配構造を「近代日本の地域支配構造」〔三四一頁〕と呼ぶのである。

3　鈴木さんが提示したものをどう受け止めるか

(1)　鈴木説の広がり

以上、鈴木さんの二冊目の研究書『水平社創立の研究』の内容について章を追いながら見てきた。以下、それをどう受け止めるかについて、いくつかの点から考えてみたい。

第一には、水平社の創立を準備した西光万吉らの思索についての深い考察は多様な論点に広がっている。燕会からつながることに窺えるように、西光らの模索は、明治期からさまざまな形で行われてきた青年たちの社会を改善しようという取組みや組織の延長上にあった。しかし、それは単なる延長ではなく、自殺賛美論者だった西光が三浦参玄洞の援助を得ることで、親鸞の同朋主義に道を拓かれ、東西の諸思想を吸収しつつ、自主的解放の立場を鮮明にしたのであった。

注意したいのは、このような思想の達成総体は、西光ら柏原での議論を繰り返したグループのものだということである。言い換えれば、それは水平社に参加した者全員のものではないだろうということでもある。しかし、おそらくそこで示された自分たち自身の手で解放に取り組むことが必要だという点については、広く受け入れられる社会的基盤（それは状況の過酷さそのもの）が存在していたと考えられる。そのことも、水平社に加わった者には多様な者たちがいたことを意味しよう。

第二に、奈良県の部落では真宗教団批判は水平社へとつながっていったが、大阪・西浜では部落の有力者支配とつながり、そこではむしろ反水平社の動きが強かった。一方、京都においては、学区・学校問題などが焦眉となり、上田壮吉追及（鈴木紋吉殴打事件）が水平社結集の前面に出ていた。府県ごとの違いには解消できないが、地域の社会構造や直面する課題がその地域の水平社のあり方を特質づけることが窺える。鈴木さんが、奈良、そして京都について詳細に跡づけ、さらに大阪について検討しなければいけないという課題意識を持っていたのはこのためである(7)。

第三には、水平社の組織のあり方である。地域の有力者が主導し、部落ぐるみの参加が広く見られる一方、部落全体が反水平社の場合もあったことが注目される。これが部落の親族結合の強さとつなげて理解されており、地域秩序における大字への着目、そこにおける婚姻形態や若者組の評価につながるのである。また、このことは水平社メンバー全体が西光らの思想を共有しているわけではないことをも意味している。

第四に、地域支配構造の問題である。鈴木さんは、奈良における地域社会構造を一般地域の三極構造と部落の二極構造と捉えているとふつう理解されているし、そう受け取れる記述も見られる。しかし、第八章における一般地域と部落の双方の分析において、若者組や婚姻形態に注目し、大字の結合形態について詳細に叙述していることが重要である。鈴木さんは、実践的にはこれら総体を地域社会構造と考えていることが理解できる。そうした捉え方は、鈴木さんが歴史学は「社会」を捉える必要があると考えていたことの実践であろう。

一方で、ブルジョア・地主や小営業者・小地主を検討する際も、土地所有や納税額の量的な分析に偏り、彼らが経済的・社会的にどのような社会的関係を形成しているかということが十分には見えてこない。結果として、三極構造・二極構造と言っていても、事実上、階層（三層と二層）に解消され、社会関係論・社会構造論として立ち上がってこないうらみがある。それは史料的な困難さが直接的な要因だと思われるが、一方で、鈴木さん自身には、対象を階層的に叙述している、その背後に関係がイメージされてしまっていたのではないか、そのことが間接的要因としてあったのではないかと思うのである。

鈴木さんは、奈良で教員生活を始めた一九六〇年代から地域の課題に向き合う社会実践のなかで奈良県内の部落の現実、およびその後の変化を感覚的に理解するようになっていった。また阪本清一郎らからの聞き取りなどで水平社創立期に直面していた課題などもイメージが作られていったこともあろう。もちろん聞き取りや感覚的理解をそのまま持ち込むのではなく、論じようとする事象に即して史料的な裏付けを取り、さらに記憶の外にあるものを発掘して客観化することを重視していることは言うまでもない。しかし、関係構造を分析しうる史料の欠如のなかで、叙述されていることの実証性の反面で、その前提となる部分で、意識することなく、社会の構造がイメージされていた（そのため書かれなかった）のではないかと思うのである。つまり、鈴木さん自身には、社会の構造がイメージされているが、その叙述の必要性が自覚されなかったのではなかろうか。

そういう鈴木さんのイメージ形成において、阪本清一郎のような水平運動の中心的な人物からの聞き取りなども大切であったが(8)、より重要なのは、誠実に市井で暮らす、文字通りの民衆の生活に学ぶ姿勢である。その学ぶ姿勢は、そうした人たちからの信頼を得ることにもつながったのである。その一例をあげると、西《にし》門《もん》民江さんや安川重行さんである(9)。

西門さんから自分の生きてきた人生を孫に語るために大学ノートに書き溜めた詩を見せられた鈴木さんは、

すぐにその魅力を受け止め、出版することを勧めたとのことである。その結果、それは詩集『ひとつのいのち』〔西門　一九七五〕として刊行された。さらに西門さんは、一九七九年に自叙伝『峠の道――部落に生きて』〔西門　一九七九〕をまとめられた。鈴木さんは、立命館大学における同和教育の講義の実践記録において、二コマ分でこの二著を取り上げて議論したことを紹介されている〔鈴木　一九九〇〕。今回、西門さんの『峠の道――部落に生きて』を読んでみて、鈴木さんのイメージ形成に西門さんの経験が大きく寄与しているのではないかと思われた。

西門さんは、一九一〇（明治四三）年に生駒郡片桐村大字西田中に生まれたということなので、水平社創立直後の四月に片桐尋常高等小学校の高等科に進む。西門さんのお父さんは西田中の区長を勤めていた。貧困な生活（住居・着物・食べ物）、小学校の頃の差別体験、学校に行けなかった同世代の子供たちのこと、小学校を終えた後の宿元制度（男女別数人の宿元への同居、夜業／食事は自宅で）、なども詳細に述べられている。一九二四（大正一三）年に高等小学校を卒業した時、西門さんのお父さんは娘をよそに預けたくないので宿元を引き受けたという。この宿元制度について「いつ頃からできたのかわかりませんが、ずうっと昔、徳川時代に私たちの先祖が、貧しい生活のなかでいつとはなく考えだした生活の知恵といえましょう。」との理解が示されている〔西門　一九七九：五八頁〕。盆踊りの際には、変装した青年団グループが、娘たちの宿元に来て、その門先が踊り場となることや、そこから男女の交際が芽生えることがあったという。

その後、大阪で看板描きをしていた叔父のもとで修行していた兄を頼り、一時、大阪に出て、女工・女給として働いた経験もあった。大阪で出会った男性との別れがあり、その後、西田中にかえり西門増吉と結婚するが、それについては「部落には部落の掟があって、部落民同士が結ばれ」るが、自分も「部落の掟にならって結婚生活にはいり」と述懐されている〔西門　一九七九：一三〇頁〕。

また、子供の目から見た水平社の運動や小作争議もリアルに描写されている。水平社が結成されると、西田中でも「村の役員たちの集会が毎晩のように私の家で開かれ、支部が結成されることとなり」〔西門　一九七九：七一頁〕、小作争議では「農民でない村人も、ともに小作争議に鎌と稲の組みあわされた旗をたてて加勢することになり、村全体が強く団結して、争議をたたかいぬく」〔西門　一九七九：八二頁〕という。村の結束の強さと水平運動も部落ぐるみだったことが分かる。また、「ちょうどその頃、社会主義者たちが政府の弾圧にあって組織を破かいされたり、共産党のけんぎをかけられたりして、追われ追われて運動のはげしい私の村にのがれてきていました。私の村はこの人たちの安全なかくれ場所だったのです」〔西門　一九七九：七三－四頁〕というような見聞もあった。

以上の簡単な紹介からも窺えるように、西門さんの『峠の道』からは、水平社創立前後の部落の状況がリアルにイメージできる。さらに鈴木さんは西門さんから直接話を聞かれたことも多かったと思うが、それが鈴木さんが当時の部落調査や裁判記録を読む際にも背景にあって、感覚的に地域社会構造をイメージすることを助けたことであろう。但し、先にも触れたが、それが半面で社会構造「分析」を弱めることになってはいないだろうか。また、西門さん個人の経験に基づく自叙伝では、自らの経験以前のことについては「ずうっと昔、徳川時代」からつながっていることと考える傾向が強くなるのは避けられなかったように思われる。その点も、鈴木さんのイメージに影を落としていないであろうか。

なお、戦時下や戦後の経験については省略するが、おそらく鈴木さんが部落問題解決過程をリアルに把握することの助けとなっていることは間違いないであろう。

（2）近世地域史の立場からの受け止め

私は、二〇年余りにわたって多くの人たちとともに『和泉市の歴史』の編さんに取り組み、それを通して地域史について考えてきた。和泉市域には、近世畿内において、数少ない一村立ての大規模なかわた村であり、膨大な史料群（奥田家文書）が残されている南王子村が所在している。この間、南王子村については三田智子氏による画期的な研究成果が積み上げられてきているが、最近、三田氏の研究などを軸として、同村を含む信太山地域の地域史を考える機会があった。[10]

その際、一九世紀初めから二〇世紀初頭にかけての地域の歴史展開を見通すことが重要との思いを抱くようになっていたが、今回、鈴木さんの研究を学ぶ機会を得て、そうした歴史展開を、鈴木さんが切り拓かれた水平社創立をめぐる社会的動向の解明へとつなげて理解することができるし、必要なのではないかと考えるに至った。もちろん、泉州と大和では異なる地域的特質を考えなければならないが、ここでは歴史的動向としての共通する側面に焦点をしぼって整理してみたい。

（i）一九世紀の地域状況

一九世紀に入る頃から、この地域では村々で倹約を取り決める村中の申合せなどが多数見られるようになる。これまでに春木川村については『和泉市の歴史2　松尾谷の歴史と松尾寺』〔和泉市史編さん委員会編二〇〇八〕に紹介があり、また、今在家村や小田村（この場合は「座儀規定書」の倹約を標榜した数回の改定）でも見られた。幕藩領主から倹約が触れられることもあり、それを受けた村内の申合せが行われることも間々見られたことから、こうした倹約問題は、日本史の教科書的な理解では、領主財政の窮乏・破たんに起因するものと考えられている。

しかし、倹約の村方申合せでは、村内行事の簡素化、夜稼ぎ（勤勉）や日掛《ひがけ》銭などと同時に、若者の華美や奢侈的な行動が一つの焦点であった。実は倹約問題は、若者集団による村落秩序かく乱をどう統制するかという課題と表裏であった。村の祭礼での神輿《みこし》や地車《だんじり》などの担い手となる若者集団は、一方で博奕に加わることも広く見られ、その秩序統制が問題になることはしばしば見られたのである。

一九世紀の南王子村の村内状況は、こうした動向の集中的な表現と見ることができる。

一九世紀に入る頃から、南王子村では若者らが博奕に手を染め、摘発されることが広く見られるようになる。これは、この周辺地域の普遍的状況の一環と言えるが、同時にその集中している点とそれが村落生活に及ぼす影響の点で、矛盾はより大きかったと言えよう。畿内のかわた村は多くが近世を通じて人口を増加させていくが、南王子村は一八世紀初めころには四〇〇人ほどであったが、一九世紀初頭には一一〇〇人を超え、さらに幕末には二〇〇〇人近くへと、著増しており、その典型例と言える。

南王子村の村高は一四三石余であったが、その数倍に及ぶ出作地を周辺村々に確保し、また小作を引き受けるなどで、人口の停滞する周辺村々の一〇〇〇石近い田畑の耕作を担った。つまり、この地域は南王子村の労働力に依拠しなければ成り立たない再生産構造が形成されていたのである。一方で、こうした人口激増は、無高・借屋などの貧困層が村内に多数産み出されることに帰結した。おそらく、雪踏《せった》産業などに関わる家内労働で何とか家計が維持されたのであろう[11]。

若者による博奕などの広がりは、村役人や組頭などの子弟も含まれ、必ずしも村内下層に限定されないが、膨大な下層の存在がそれに拍車をかけたことは容易に想像される。そして、それが村財政、ひいては村政にも大きな影響を与える。博奕で摘発され、堺奉行所に召し捕られると、そのための裁判関係費や入牢者にかかる経費などを村として負担しなければならず、村入用が嵩んでくる。ふつう村入用は、経費の性格に応じて高割と家別割が併用されるが、貧困層の多い南王子村では、その村入用の徴収が困難であった。

そのため、博奕の取締りを強化し、たとえ博奕などの違法行為があっても堺奉行所まで持ち込まれないようにすることが試みられた。同時に、（文政期には寺社の造営・修復のための村借りの返済が必要だったため）村として風呂などを設置し、村民全員に利用を求め、その利益（請負人からの上げ銭）を村入用に充てるなどの措置を行った。この風呂は、安政期には西教寺の貸家に作られており、西教寺益風呂とも呼ばれた。村入用とともに寺の経費に充てられているが、村財政と寺財政が結びついていたのであり、こうした村＝寺風呂は各地のかわた村で見られた。

南王子村では、一九世紀初めから明治期まで、何度も村方騒動（村内対立）が繰り返された。その背景には、倹約の申合せなどに見られる秩序統制強化や村＝寺風呂への入浴強制などに対する無高《むだか》・借屋《かしや》などの村内下層からの強い反発が存在していた。ここには農村部にありながら都市的様相を呈している南王子村の抱える構造的矛盾が見られるのである。そして、この構造的矛盾が解決されない限り、村方《むらかた》騒動（村内対立）は繰り返されざるを得なかったのである。

もう一つ注意しておきたいのは、こうした激しい村内対立が見られる一方で、周辺村々との対立などが生じた際には、一村全体の強い結束力を見せることである。また、周辺村の百姓などから小作を引き受ける際に、個人としてではなく、村役人を通して南王子村民として引き受ける場合も見られた。これも周辺村との関係で注目される点である。

（ⅱ）通俗道徳と騒動の時代

以上の問題を、もう少し広い歴史的文脈の中で考えておこう。かつて安丸良夫氏が、近世社会における商品経済の進展などによって小経営農民の家の存続が危機に瀕した際に、勤勉や倹約などの通俗道徳の実践から引き出される民衆のエネルギーに注目して、「日本の近代化と民衆思想」のあり方を論じたことは周知のことに属する。(12)勤勉・倹約などについて儒教的な徳目として軽視するのではなく、（徳目の内容ではなく）その実践が引き出す民衆の膨大な社会的なエネルギーに着目して通俗道徳として概念化されたわけである。

それは、一八世紀初頭に兆しが見られるが、一八世紀末から明治維新を越えて、二〇世紀初頭までを展望する視野で論じられていた。安丸氏はそれと表裏の関係で、百姓一揆から都市打ちこわし、世直《よなお》し騒動、自由民権期の激化事件から、米騒動に至る民衆騒擾の時代を位置づけていた。さらに、こうした民衆騒擾の時期と重なるように、無宿《むしゅく》や博徒《ばくと》などの社会的逸脱層の横行が見られ、秩序統制におさまらない若者組などの行動が活性化していることにも注目されている。

先に見た南王子村での倹約の村掟（統制強化）と若者などによる博奕の横行（秩序かく乱）に見られる村落秩序をめぐる関係構造は、安丸氏が注目した長い一九世紀(13)（一八世紀末から二〇世紀初頭に及ぶ）の社会状況と共通するものであることは明らかであろう。さらに注目したいのは、南王子村の村方騒動が、一九世紀初めから明治維新を越えても繰り返されることである。言うまでもなく、明治維新後の幕藩支配と身分制の廃止により、(14)政治支配のあり方と行財政システムや村の位置づけが大きく変わるので、民衆騒擾の表現形態が異なるのと同様に、村方騒動の形式は変わっていくが、社会的な基盤と矛盾のあり方は持続していたのである。

安丸氏の議論でもう一つ注目しておきたいのは、博徒が、現代の暴力団などとは違って、世直し騒動や自由民権に関わるような局面もあったことの指摘である。近世社会史において、同様な存在として目明《めあか》し、相撲取り、鳶《とび》集団（火消《ひけし》）、人宿《ひとやど》（口入《くちいれ》）、日用《ひよう》頭（土木請負）、遊女屋などが注目されている。江戸における鳶集団は、火消しという公的業務の担い手としての位置づけを得るとともに、侠客集団をなすことが往々にして見られた［吉田 一九九四ｃ］。江戸の目明しも、博奕や様々な犯罪を訴人した者が取り立てられるという経緯をたどった［塚田 一九八七d］。こうした社会的逸脱と秩序維持における公的な位置づけという関係は、他の諸存在でも同様であった。これらの集団が社会的な仲裁機能を担うことも広く見られることであった。

さらに注目したいのは、相撲取りである。江戸時代には、江戸や大坂で行われる四季勧進《しきかんじん》相撲に集う大相撲渡世集団の周辺に各地域に根を張る草《くさ》相撲集団が広がっていた［高埜 二〇〇〇］。その広がりは現代とは比較にならないほど広く深かった。それは土木請負業などの特徴的な職業を営むことが間々あった。南王子村にも草相撲集団に加わる者が見られたし、鈴木さんの研究に見られたように国粋会のメンバーに相撲取り関係者が多くいたことが想起される。

（ⅲ）水平社創立期への展望

近代における若者組や青年団の研究は、主として教育史や民俗学・社会学において進められている(15)。近世から続く地域秩序を乱す若者組のあり方は、日露戦後に実施された地方改良運動の中で、青年団に編成替えされて終焉を迎える(16)。しかし、それは上から一方的に編成替えされたわけではなく、下からの改良・規律化を求める動向も広く見られた。各地で取り組まれた夜学校や青年実業学校、あるいは地域での農事講習会などはその一端である。

鈴木さんが、水平社へ向けた前提として注目されている燕会などもこうした動きと平仄を合わせるものと言えるのではないか。その他の部落改善団体などにも共通する性格を見出すことができるものもあるであろう。

西光万吉らの柏原での思想的営為もそうした下からの動向の延長線上に位置するが、社会主義や民主主義の新しい思想や社会運動の影響もあって、普遍的で突出した思想的達成を実現したものと言えよう。しかし、その思想的達成は水平社に加わる者全体のものではなかった。水平社の実態は、未解放部落を取り巻く社会的な状況に規定されたものであることに注意しておかねばならない。それは、膨大な貧困層の蓄積に基礎づけられた深い村内矛盾であり、しかし、外部に対しては強い結束を示す村共同体のあり方である。外部に対して強い結束を示す点は鈴木さんの言われる通りであるが、水平社創立の頃までは部落内の有力者支配が貫徹しており、大正期がその最初の動揺期であるという理解は、少なくとも泉州では近世後期から激しい村方騒動が繰り返されており、疑問を感じる。

但し、一般的な意味での若者組の問題などは、地方改良運動による青年団への改編で大きな局面転換をむかえるのであるが、部落問題は自主的な取組みを求める動向と社会主義や民主主義の新しい気運が重なることで新しい意味を帯びることにもなったであろう。

一方で、鈴木さんが、水平社への資金提供や部落内外の対立の際に仲裁機能を果たす存在として、国粋会メンバーを摘出されていることが注目される。それらの者たちに相撲取りが多くいたこと、また土木請負業者も多く、部落の労働者と雇用関係を結んでいることも多かったことが重要である。南王子村の周辺地域では、その労働力に依拠せざるを得ない再生産構造が出来上がっていたこと、また草相撲集団との結びつきがあったことが想起される。こうした村落構造・村落状況が水平社創立期にも引き継がれていることが見てとれるのである。

こうして見てくると、鈴木さんは、水平社創立以前の村落状況をやや固定的に評価しているのではないかと感じられる。その一つの要因が、大正期の部落調査とそれを読むときの前提にあった西門さんなどの体験・記憶によるイメージ形成にあるのではないか。たとえば、第八章の分析で、奈良においても村＝寺風呂の存在が窺え、おそらく村入用の徴収をめぐる状況も共通するのではないかと思われる。しかし、西門さんの育った西田中では、村の中央に寺が三軒あり、そして「村で建てられた共同浴場が、これも村のなかほどにありました。この浴場であがった収益は、全部寺方の維持費に当てられる習慣」であったが、「浴場の権利を村自体にかえさせる要求運動を起し」、一九三二（昭和七）年に「無事共同浴場をもった西田中無料診療所が開設され」たという〔西門　一九七九：八四頁〕。昭和期の運動と無料診療所への併設は体験に基づいているであろうが、元々の寺のための浴場という理解は確認が必要ではないか。また、婚姻のあり方、宿元制度などもそれ以前の状況については検討が要るであろうことは先に触れた。

しかし、鈴木さんが明らかにされた水平社の運動と組織の特徴、そこから窺える社会状況は説得力に富み、ある意味で「神話」となっている水平社像を地上に引き戻し、「歴史」の一部として客観的に捉える道を拓いたものと言えるであろう。そして、その意味は長い一九世紀の社会状況の一つの帰結として捉えることができるのではなかろうか。もちろん、水平社創立の時期が部落問題解決に向けた大きな転換点の一つであったことは言うまでもないが。

以上、近代史について全くの門外漢であり、的外れな理解も多いかもしれないが、鈴木良さんから学び、考えたことの一端を述べてみた。鈴木さんの研究を受け止めて、さらに発展させていくための一助となれば幸いである。

【註】

（1）安良城盛昭氏の歴史学について、鈴木良氏やこの後に紹介する朝尾直弘氏の批判が妥当する側面もあるが、私は安良城氏の研究が全体として社会構造を明らかにする歴史学を切り拓く画期的意義を有していたという理解に立っている。それについては、拙稿「安良城説における日本史の全体構想――安良城盛昭著『天皇・天皇制・百姓・沖縄』によせて」〔塚田　一九九〇〕、同「安良城盛昭氏の幕藩体制論との対話」〔塚田　一九九五ａ〕を参照。

（2）この書評座談会には私も参加して、細部の疑問なども含めて私見を述べている。本稿では、鈴木さんが何を考えていたかを主に考えたいので、それらの点には触れないことにしたい。書評座談会の記録も合わせて参照いただきたい。

（3）佐々木氏は、本書の内容全体を、①「水平社創立をリードした思想の形成過程について」、②「全国水平社創立大会が京都で開かれたことについて」、③「水平社創立大会をめぐって」、④「地域支配構造の問題――「水平社対国粋会争闘事件」の分析」という四点に分けて整理している。

（4）パンフレット『つばめ会について』には、『水平社創立の研究』五二頁にある通り、「利息は月10％」（一割）とある。月一〇％ではとても低利金融とは言えないが、実際の運用では月一％であった。この点は、竹末勤氏のご教示を得た。

（5）「座談会『水平社創立の研究』（鈴木良著）をめぐって」において、竹永氏は一九七六年の部落問題研究者全国集会で報告した際に、出席していた阪本清一郎氏から「やはり真宗に対する闘い・取組みが、自分たちにとって大きな課題だった」［竹永・広川・奥村・塚田・鈴木　二〇〇七：四一頁］と言われた経験を紹介している。柏原での青年たちにとって真宗問題が重要だったことが確認できる。

（6）「嫁かたげ」についての具体的な説明では、「女の方の親が許さない場合」［三一九頁］と限定しているが、その位置づけに言及する際は、それが一般的形態であったと理解されている点はやや疑問である。

（7）先に触れたように、鈴木さんは論文「地域支配構造の発展」［鈴木　二〇一三］と「近代日本の地域支配構造を考える」［鈴木　二〇一二］を発表されているが、これは大阪の解明という課題に足を踏み出したものである。

（8）広川禎秀氏や佐賀朝氏が中心となった六無庵（鈴木さんの書斎）の調査で、阪本清一郎氏からの聞き取りメモや柏原村関係の史料のコピーなどが含まれていたこと、阪本氏の自伝作成の援助をしていた関係史料が残されていたことが注目される。

（9）西門民江さんについては、「西門民江さんと私――ありし日をしのんで」［鈴木　一九八八ａ］において出会いから、その魅力までを簡潔に語っている。また、安川重行さんについては、鈴木良「安川先生という人――解題にかえて」［鈴木　一九八八ｂ］において、その人柄を語っている。

(10)『和泉市の歴史4　信太山地域の歴史と生活』〔和泉市史編さん委員会編 二〇一五〕のうち第二部「信太山と村むらの形成」・第三部「近現代の信太山丘陵と地域社会」を参照。なお、三田智子氏の研究は、同書の主要参考文献としてあげられている。その後に発表されたものとして、「近世和泉国におけるかわた村と地域社会——泉郡信太地域を事例に」〔三田 二〇一五〕、『近世身分社会の村落構造——泉州南王子村を中心に』〔三田 二〇一八〕がある。

(11)雪踏産業の隆盛は、かわた村の一部に富裕層を産み出すことになったが、それは多数の貧困層からの収奪の上に成り立ったものであると言えよう。

(12)安丸良夫氏の業績は多数あるが、やはり、氏の出発点である『日本の近代化と民衆思想』〔安丸 一九七四〕が重要である。さらに私の関心からは、『一揆・監獄・コスモロジー』〔安丸 一九九九〕を上げておきたい。

(13)私は、日本において戦国末から近世初頭に成立した家と村を基盤とする伝統社会が、高度成長期に最終的に解体するという展望のなかで（大きな波動）、本稿で見るような状況が展開する一八世紀末から二〇世紀初頭までの小波動を位置づけるべきだと考えている。この小波動を「長い一九世紀」と呼びたい。この点については、拙稿「地域史研究と現代——和泉市松尾地域を素材に」〔塚田 二〇〇八d〕を参照。

(14)言うまでもなく、近世身分制の解体により、かわた村の政治的・社会的位置づけは大きな転換を遂げるが、その側面から私自身の近世身分社会の捉え方を鈴木さんの研究と接合させていく見通しについては、「「地域支配」論とは何か——書評・鈴木良『近代日本部落問題研究序説』」〔塚田 一九九二〕において述べている。

(15)佐藤守『近代日本青年集団史研究』〔佐藤 一九七〇〕、平山和彦『合本青年集団史研究所説』〔平山 一九八八〕などがある。

(16)歴史学の分野では、この点を論じた宮地正人『日露戦後政治史の研究』〔宮地 一九七三〕が古典的研究である。

第６章　鈴木良氏の近代史研究の展開

はじめに

これまで私は、鈴木良氏の近代史研究から多くのことを学んできた。そのうち、鈴木氏の最初の研究書である『近代日本部落問題研究序説』〔鈴木 一九八五〕の書評〔塚田 一九九一〕や、それに次いで心血を注がれた第二の研究書『水平社創立の研究』〔鈴木 二〇〇五〕の書評〔塚田 二〇一六a、本書Ⅲ第5章〕において、その段階々々における主要な論点を述べてきた。

本稿では、それらを踏まえつつ、鈴木説の概要をまとめるとともに、両著のあいだの研究の発展、さらにその後の新たな研究展開について、理解するところを述べてみたい。前記の二つの書評も合わせて、参照いただきたい。なお、鈴木氏の研究は多方面に及んでいるが[1]、本稿では、鈴木氏の研究の中核である近代の部落問題と水平運動の研究に限定して検討する。

1　鈴木説における近代史の時期区分

鈴木氏の『近代日本部落問題研究序説』に対する書評「「地域支配」論とは何か」〔塚田 一九九一〕において、私は、鈴木説は次のような時期区分のもとに構想されているという理解を提示した。

Ⅰ　一八六八（明治元）年　～一八七一（明治四）年
Ⅱ　一八七一（明治四）年　～一八八八（明治二一）年
Ⅲ　一八八八（明治二一）年～一九二二（大正一一）年
Ⅳ　一九二二（大正一一）年～一九四五（昭和二〇）年
Ⅴ　一九四五（昭和二〇）年～一九六五（昭和四〇）年
Ⅵ　一九六五（昭和四〇）年～現在

これは、この著書の刊行された一九八五年頃までの区分であり、鈴木氏が今日の時点（二〇一七年）までを見通された際には、第Ⅶ期を設定すべきだということになるかもしれない。しかし、ここまでの時期区分は、その後も踏襲されていることは言うまでもない[2]。Ⅰ～Ⅵ期の特徴は、［塚田　一九九一］では、以下のようにまとめている。

第Ⅰ期は、幕藩制下の身分制のあり方がいまだ残っているものの、幕府権力が倒れ、維新政権による改革が次々と進められ、戸籍法と密接にかかわって賤称廃止令が出されるまでの時期である。

第Ⅱ期は、賤称廃止令によって切り拓かれた新たな局面が展開し、さまざまな可能性がはらまれていたが、これも一八八八（明治二一）年の市制・町村制の施行の過程の中で収束する。この時期は、部落の人たちのさまざまな要求が外へむけて主張されたという特徴が見出せる。

第Ⅲ期は、市制・町村制の実施によって定置された「（近代の社会問題としての）部落問題」があたかも「自然的秩序」のごとき外観を呈する時期で、これは一九一八（大正七）年の米騒動から、一九二二（大正一一）年の水平社結成へと向かう中で動揺してくるまで続く。この時期は、第Ⅱ期に見られた外へむけた主張は影をひそめ、部落改善運動のような内へ内向する運動方向が特徴である。

第Ⅳ期は、内向した運動方向が、米騒動をへて水平社結成という自主的解放運動の出発によって再び外へ向かう。しかし、これも戦時体制の中に収斂させられ、敗戦へと向かう時期である。

第Ⅴ期は、敗戦後の日本社会民主化の中で、部落問題解決の新しい条件が生まれ、それを現実化すべく戦後の部落解放運動が新しく足を踏み出す時期である。しかし、日本社会は高度経済成長によって激しく変化し、また一九六一（昭和三六）年に設置された同和対策審議会が、一九六五（昭和四〇）年に答申を出して局面は一変する。

第Ⅵ期は、同対審答申以降、現在（前記書評執筆時）までの時期である。

本書『近代日本部落問題研究序説』は、以上のような時期区分を背景として、部落問題と水平社・部落解放運動の諸問題を論じたものであり、それを通じて、日本近代・現代史の全体的な展望を示している。

そうした全体的展望を可能にしたのは、部落問題を孤立して捉える「部落史」的研究（戦後第一期の研究）を批判し、「部落問題の歴史的研究」が必要であるとの認識であった。[3]「部落問題の歴史的研究」とは、「歴史的事実に立脚して、全社会関係の中に位置づける方向で」の研究であり、要は「社会」を全体として捉えるという視角である。

2　社会全体の中で捉える——水平社創立期

『近代日本部落問題研究序説』は、近代・現代史の全体的な展望を示しているが、中軸は部落問題と水平社・部落解放運動におかれていることは言うまでもない。その中で、Ⅰ～Ⅲ期への展開は、社会全体の中で捉えるという点が具体化されていることが注目された。前記書評でも、鈴木説理解のポイントとして詳細に論じているので、繰り返さないが、第Ⅱ期への画期をなす一八七一（明治四）年の賤称廃止令については、明治政府の新たな人民支配の方式（「臣民一般」を「地ニ就テ之ヲ収メ」る属地的支配）の具体化としての戸籍法との関係で理解されている。

また、第Ⅲ期における「近代の社会問題としての部落問題」の定置については、一八八八（明治二一）年の市制・町村制の施行・実施過程に画期を見出しているが、それは町村合併や学校の設置をめぐる地域社会の具体的な矛盾に視線を注ぐとともに、一八八二（明治一五）年の陸海軍増強八ヶ年計画＝松方軍拡財政を支える地方支配の整備過程との関係に位置づけて考えている。「「隣保団結の旧慣」を基礎としながら（山県有朋）、官僚統治の末端としての行政町村を設定し、国家委任事務を遂行させ、地方財源を国庫に集中させるための地域支配の確立――これが町村制のねらいであった」〔鈴木　一九八五：二〇頁〕とされ、「明治「地方自治」制の下で部落差別は合法的に容認された」〔鈴木　一九八五：二二頁〕とされている。これを、天皇制的地域支配の末端への位置づけとされたのである。

以上のように、一冊目の『近代日本部落問題研究序説』においては、明治期については社会全体の動向の中で幅広い把握が実現しているが、第Ⅳ期以降については、日本全体の歴史展開を背景においているものの、水平運動史・部落解放運動史としての叙述になっているのである。

二冊目の研究書である『水平社創立の研究』は、時期的には水平社創立の前後の一九二〇年代前半頃に集中しているが、第Ⅲ期から第Ⅳ期にかけての展開の意味を地域社会と政治的な対抗の局面を含めて包括的に把握することを試みている。それによって、水平社と水平運動の歴史的意義の捉え直しも可能になったと言えよう。

私なりの『水平社創立の研究』の全面的な検討は、すでに書評「鈴木良氏の近代史研究に学ぶ」〔塚田　二〇一六a、本書Ⅲ第5章〕において行っている。同書は、第一章から第四章までは、奈良県の柏原北方での西光万吉や阪本清一郎らの動きを中心に、水平社創立に向けた動向を検討している。第五章から第七章では、水平社創立を取り巻く京都の複雑な状況が解き明かされていく。第八章「地域支配の構造――いわゆる水国争闘事件の分析を通して」は本書の集約点の意味を持っており、奈良県の地域社会構造を意識しながら、事件〔あるいは水平運動〕の包括的な位置づけを試みている。

本書の内容については、本書Ⅲ第５章を参照いただくこととして、鈴木氏の水平社創立についての研究をどう受け止めるかについてだけ、再確認しておきたい。

第一には、水平社の創立を準備した西光万吉らの思索についての深い考察は多様な論点に広がっていることである。燕会からつながることに窺えるように、西光らの模索は、明治期からさまざまな形で行われてきた青年たちの社会を改善しようという取組みや組織の延長上にあった。しかし、それは単なる延長ではなく、自殺賛美論者だった西光が三浦参玄洞《さんげんどう》の援助を得ることで、親鸞の同朋《どうぼう》主義に道を拓かれ、東西の諸思想を吸収しつつ、自主的解放の立場を鮮明にしたのであった。ここには、大正デモクラシーと呼ばれる時代思潮が反映している。もっとも西光らの思想的達成は、時代思潮一般に還元できないことは言うまでもないが……。

第二には、このような思想の達成総体は、西光ら柏原での議論を繰り返したグループのものだということである。言い換えれば、それは水平社に参加した者全員のものではないだろうということでもある。しかし、おそらくそこで示された自分たち自身の手で解放に取り組むことが必要だという点については、広く受け入れられる社会的基盤（それは状況の過酷さそのもの）が存在していたと考えられる。その点が広く受け入れられたということも、逆に言えば、水平社に加わった者には多様な者たちがいたことを意味するであろう。

なお、念のため付言すれば、西光らの思想的達成とそれに基づく働きかけが火種となって自主的解放の動きが燃えあがったのであり、それは欠くことのできないものであった。

第三に、地域によって直面している課題が異なっていたことである。奈良県の部落では真宗教団批判は水平社へとつながっていったが、大阪・西浜では部落の有力者支配とつながり、そこではむしろ反水平社の動きが強かった。一方、京都においては、（真宗教団批判は前面に表れず）学区・学校問題などが焦眉となり、上田壮吉追及（鈴木紋吉殴打事件）が水平社結集の前面に出ていた。府県ごとの違いには解消できないが、地域の社会構造や直面する課題がその地域の水平社のあり方を特質づけることが窺える。鈴木氏は、奈良、そして京都について詳細に跡づけ、さらに大阪について検討しなければいけないという課題意識を持っていたが、それはこうした地域理解に基づいている(4)。

第四には、水平社の組織のあり方である。地域の有力者が主導し、部落ぐるみの参加が広く見られる一方、部落全体が反水平社の場合もあったことが注目される。これが部落の親族結合の強さとつなげて理解されており、地域秩序における大字への着目、そこにおける婚姻形態や若者組の評価へとつながるのである。また、このことは水平社メンバー全体が西光らの思想を共有しているわけではないことをも意味している。

第五に、地域支配構造の問題である。鈴木氏は、奈良における地域社会構造を一般地域の三極構造と部落の二極構造と捉えているとふつう理解されているし、そう受け取れる記述も見られる。しかし、第八章における一般地域と部落の双方の分析において、若者組や婚姻形態に注目し、大字の結合形態について詳細に叙述していることが重要である。鈴木氏は、実践的にはこれら総体を地域社会構造と考えていることが理解できる。そうした捉え方は、鈴木氏が歴史学は「社会」を捉える必要があると考えていたことの実践であろう。

本書で鈴木氏が実践したのは、部落内外の地域の実態に深く内在することで、ある意味で「神話」となっている水平社像を地上に引き戻し、「歴史」の一部として客観的に捉える道を拓くことであった。それは、近世地域史研究の筆者の立場からすると、一八世紀末から二〇世紀初頭への歴史的展望を与えてくれるものであった。

3　社会全体の中で捉える――同対審前後

第Ⅴ期から第Ⅵ期への展開の時期について、『近代日本部落問題研究序説』では、第Ⅲ部に収められた「部落解放運動と統一戦線――「同対審答申」をめぐる政治的対抗」において論じられている。そこでは、主要には部落解放運動の展開・分裂とそれに対する政府・自民党の政治的対応を対象として分析が加えられている。

この時期の問題を社会全体のあり方の中で改めて捉え直したのが、「日本社会の変動と同和行政の動向――同和対策審議会から同和対策事業特別措置法へ」〔鈴木 二〇一〇b〕である。ここで、その特徴的な論点を確認しておこう。

鈴木氏はこの論文で、部落問題研究所で整理が進められた北原泰作《たいさく》文書を駆使して、同和対策審議会そのものの立ち入った分析とともに、一九五〇年代末から始まった政府・自民党の同和対策の持っていた政治的意味を広い文脈の中で捉え直すことを試みられている。

鈴木氏は、戦後の経済復興から高度成長へと向かう一九五〇年代後半以降、国民の貧困問題を克服し、独占企業の労働力を確保するため、「従来の救貧政策を改良して全社会的規模の福祉体制を構築しようとした」〔鈴木 二〇一〇b：二二四頁〕と理解されている。基準を設け対象を特定した救貧対策、すなわち生活保護と失業対策事業を中心とする施策から、厚生年金・国民年金と健康保険組合・国民健康保険による国民皆年金・皆保険による日本型社会福祉体制への転換が模索されていたというのである。そのため、国家財政の社会保障関係費のうち、生活保護費・失業対策費を減らし、社会保険費・社会福祉費を振り向けていくことが求められたが、西日本の大規模部落では生活保護世帯・失対労働者の比重が極めて高く、これへの対策が避けられない課題となったのである。こうした背景を持つ政府・自民党の政策のねらいを、鈴木氏は次のように指摘している。

部落の貧困の問題は歴史的な性質を持ち、貧困対策一般では解決できない問題であることを政府側はすでに認識していたのである。そこで、政府自民党の部落対策の第一のねらいは、部落の労働力を流動化させて企業に吸収し、それによって失対と生活保護が重要な役割を占める部落の生活実態を改善することであり、第二には部落に対して特別対策を実施し環境改善・住環境対策などを実施すること、これが目標となったのである。〔鈴木 二〇一〇b：二二五頁〕

以上のように、鈴木氏は、政府・自民党が同和対策審議会の設置に向かう背景として、救貧対策から社会福祉体制への全社会的な転換を位置づけたのである。(5) もちろん、それ以前から注目していた勤評闘争から六〇年安保へと発展する民主主義をめざす統一運動の分断が狙われていたことなども複合的に考察されている。また、部落の労働力流動化と環境改善などの際の処方箋として、佐々木隆爾氏が指摘するアメリカ流の近代化論・ロストウ理論に基づく社会開発論が参照されている点は、早くに注目していたが〔鈴木 一九八五 第Ⅲ部：三四六頁〕、政府・自民党だけでなく、当時の北原泰作にもこうした近代化論に依拠しようとする側面があったことを指摘している。

また、同対審の内実については、北原泰作文書によって詳細な分析が行われ、そこでの北原の役割の大きさも示されている。さらに、同対審答申の内容をどう評価するかとは別次元の問題として、詳細な同和地区の実態調査が行われたことを同対審の積極的な意義として上げている。この調査は、高度成長による日本社会の流動化によって、部落外の人との婚姻の比率が増加している実態を浮かび上がらせているのである。これによって、鈴木氏は、部落問題解決過程への見通しを明確なものにすることになった。

鈴木氏は、「部落問題」の性格を「未解放部落に対する不平等なあつかいや蔑視」「部落を疎外し、排除する社会関係」〔鈴木 二〇〇五：一一頁〕と捉えられているが、そうした関係性は部落の閉鎖性をもたらしたと理解できる。それ故、鈴木氏は、部落問題解決過程を、この閉鎖性が克服され、開放性がもたらされるプロセスと考えたのである。『部落問題解決過程の研究』に収められた二論文〔鈴木 二〇一〇a、b〕では一貫して、部落の閉鎖性の弱まり＝開放性の強まりの指標として、居住状況（混住率〔同和地区内の総人口に占める部落外出身者の割合〕の高まり）と通婚状況（部落内婚率の低下）の二つが置かれているのである。

鈴木氏は、混住の広がる第一の画期として水平社創立の時期、すなわち一九二〇年代を位置づけている。そして、同対審の調査が行われた時期、すなわち高度成長による日本社会の流動化が促進された一九六〇年代には、混住は一段と広がっているが、部落内外の通婚の広がりも見られ始める。こうした状況が同対審の調査に反映しているのだが、この時期が第二の画期として位置づけられている。鈴木氏は、同対審の調査によって、この時期の部落の実態を浮かび上がらせ、それによって、この時期を第二の画期として具体的に把握することが可能になったのである。一九六五年の同和対策審議会について、答申そのものよりも、その前提として居住状況と婚姻状況に着目した全国的な調査を行ったことを高く評価されている所以である。

そして、こうした理解に立って、第一の画期について再度検討を深める意味を持っているのが、『身分的周縁と部落問題の地域史的研究』に収録された論文「地域支配構造の発展」〔鈴木 二〇一三〕とその補論「近代日本の地域支配構造を考える」〔鈴木 二〇一二〕である。そこで鈴木氏は、古島敏雄氏の日本の産業革命を一九二〇年代に求める理解に賛意を表しつつ、大阪における重化学工業の発展とそれに伴う労働者の定着を検証し、西浜を中心とする地域の状況を素描されている。そこでの視点が、同地域の混住状況の検証と、そこへの移住の誘因として労働力需要を見出そうとするものなのである。

以上のように、鈴木氏は、第Ⅴ期から第Ⅵ期に向かう時期の政治的対抗を、日本社会の大きな変容の中で全面的に捉え直すことに成功したのである。さらに、それが一九二〇年代の更なる分析へと導いたのである。

おわりに

ここまで、近世身分制から近代の部落問題の成立の過程、さらに近代から現代までの日本社会のあり方とそこでの部落問題の歴史的な位置づけについて、鈴木良氏の研究の発展を跡づけてきた。私見によって整理した鈴木氏の時期区分は、それ自体が近現代史の大きな見取り図を提示するものであるが、その画期となるべき問題群がそれこそ日本社会全体の構造的一環として深められていった――それが鈴木氏の研究の軌跡だったように思われる。

それは、鈴木氏以前の「部落史」的研究を克服して、鈴木氏自身が「部落問題の歴史的研究」とはどういうものかを実践的に示されるとともに、歴史学において「社会」を捉えることの重要性を示し、現代の歴史学のあり方そのものを問い直す意味を持つものと考える。

【註】

（１）鈴木氏の研究は、本稿で論じる部落問題と水平運動のほか、日本帝国主義の歴史、日本近代の自由主義（思想）、文化財論、歴史学と歴史教育、など多方面に亙っている。それら相互の内的連関と全体的な配置については、［佐賀二〇一七］を参照。

（２）［鈴木 二〇一〇b］において、鈴木氏は一九九〇年代末ないし二〇〇〇年代以降、新自由主義政策が展開されるとともに、部落の生活実態と地域構造の変貌などから、部落問題の解決過程の新たなステージに入ったと想定されているように思われる。

（３）こうした視角は、「部落問題研究の回顧と展望」［鈴木 一九七六］において指摘されていた。

（４）鈴木氏は、「地域支配構造の発展」［鈴木 二〇一三］とその補論「近代日本の地域支配構造を考える」［鈴木 二〇一二］を発表されているが、これは大阪の解明という課題に足を踏み出したものである。

（５）『近代日本部落問題研究序説』の段階では、一九五〇年代末から六〇年代の時期について、主として、部落解放運動をめぐる状況に焦点が合わされているが、すでにこの段階で次のような指摘がされていることに注目しておきたい。「（政府・自民党の同和対策を本格化させた要因に）関連して「社会開発」政策としての同和対策であることに注意を向けなければならない。良く知られているように、一九六一年にはじまる「皆年金、皆保険」政策によって、日本の社会福祉は、失業対策、生活保護という救貧対策型から、社会保険を中心とする「低福祉・高負担型」に大きく変化した」というのである［鈴木 一九八五：三四六頁］。

第７章　歴史学の方法をめぐって
――永原慶二『20世紀日本の歴史学』に触発されて

はじめに

永原慶二さんの『20世紀日本の歴史学』〔永原 二〇〇三〕が刊行されてすぐに読みましたが、日本の近代歴史学を体系的に叙述されており、実にいろいろなことを考えさせられました。本日は「歴史学の方法をめぐって」というタイトルで、歴史学の方法に関わって考えたことの一端をお話させていただきたいと思います。

(1) 課題の限定

まず、本書『20世紀日本の歴史学』の章立てを示しておきます。

はじめに――史学史への視角

Ⅰ　近代歴史学の成立

１　明治維新と日本史学

２　文明史・啓蒙主義歴史学の展開

３　近代実証主義歴史学の誕生
４　「欧米的近代への可能性」を歴史に探る
５　固有文化と社会・民衆の発見
６　大正・昭和期の都市史・文化史
７　社会構造と変革の視点
８　風圧強まるなかでの実証研究
９　戦争と超国家主義歴史観
Ⅱ　現代歴史学の展開
１　「戦後歴史学」の発想
２　マルクス歴史学への批判のなかから
３　高度経済成長と日本史学の転換
４　「近代」への批判と社会史研究
５　歴史の全体的把握を目指して
６　近・現代史を見る目の変化
７　研究体制の拡充と史・資料の調査・整備
おわりに

このように『20世紀日本の歴史学』は、第二次世界大戦以前を対象とした第Ⅰ部と、戦後の歴史学の状況と展開を対象とした第Ⅱ部という二部構成となっていますが、この報告では、第Ⅰ部の私なりの読みと、そこから考えたことに内容を限定したいと思います。

本書の内容は、第Ⅰ部の展開の延長上に第Ⅱ部が叙述され、あるいは第Ⅱ部の展開を見通す形で第Ⅰ部が構成されています。つまり、第Ⅰ部と第Ⅱ部は密接に関連しているわけです。それ故、本書のトータルな理解のためには、第Ⅰ部と第Ⅱ部をあわせた全体を論ずるべきですが、それについては今回はやっておりません。こうした限定の意図は、「おわりに」での結論を聞いていただければ理解していただけるものと思います。

今日の報告は、大きく二節に分けて行いたいと思います。前半では、永原さんの著書に対する自分なりの読み、後半では、永原さんの設定された座標軸とは少し異なる分析の座標軸を組み込むとどうなるのかという自分なりの理解を提示したいと思います。

(2) 前提――近代的歴史学以前

なお、本書『20世紀日本の歴史学』は、日本における近代歴史学成立以後の史学史を整理されているわけですが、そのこと（近代歴史学の成立）の意味を考える上で、また後で提示しようと思う座標軸の意味を提示する上で、「はじめに」必要な前提として近代的な歴史学の成立以前のことに少しだけ触れておきます。

その点で、私にとってとても示唆的だったのは、一九九二年に浜林正夫さんと佐々木隆爾さんの共編で出された『歴史学入門』です。この史学概論のような本の中で佐々木隆爾さんが「歴史とは何か」〔佐々木 一九九二〕というタイトルの序章を書かれています。その内容についてあらかじめ紹介しておきたいと思います。

佐々木さんは、人はみな歴史的につくられる「歴史の子」であるが、歴史学とは各人が背負う歴史の自覚化をめざす学問であると言われています。

その歴史を自覚的に把握するという営みは古くから行われており、その最も古いものとして神話・伝承・叙事詩《じょじし》などがあります。その後に、中国の諸王朝で作られた正史や各地で作られた年代記など長期の歴史から意味を汲み取る営為としての歴史があり、さらに近代的な歴史学が登場してきます。

神話・伝承・叙事詩において見出されるのは、原始的な歴史意識であり、種族意識の醸成とも裏表である。それらの中には、原始《げんし》社会だけではなく、神話から今日の「日本文化論」まで形を変えながら続いているものもあります。しかし、神話・伝承・叙事詩は事実がどうであるかを問わないものであるため、徐々に人々の経験と合わなくなってきました。そのため人々の経験そのものを記録し、その事実の中に「天命《てんめい》」を探り出すという意識・認識が生まれてきました。それは、長期の事実を記録することによって長いスパンでの展望の観点を得るという営みでした。前者の神話・伝承・叙事詩というのが単純な（神の）原理の顕現《けんげん》過程を表そうとするものだとすれば、後者の正史《せいし》や年代記《ねんだいき》は事実＝経験を積み重ねる中でおのずと築き上げられる過程として歴史を記録し、その中に「天命」を探り出そうというものでした。

そして、佐々木さんは、近代歴史学の登場について次のように言われています。近代歴史学が成立してくるのは、人間が歴史を作っているという意識（人間の主体性）の芽生えとともにあり、これこそが「近代」的な歴史観の出発である。加えて、人類史を包括的に把握しようという試みが、ヨーロッパ社会の文明化の一面として登場してくる。例えば、フランス革命などで民衆が歴史を作るという経験が、支配者の主体性だけでなく、民衆の歴史を作る主体としての認識を促す。産業革命などの経験が、原始的な社会からの段階的な変化・発展という歴史観を生んでいく。自然科学の中でも「進化」という考え方が出てくる。このような法則的な理解と人類史を包括的に考えていくということの半面で、歴史の一回性という立場の歴史主義も登場すると言われています。

そのような学問としての近代的歴史学においても、各人が背負う歴史の自覚化をめざす営為であるという性格は共通しています。

ここで確認しておきたいのは、神話や伝承・叙事詩も、「歴史」を出来事の連鎖として「語る」ものと言えるでしょうが、王朝の歴史にしろ、年代記にしろ、月日にかけて出来事を「記録」することが基本にあると言えるでしょう。これを、年表的思考と呼んでおきたいと思います。

以上のことを念頭に、以下、永原さんの著書を読んでいきたいと思います。

1　『20世紀日本の歴史学』（第Ⅰ部）の構想

(1)　史学史へのスタンス

『20世紀日本の歴史学』第Ⅰ部は、第1章「明治維新と日本史学」、第2章「文明史・啓蒙主義歴史学の展開」、第3章「近代実証主義歴史学の誕生」、第4章「「欧米的近代への可能性」を歴史に探る」、第5章「固有文化と社会・民衆の発見」、第6章「大正・昭和期の都市史・文化史」、第7章「社会構造と変革の視点」、第8章「風圧強まるなかでの実証研究」、第9章「戦争と超国家主義史観」からなっていますが、この9章は、およそ時間の流れに沿って叙述する形をとっています。

第1章と第3章はテーマとしては「正史」の編纂を軸として連続していますが、その間に文明史に関する第2章を挟んでいます。つまり、文明史が、後述する第1章で論じられる歴史学の「維新期の四つの潮流と一つの前提」の中にも含まれるものであり、時間的には並行しているのですが、性格の異なる文明史を、近世以来の伝統を持つ他の潮流の後に別立てで置き、第3章はそれよりもさらに後の時間として叙述されていきます。それは、第4章以後も同様だと思います。

同時に、私はこの九章立ての中でおよそ三章ずつのまとまりがあると理解しています。実は、永原さん自身は、まとめの部分〔永原 二〇〇三：三〇九－三一一頁〕で、戦前期を四つに分けられています。それを、章の括りで言うと、第1~3章、第4章、第5・6章、第7~9章となります。著者のこうした理解は承知しているのですが、それにもかかわらず私の読んだ印象では、第1章から第3章、第4章から第6章、第7章から第9章という三つにまとめた方が理解しやすいのではないかと思います。

このように言うと、かつて黒田俊雄さんが史学史について言われたことが想起されます。一九七〇年代の終わりころに黒田俊雄さんは「転換期の歴史学――現代歴史科学の方向」〔黒田 一九八三〕の中で、明治から現在までの歴史の展開を「実証主義」政治史、「市民的歴史学」、「社会構成史」という三つの大きな流れで整理されました。まず、最初の「実証主義」政治史について、黒田さんは次のように言われています。

「御承知のように、日本の近代歴史学は明治の初年、一方では、近世の国学とかの系譜をもつ「国史」研究や、儒学・漢学の系譜をひく中国史研究をその前提としてもつとともに、他方で、西欧の啓蒙思想や近代歴史学をとりいれた啓蒙的、あるいは実証的な学風が導入され、かれこれの葛藤を経てやがて一つの支配的な学風を樹立するにいたりました。」〔黒田 一九八三：一八二頁〕

そして、ここで確立された支配的な学風とは、「日本史の分野についてみれば、今日も東京大学史料編纂所から継続して刊行されている『大日本史料』の性格に典型的にみられる」政治史中心の実証主義のことを指しています。永原さんの著書の第1章から第3章までは、言ってみればここで黒田さんが「かれこれの葛藤を経てやがて一つの支配的な学風を樹立……」と言われている中の「かれこれの葛藤」の経緯が具体的に書かれているのであって、近代的歴史学の成立について述べられています。

その後に登場してくる「市民的歴史学」については、黒田さんは次のように説明されています。

「ところが、日本が日露戦争に勝利し世界の強国＝帝国主義国として自立するようになった明治末年（二十世紀初頭）以降、日本の歴史学には新しい傾向が顕著に現われるようになりました。それは、これまた西欧の歴史学の影響によるところが大きいのですが、いわゆる法制史・経済史・文化史（美術史・宗教史・文学史等々）などの研究であって、これとともに考古学・民俗学などもその基礎が確立される時期を迎えました」［黒田　一九八三：一八三－四頁］

そして、政治史だけではないさまざまな新しい分野を開拓していく動きに触れた上で、「この新しい傾向を『市民的歴史学』と呼ぶことができるかと思います」と書かれています。さらに、「社会構成史」の登場については、次のように述べられています。

「第一次世界大戦とロシア十月革命は、世界の歴史に大きな画期をもたらしましたが、日本でもこれ以後社会主義運動がたかまり、マルクス主義が思想潮流にいちじるしい影響を与えたことは、周知のところです。もちろんそれは、単に外国の影響によるのではなく、日本国内での社会問題の深刻さと激発状態が、人々に日本社会の矛盾と特質について眼を向けさせたことによるものでした。そしてその結果、一九三〇年代には日本においても史的唯物論に基づく歴史研究の立場が確立され、日本資本主義論争や

古代史論争などによって、真面目な歴史研究者からかなり広く注目を集めるまでになりました」〔黒田一九八三：一八五頁〕

以上のような黒田さんの理解では、明治以後、政治史中心の「実証主義」がまず最初に確立し、次に明治末から大正期にかけて「市民的歴史学」が登場し、一九二〇年代から三〇年代になって「社会構成史」が出てくるということになります。そして、これらの新しい潮流の登場は、それ以前のものに取って代わるのではなく、それ以前のものもそれとして持続するのだが、その上に新たな潮流が出てきて、その新しいものが時代を特徴づけると説明されています。いわば、新しい潮流の登場とその重層、つまり研究潮流の流れとして史学史が把握されていると言えるでしょう。

先程、永原さんの著書第Ⅰ部の九章が三つに括れると言いましたが、永原さんご自身は、南北朝正閏論《せいじゅんろん》事件（すなわち、国家と学問・教育の関係という問題）を画期に、第4章（一九〇〇年代）と第5・6章（一九一〇・二〇年代）に段階分けされています。また、日清戦争・日露戦争を経て日本が帝国主義化していくことにより、国家主義・帝国主義イデオロギーに足をすくわれていく問題をどう考えるかということも意識されているのだと思います。しかし、第4章で扱われている対象も一九一〇年代以降に及んでおり、後述のような理解で第4章から第6章を一括りに考えておきます。

そうすると、第1章から第3章までは黒田さんの言われる「実証主義」政治史の時期と重なり、第4章から第6章は「市民的歴史学」と重なり、第7章から第9章は「社会構成史」の時期（皇国史観について、黒田さんは特にその時代を特徴づける「歴史学」だとは言われていませんが）に重なっているのは見易いことです。その意味で、本書第Ⅰ部の九章立ては、一見すると黒田さんの立論と似ていると思われるかもしれません。しかし、実は二人の史学史についてのスタンスには大きな差異があると理解すべきでしょう。

永原さんの著書では、第1章から第9章までの全体を貫く座標軸が設定されていて、第1章から第9章までですべての章で、諸研究がその座標軸に即して位置づけられる形で論じられています。その一番大きな座標軸が、全体を貫く「特殊性」（一回性）と「普遍性」（法則性・発展／比較）の問題です。前者は実証主義と結びつき、後者は開かれた視点で、文明史やマルクス主義などにもつながるものですが、このような座標軸が第1章から第9章まで全てを貫き、そして戦後の歴史学の部分（第Ⅱ部）をも貫いていると思います。ですから、永原さんの九章立ては「実証主義」政治史や「市民的歴史学」、「マルクス歴史学」と時期的には重なりますが、この座標軸に照らして言うと、それらの中にかなり異質なものも含まれていることを重視することになります。例えば「市民的歴史学」の時期を見ても、法則的理解や比較史の立場に立つものから、それに無関心のものまであって、この座標軸からするとそんなに一様ではないというのが永原さんのスタンスだと思います。

これが一番大きな座標軸だと思いますが、同時にそれらの研究がその時代とどのように向き合ったか、これも座標軸になっていると思います。帝国主義や国家へのスタンスの取り方、そして民衆や社会問題に対する研究をどのように行っていたか、つまり時代の突きつける課題との向き合い方が、本書の座標軸の一つにあるということです。

それとも密接に関係しますが、「アジア認識」のあり方も本書を貫くもう一つの大きな座標軸になっています。清朝考証学《こうしょうがく》を受けとめる立場では、中国の文明や文化に対するある種の尊敬なども当然はいっている筈ですが、日本の帝国主義化と同時にアジア蔑視の見方、一国主義的な発想が出てくる。その点では、マルクス主義とか、実証主義とかというのとは別に、アジア認識という座標軸からの評価も一貫しています。たとえば、これは後のほうで石母田正さんなどに対するアジア的停滞論の克服の営為という面で問題整理がされていることにも表れています。

そういう意味では、本書はいくつかの座標軸が設定され、それが絡み合う形で全体が整理されているのですが、ここでは一番大きな座標軸である「特殊性」と「普遍性」をめぐって、実証主義や文明史、あるいはマルクス主義などがどのような位置関係にあるのかを意識しながら、以下、第Ⅰ部の内容を見ていきたいと思います。

(2) 第Ⅰ部「近代歴史学の成立」の内容

実証主義歴史学の成立にむけては、国家による正史の編纂をめぐって、明治維新期の「歴史」への言及が出発していきます（第1章）。その時期にヘゲモニーを競いあった潮流として、①徳川以来の儒教的な名分《めいぶん》論《ろん》を尊王論によって転轍した元田永孚などの儒教系のイデオロギーグループ、②清朝考証学を学び封建的名分論をこえようとした重野安繹・久米邦武・星野恒などの漢学者グループ、③近世では非体制派であった平田篤胤《あつたね》の影響が強い国学—神道系グループ、それから④文明史・開化史の四つの流れがあり、これらが併存し相互にせめぎあっていました。

国家レベルや民衆レベル、あるいは国民の歴史意識という点では、これらの潮流がせめぎあっていたということになりますが、本書では文明史は国家的な正史編纂事業の展開をめぐる競合とは区別されるため第2章で扱っておられます。また、この歴史認識に関わる大きな潮流ではなかったのですが、「正史」の編纂や史料の収集という点では、塙《はなわ》保《ほ》己一《きいち》以来の国学系の考証学の伝統も押さえておかなければいけないというふうに整理されています。そしてこれらの諸潮流が修史事業をめぐって拮抗し、やがてその中から清朝考証学の系統が主流になっていきます。

先に第3章につなげて見ておきますが、この清朝考証学系統の立場は国家的な目的に史料・史実を従属させる立場ではありません。例えば太平記については、南朝の忠臣を称揚している記述を、その尊皇の名分から評価するのではなく、史実かどうかということを重視して厳しい評価をしています。そういう意味では、それは場合によっては政治との緊張関係もはらみかねないものでした。また、その中心であった重野安繹などはヨーロッパにおける歴史のやり方に対しても開かれた視野を持っていました。一方で、漢文で正史を作るという主張は頑として変えず、これらが併存しているというのがこの時期の状況でした。

しかし、久米邦武の論文「神道は祭天の古俗」に対する攻撃、いわゆる「久米邦武事件」を通してそうした方向が挫折します。そして、その挫折と近代実証主義歴史学の成立とが裏表である。永原さん言うところの近代実証主義歴史学というのは、政治との緊張をはらむような「実証」は捨てて、むしろ政治から逃避するという特徴を持つ実証主義ということになります。これは、政治的な弾圧もありましたが、同時に、〈日清―日露〉期で日本が帝国主義化していく中で、思想状況の大きな転換が影を落としている側面もあるかと思います。

第2章は、啓蒙主義とも密接な文明史が扱われています。そこでは、福沢諭吉や田口卯吉、山路愛山などがあげられています。文明史は「人類史」を法則的に捉えようという方向性を持ち、日本の歴史も日本だけの特殊として考えるのではなくて、ヨーロッパなどでの文明の発展を日本の歴史の展開の中にも見出していくというものでした。しかし、文明史といっても一様ではなくて、文明の発展の基軸に何を見るかという点でいくと、福沢のような人間精神の発展段階を見るとか、あるいは田口のように生産や経済のあり方を見るものなどがあり、永原さんの本ではあげられていませんが、嵯峨正作などは社会組織の発展を基軸にしています〔宮地・田中校注 一九九一〕。

これらに加えて、山路愛山の「日本の歴史に於ける人権発達の痕跡」（一八九七年発表）についてもここで紹介されています。これも、「人権」というユニークな基軸をもとに、世界に普遍的な文明の発展を日本の歴史の中に見ていくものだとされています。

この時期の文明史を代表する『日本開化小史』の著者である田口卯吉は、後に『国史大系』を刊行するなど、実証的な史料の収集・分析のための事業を行っていきますが、『日本開化小史』を読んでみると、「古事記」・「日本書紀」などに書かれていることを事実として、経済史観に立ってその中に歴史の意味を探り、それを縷々論じている。確かに、永原さんが言われるように、「古事記」や「日本書紀」を原典として、そのまま歴史叙述に受容する立場とは異なり、そこに合理的解釈を施していることは事実ですが、田口自身が実証的な史料の収集・分析・考証を行なっているわけではありません。このようなところに文明史の特徴があるのではないかと思います。

帝国主義の成立と関わっては、政治史中心の近代実証主義が挫折しながら成立したのと同じように、この文明史であげられているような人たちも帝国主義の中で足をすくわれて、アジアに対する支配を容認していくとか、人権や民衆の立場から離れて国家の立場に移っていくということが指摘されております。そういう意味では実証主義も文明史も共に足をすくわれて次の段階へいくわけですが、第４章で扱われる「欧米を追走する」性格を持つ諸研究は、一つには帝国主義に刻印された側面を持っています。しかし、ここでは政治史中心の研究対象、あるいは叙述の対象の枠を広げたという点で、第４章から第６章を一括しておきたいと思います。なお、これらの章で扱われている対象は必ずしも時間順で論じられているのではないことも注意しておきたいと思います。

さて、第4章であげられているのは、中世史の原勝郎、近世史の内田銀蔵、法制史の中田薫、そのほか福田徳三の経済史などです。原勝郎は、それ以前は古代に偏重していた研究を「上代《じょうだい》に詳密にして中世以後を叙すること簡略に過ぐること」に不満を感じて時代の幅を広げ、中田や福田は法制史や経済史といった新たな局面に対象を拡大していく。これは彼らのヨーロッパへの留学体験とも裏腹でした。

原や内田は文学部で歴史学を学んでいましたが、同時に歴史学以外の法学部や経済学部というようなアカデミー（大学・高等教育）での研究も出てくる。その中の一人である中田薫などは、方法では比較史的な視角という面で世界に対して大きく開かれていたのに対して、内田銀蔵の場合には社会の構造的問題には関心を持たない、あるいは経済学や経済理論というものは受けつけない「特殊主義」に傾いていました。

この時期、「欧米を追走」し、日本社会の資本主義化が進展する中で、一方で固有文化が破壊されていくことに対する注目が起こり、社会や民衆へも視野が広がっていくことになります。それらの内、第5章では、歴史学以外での、またアカデミズム以外での展開について整理されています。

そこであげられているのが、吉田東伍の「歴史地理」であり、柳田国男の民俗学であり、喜田貞吉の『民族と歴史』です。ここでの喜田と第6章で扱われる三浦周行についてですが、社会問題と自分の歴史研究をつなげて考えるという点で彼らは一致しています。そのスタンスについては、社会問題を生に扱うという立場を排し、研究を通じて、あるいは研究を通じなければ役に立たないという立場であることを指摘されています。

そして、その対象が都市史や文化史の方向にも広がっていきます。これを整理したのが第6章ということになりますが、それは、第5章のような在野での研究ではなくて、アカデミズムの中での仕事が取り上げられています。例えば、幸田成友や三浦周行、辻善之助らですが、永原さんは彼らの仕事の立場を実証主義であると言われています。

大正期から社会問題を意識した研究が登場してきたわけですが、そのような社会の状況や矛盾の高まりの中で、社会問題をより根本的に考えるという立場として社会主義が登場してきます。そして、その一方で、軍国主義体制が強化されていきます。そうした一九二〇年代後半から戦時期までを第7章から第9章で扱っておられます。

まず第7章では、社会の現状との格闘をその特徴とし変革の立場に立つ「マルクス歴史学」（永原さんは「マルクス主義歴史学」ではなく「マルクス歴史学」と表記）が取り上げられています。マルクス歴史学は大づかみで言えば、文明史とつながる普遍性や法則性を重視する理解の系譜の中に入りますが、注目しておきたいのは、野呂栄太郎については特殊と普遍を結合して捉えていると把握されているところです。永原さんは、その点について意識して、野呂栄太郎の仕事を次のように特徴づけられています。

「明治以後の日本の社会が「絶対主義天皇制」権力の階級的基盤としての地主制を存続させつつ、同時に一方では急速に高度な資本主義生産様式を発展させたこと、また、産業部門間で発展水準のいちじるしい不均等が存在したこと、さらにそうした日本資本主義は二〇世紀初頭世界資本主義の帝国主義連鎖のなかに取り込まれていることなど、世界史的諸条件に規定された日本資本主義発達の特殊性をとらえようとするものであった」［永原 二〇〇三：九一頁］

永原さんは、野呂が世界史的諸条件に規定された日本資本主義発達の特殊性を捉えようとしていたと評価されていると言えるでしょう。つまり、マルクス歴史学について全体としては普遍性・文明史の流れの中で評価しながら、野呂の中に特殊性と普遍性を結合して捉える見地を見出しているのだろうと思います。また、この章では、羽仁五郎や服部之聡、渡部義通、高群逸枝を取り上げて整理されています。

第8章の「風圧強まるなかでの実証研究」では、社会経済史学会と歴史学研究会という二つの学会を紹介しながら、この時代をマルクス主義と皇国史観の二つだけで覆ってしまいがちだが、実は豊かな実証研究が蓄積されていたのだということを強調されています。この実証研究は、先程の挫折による政治からの逃避を特徴とした近代実証主義歴史学のさらに裏返しの結果として、むしろ皇国史観に対しては一定の距離を置くこともできたのだというように評価されています。

社会経済史学会は、経済史・法制史・政治史などの専門学者を網羅（歴史学者は西洋史の一部を除いて加わってはいなかったが）していたものの非マルクス主義で一貫していた。それに対して、歴史学研究会は、若い研究者の横断的勉強会から出発し、マルクス主義に反発するのではなく、むしろ反国家主義という立場で一致していた。二つの学会については、このように対比されています。

この章では、本庄栄治郎と日本経済史研究所、小野武夫や羽原又吉のように現実の小作問題や漁業問題から研究を進めていったような人たち、社会学（農村社会史）の有賀喜左衛門や農業経済学（農業史）の古島敏雄などの研究、そして辻善之助の下での若手の多様な実証研究などがあげられ、さらに史料の整理・編纂・刊行などが盛んに行われたことについても評価されています。

第9章では、皇国史観や超国家主義といったものが紹介されていますが、この点については、一面では彼らにも「現実をどうするか」という彼らなりの問題意識があったということが言われています。しかしながら、それに対する問題点も厳しく指摘されています。

第Ⅰ部は、だいたい以上のような内容・構成になっていると思います。自分なりに理解する本書の大枠を提示してみようということで見てきましたが、多様な研究をかなり捨象しているので、永原さんが様々な思いを込めて書かれた細部を捉え損ねているかもしれません。その点、ご指摘いただければと思います。

2　歴史分析の手法・視角――もう一つの座標軸

次に、歴史学の手法あるいは視角という問題をもう一つの座標軸として、本書を読みながら考えたことを述べていきたいと思います。

(1) 収集・分類型の手法

本書の「近代実証主義歴史学」の成立のところで議論されていた歴史学を特徴づけなおすと、「収集・分類型の手法」というふうに言えるのではないかと思います。まず、最初に正史を編纂しようとしていた段階の構想を見ましょう。一八六九（明治二）年から国史編修《へんしゅう》の事業は始まっていましたが、その担当部局が一八七五（明治八）年四月に修史局という大組織に改組されました。その直後の五月四日に編修方針を示した「修史事宜《じぎ》」［『東京大学史料編纂所史料集』（二〇〇一）］が出されました。その中に次の箇条があります。

一、南北以後ノ事蹟ヲ編スル先分テ三大段トナスヘシ、後小松天皇ヨリ後陽成天皇ニ至ル即チ足利織田豊臣氏三代二百三十年間ヲ一段トシ、後水尾天皇ヨリ孝明天皇ニ至ル即チ徳川氏一代二百五十年間ヲ一段トシ、維新以降ヲ一段トス水戸藩が編纂した「大日本史」が南北朝までをカバーしているので、それ以後の正史を編纂することとし、大きく三段階に区分して編纂する計画でした。現在のような南北朝以前も含む『大日本史料』になるのは後のことであって、この時は明治以降を一段階として同時代史的に正史を作るということで出発しています。その次の箇条には、史料の採集の仕方が規定されています。

一、前二大段ハ先ツ其史料ヲ採集スヘシ、採集ノ体裁《ていさい》ハ塙保己一以来ノ史料ニ倣《なら》ヒ、年月日ヲ逐《お》ヒ引用書ヲ臚列《ろれつ》シ、務テ遺漏ナキヲ要ス、而シテ各員ニ大段ヲ分掌シ、大段中又数小段ヲ区分シ、各人専掌シ、採集成ルニ随テ編纂ノ業ニ従事スヘシ

史料を塙史料のように年月日を追って収集して、日付にかけて分類するという手法をとっています。この営為がいったい何を意味するのかは、明治以降についての次の箇条から窺えると思います。

一、後ノ一段ハ本局ノ復古記〈復古記ハ時事ノ顛末《てんまつ》ヲ詳ニシ達書願書等ノ如キ悉ク其原文ヲ録シ以テ政府ノ考拠ニ備ルヲ主トス、故ニ全ク史伝ノ体裁ヲ備ルモノニ非ズ〉、記録課ノ太政類典《だじょうるいてん》其他日誌布告達書及ヒ諸官省各府県ノ編輯書類等ヲ以テ材料トシ、直ニ編纂ノ業ニ就クヘシ

「復古記」や「大政類典」などの材料を使いながら、直接に編集するという形になっており、先の二つの段階とこの最後の段階とは区別されています。

一八八一（明治一四）年一二月に職制改正に当たって「編修規則改正」〔前掲『東京大学史料編纂所史史料集』

二〇〇二」の伺いが提出されました。その編修規則の中の「第三局　纂輯課《さんしゅう》」の仕事の仕方についても見ておきたいと思います。

本課ハ編修課ニ附属シ、広ク群籍ヲ網羅シ、事実ヲ捜リ、異同ヲ訂シ、史志料ヲ編成シ、以テ編修官ノ刪定《さくてい》ニ供ス

課員中其人ヲ選シ、部分ヲ定メテ各其事ニ従ウ

これは、正史を編修するという仕事の中で、史料を採集する（集めて整理する）仕事をする部局で、その上に第二局の編修課という正史を書く人たちがいるということになります。纂輯のやり方については、次のように記されています。

纂輯ノ法、史《し》ヲ先ニシテ志《し》ヲ後ニス、史料ノ纂輯ハ既ニ成式アリ、茲ニ贅セス、但文字結撰ニ当リ、其便否ニ因リ、稍体例ヲ改ルコトアルヘシ、其志料ハ課員閲書ノ次《ついで》、見ルニ随テ抄写シ、分類彙集《いしゅう》、其略集マルヲ待チ漸次整頓スヘシ

「史」とは日付にかけた編年の史料のことで、「志」は内容・項目ごとに編纂された史料のことです。史料の纂輯には、塙史料以来続いている日付にかけて分類するという一定の方式が確立しているので、これについては詳しいことは言わないが、志料については、史料編輯のため諸書を閲読するついでに、その必要と思われるものに気付いたら、その部分を抄写して、それを分類して集めるという方法を取ることが言われてい

ます。そしてそれがだんだん集まったら整頓して、徐々に史料（志料）が整っていく。まさに収集・分類の作業をしています。この収集・分類というやり方は、いろいろな史料から部分を集めてきて、元の史料の全体性については問わないという点で大きな問題があります。

また、纂輯課の仕事には「明治史要」を作ることが含まれていましたが、それについては「明治史要ハ毎日日録ヲ編シ、綱文《こうぶん》ヲ抄出シテ編ヲ成シ、毎年十二月前年分ヲ刊行スヘシ」とされています。「明治史要」を同時進行でずうっと作っていくというのが最初の計画でした。毎日、何があったという日録（綱文と史料）を作成していき、その綱文を抄出・編成し、これを一年毎に刊行するということを想定していたのです。

この作業の意味するところを考えてみましょう。ここでは過去の史料を日付に掛けて編纂することと「明治史要」を作ることが連続的に意識されている。この日録には公文書ももちろん含まれるでしょうが、しかし、今現在そういうことが行われるとすれば、新聞紙上で報道される記事を拾うということが中心になるだろうと思います。すなわち「明治史要」を作成するというのは、マスコミ報道を通して年表を作るというのと共通するような性格の営為であろうと思います。こういうものの延長として、過去の史料の編纂も行われているということです。

この延長上に今も継続している『大日本史料』があるわけですが、それは、帝国大学内に移管されていた修史事業がいわゆる「久米邦武事件」で一旦中断したあと、文部大臣井上毅が「正史」を作ることはやめて史料の編纂だけに限定して再開されたものです。そこでの営為は、日付にかけた史料の収集・分類でありま す。修史事業を軸に近代実証主義歴史学が成立するわけですが、その考証というのは収集・分類の営為の中での考証ということになるでしょう。日付にかけた史料の収集・分類とあわせて、「志料」の事項にかけた分類や編輯の仕方も行おうとしていたということも確認しておきたいと思います。

収集・分類型の手法ということで言えば、他にも多くのものに共通の特徴が見出せます。第5章で扱われる「歴史地理学」の吉田東伍の『大日本地名辞書』については、日本列島全地域の地名を網羅して、それに関わる史料を博捜・配列したもので、個人で進めた仕事として驚異的なものであると、永原さんは評価されています。つまり、そのやり方という点では、様々な史料を地名や地域にかけて分類する手法であると言えます。それは現在ではパソコンに地名毎の欄を設けて、その中に史料が蓄積されデータベースに仕上げていくということになるのでしょうが、関連する史料を何々村という箱に入れていけばこの地名辞書のような形になっていくということかと思います。

そういう点から見ると、柳田国男の民俗学も民俗事象を収集・分類する手法のものとして理解できるのではないか。これは民俗学のある一面だけを強調しているかもしれませんが、そういう性格があることは間違いないと思います。柳田国男は『明治大正史　世相編』〔柳田 一九三一：i 引用は再録（一九七六）上巻より〕の「自序」でこのようなことを言っています。

「明治大正史の編纂が、わが朝日新聞によって計画せられるよりもずっと以前から、実はこういうふうな書物を一度は書いてみたいということが、内々の自分の願いであった。そのためにはすでに多少の準備をしているような気持ちでもあった」〔上巻：三頁〕

こういうふうに書き出されていますが、どういう準備をしていたのかというと、次のようにあります。

「問題はしからばどうしてその資料を集め、また標本を調製するかであった。自分が新聞のあり余るほどの毎日の記事を、最も有望の採集地と認めたことは、決して新聞人の偏頗心からではなかった。新聞の記録ほど時世を映出するというただ一つの目的に、純にしてまた精確なものは古今ともにない。そうしてその事実は数十万人の、いっせいに知りかつ興味をもつものであったのである。ちょうど一つのプレパラートを一つの鏡から、一時にのぞくような共同の認識が得られる。これを基礎にすることができれば、結論は求めずとも得られると思った。そのために約一年の間、全国各府県の新聞に眼を通して、莫大の切り抜きを造っただけでなくさらに参考として過去六十年の、各地各時期の新聞をも渉猟してみたのである」〔上巻：五頁〕

しかし、それだけではなかなか世相は書けなくて、むしろ世間にありふれた社会事象の「(周知の) 事実を、ただ漠然と援用するのほかはなかった」〔上巻：六頁〕とあります。

こうした方法について述べる前提として、収集・分類のような分類学が重要な意味を持つ自然史（博物学）における化石学をあげ、その材料の少なさを指摘しながら、それに比べれば人間の歴史については「化石学にも相当する知識の領分が、また自然史よりは何倍か広いのである」と書き、さらに、これに続けて次のように言っています。

「資料はむしろあり過ぎるほど多い。もし採集と整理と分類と比較の方法さえ正しければ、彼に可能であったことがこなたに不可能なはずはないと考えたのである。

この方法はいまわずかに民間に起こりかけていて、人はこれを英国風に Folklore などと呼んでいる。一部にはこれを民俗学と唱える者もあるが、はたして学であるか否かは実はまだ裁決せられていない。

今後の成績によってたぶん「学」といいうるだろうと思うだけである」［上巻：四頁］

ここで柳田自身が、民俗学の方法は採集・整理・分類であると述べています。ここでは一番分かりやすい文章をあげましたが、これまでに読んだ柳田の二、三の具体的な仕事からも同様な印象を持っています。各地の民俗事象を記録しながら、民俗学というもの自体が「学」としての認識をどう作るかというところにおいては、特定のテーマに関する各地の民俗事例をその地域の全体の文脈から切り離して抜き出してくる、つまり民俗事象を収集・分類することを手法としているというふうに言えるのではないでしょうか。

永原さんは、第６章で都市史を開拓した幸田成友を実証主義であると評価されていますが、『大阪市史編集の一〇〇年』［大阪市史編纂所・大阪市史料調査会編 二〇〇二：二七－八頁］に紹介された「大阪史編纂資料蒐集項目」を見れば、彼の編纂した『大阪市史』も先程の「志料」のように項目ごとに史料をまとめていくような性格の作業をした結果できたものであるということが窺えると思います。幸田成友もやはり日付によって史料を編纂し、その上で時期区分をし、その中で事項にかけて再分類していくという方法で通史を作っている。つまり、「史料」の作業と「志料」の作業を行っていると言えます。これは言い換えれば、先程の正史の編纂で計画されていたことを、都市大阪を対象にして行ったということになります。

また、史料編纂所所長という実証主義アカデミズムの中枢にいながらも、政治史中心の歴史学に飽き足らず、日本仏教史や文化史という新たな分野の成果を膨大に残した辻善之助（第６章）にしても、その研究の進め方が収集・分類の方法であったことは、彼の書いたものを開いてみるとすぐにわかります。

第８章「風圧強まるなかでの実証研究」の中では、辻善之助に続く実証研究の多様な成果に言及されています。例えば、中村吉治の農民史『近世初期農政史研究』や、都市史に関わるところでは、小野晃嗣『近世城下町の研究』・豊田武『中世商業史の研究』・原田伴彦『中世に於ける都市の研究』などもそこに含まれています。それらの研究に共通する方法は、事項にかけた史料の収集・分類の営為であると言ってもよいのではないでしょうか。戦前の各テーマの研究のパイオニアの役割は、あるテーマに関する史料を集中的に集め、それを並べなおして項目立てすれば新しい研究になったのです。戦前のこととして、卒業論文がもとになって著書が刊行されたという話をよく聞きますが、そんなことが可能なのも、事項にかけた史料の収集・分類がそのまま研究の体系化であるという段階だったからではないかと思います。

そういう意味では、史料の収集・分類というのは、日付にかけると政治史になっていき、また地名にかけると「歴史地理」になり、民俗事象を収集・分類すれば民俗学、宗教や都市などのテーマに即して事項を立てて史料を収集・分類していけば宗教史になったり都市史になったりする。永原さんが第Ⅰ部でたどられたように、政治史中心から分野を広げていくという発展はあるわけですが、研究手法という点で言うと、収集・分類型のやり方という共通した性格を見出せるのではないかと思います。

それでは、この収集・分類型の持つ問題点はどこにあるでしょうか。第一には、先に言った全体の中から要素が切り離されて分類されるという点です。日付にかけて分類する場合、史料の全体が日付によって分割されバラバラになってしまい、問題点は明白でしょう。事実、これは戦前段階から史料編纂所内でも『大日本史料』の問題点として議論されていました。しかし、民俗事象であっても、ある村から特定の民俗事象だけを取り出してくることによって村の全体性の中でそれが持っていた意味が失われてしまうということでは同じ問題が潜んでいるでしょう。史料を事項にかけて収集・分類する手法で行う宗教史や都市史などであっても同様です（この点、都市史に即して後述）。

第二には、こうした営為は歴史のどういう位相を見ているのかという点です。この点は、「明治史要」について考えると一番はっきりすることです。つまりこれは同時代的に年表を作っていることになるわけですが、現代に置き換えて考えてみると、「今年一年の年表を作りましょう」と言って新聞などを使って作業をしていることになります。そこには、「世相」・「状況」とそれから年表を作っている「自分」とがあります。すなわち、自分と切れている社会の位相や、自分とは切れている社会の世相・状況が年表化されていることになる。それ故、その歴史は表層的なものになり、他面では主体が形成している関係性や全体構造は見えません。

地域の中での全体性と切り離されて、ある事象・要素だけが拾われていっても同じような意味を帯びてくると言えるでしょう。たとえ、ある人、ある地域、ある都市の具体的な経験が拾われ、集められても、それは世相や状況を表現するものとなってしまうのではないでしょうか。

ただし、その収集・分類の営為が歴史学にとってたいへん重要な基礎的作業であることはもちろんです。その上、吉田東伍や柳田国男、辻善之助などの仕事は、「量から質への転化」が達成されているものと考えます。ただそれがどういう営為なのか、歴史のどういう位相を見ているのかということについては注意がいるということです。

(2)「語られた歴史で歴史を語る」

次に、羽仁五郎の手法について考えてみたいと思います。羽仁五郎はマルクス歴史学の代表と見做されており、野呂栄太郎の特徴として指摘されている普遍と特殊の統一的把握という点ではその問題意識を受け継いでいる側面があると思います。しかし、彼の書いたものを見ると「語られた歴史で歴史を語る」という叙述の方法をとっていることがわかります。羽仁の書いた文章の一例として「幕末に於ける社会経済状態、階級関係及び階級闘争（前篇）」の一節を、内容ではなく、どういう書き方をしているかに注目して見てみましょう。

「封建社会の本質的基礎は、小規模農業であり、農奴―小自営農民よりの全余剰に達する地代の搾取こそが、封建的生産関係の本質であつた。「百姓は天下の根本也。是を治るに法有、先一人々々の田地の境目を能立て、扨一年の入用作食をつもらせ、其余を年貢に収べし。百姓は財の余らぬ様に、不足なき様に治る事道なり、」といへる所謂本多「正信主義」、「百姓共は死なぬ様に生きぬ様にと合点致し、収納申付」けよとの「東照宮上意」は、最も端的に封建的生産関係の本質を表現したものにほかならぬ。（中略）

かくの如き搾取関係の下にあつては、熊沢蕃山が観察した初期の農村に於いてすら、「百姓は年中辛苦して作出したるものを残らず、年貢にとられ、其上にさへたらずして、未進となれば、催促を付けられ、妻子をうらせ、田畑山林牛馬までをも売らせて、取らるれば、其の百姓、家をやぶりて流浪し、行方なきものは乞食となり、また、、村里にはさまり居といへども、凶年には餓死をまぬかれざる」ありさまであつたのは不思議ではなかつた」〔羽仁 一九三二：一〇－一一頁〕

その特徴は、生産関係・階級支配の具体的な現実については分析することなく、近世に書かれた儒者などの言葉を引用しながらその時代が叙述されていることです。このような「語られた歴史で歴史を語る」というやり方は、『日本資本主義発達史講座』やその他の羽仁五郎のほとんどの文章についていえると思います。「語られた歴史で歴史を語る」という手法については、以前別稿で現在の言語論的転回の研究状況を特徴づけてそのように表現したことがあります〔塚田 一九九九〕。この「語られた歴史で歴史を語る」叙述というのは、先程の新聞などで現代社会を語るのと同じように表層的であり、社会関係や社会構造の位相には迫れないという意味では年表的思考と同じ性格を持っていると思います。

このような手法は、羽仁五郎以外にも広く見られます。例えば、田口卯吉などの文明史でも、彼らが歴史を論ずる時には「古事記」や「日本書紀」などで言われていることを前提としながら、合理的に解釈しようとしていることにも通じるのではないか。

また、永原さんは第8章で本庄栄治郎と日本経済史研究所について紹介されていましたが、その本庄の書いた『近世封建社会の研究』が手元にあったので、開いてみました。その「第五章　農村の疲弊」の「一農民の状態」の一節を引いてみます。

「徳川時代に於ては米が財政経済上の根本であり、国内の人口は国内の米穀を以て養はざる可らざる関係にあつたから、米を貴ぶの思想は殊に甚しきものがあつた。（中略）大阪の町人学者たる山片蟠桃すら『農をすゝめ商を退くべし。夫百姓は国の本也生民の首たり。百姓なくばあるべからず、工商はなくてもすむべし。農民は一人にても増すことをはかるべし。商人は一人にても減んと欲すべし。都会市井の民を虐げて農民を引立て耕作をすゝむる政事をする、これ第一の枢要とす』と説ける有様であつた。

然るに当時農民の生活は如何と云ふに、それは意外にも彼等は一挙手一投足に拘束を受け、些細なる点に至るまで制限を加へられ、たゞ租税を納むる為めにのみ存立せるが如き惨めなる生活をなせしものであつた。

当時農民を治むるの法は一言にして尽せば、彼等の生活を向上せしめざることに在つた。即ち百姓をして『難儀にならぬ程にして気ま丶をさせぬ』ことが治農の根本方針であつた。彼等を現状の侭に押へ付けてその生活の向上を阻害し、文化の光に浴することを遮断し、いつ迄も牛馬の如き生活に甘んぜしめんとしたものであった。『農は国の本なり』と称しても、それは実際に於ては農業そのものに対するものであつて、農民に対するものではなかつたのである」〔本庄 一九三〇：六一頁〕

その社会について「こういうものだ」と言っている儒者などの文章を引用して評価が加えられ述べられていき、社会自体の実態分析はされない。この本庄からの引用と羽仁五郎の引用がよく似ていることは一目瞭然ではないでしょうか。これはマルクス歴史学の羽仁五郎と「風圧強まるなかでの実証研究」の推進者本庄栄治郎が、その研究のやり方としてはほとんど同じであったということを意味します。

なお、この点は、マルクス歴史学の中心の一人と見られている羽仁五郎の手法について言っているのであり、マルクス歴史学がすべてそうだと言っているのではありません。それは、この時期に歴史学的営為を積み上げていたマルクス歴史学の石母田正らの手法を見れば明らかだと思います。

(3)　社会の構造的把握と史料の内在的分析

永原さんは、マルクス歴史学が普遍性に開かれた文明史の流れの中に位置づくと指摘された上で、野呂栄太郎について特殊と普遍の結合として捉える視点を指摘されていました。これは「特殊に媒介された普遍」と言い換えてもいいと思いますが、この「特殊に媒介された普遍」という捉え方は、社会を構造的に捉えるということ、つまり「どのような」社会なのかという問いかけと裏表の関係にあると思います。

安良城盛昭さんは、『歴史学における理論と実証』の中で次のように言われています。

「日本資本主義論争は、全体として、社会の発展段階追求と社会の特殊構造追求の二側面を、相互に密接な関連性を持たせつつ、日本資本主義の特質理解に焦点を絞って展開された。ところで、戦後の歴史研究は、主として日本社会の発展段階追求のみに力点が注がれ、日本社会の特殊構造追求の二・三の試みは、「停滞論」「構造論」とのアプリオリな批難（批判では決してない）によって圧殺されてきた。かかる偏向は、必然的に、その発展段階追求を、歪め、かつ、日本社会を、世界史の基本法則に基づいて分析することを主観的には意図しながらも、客観的には、日本の史料をもって、いわゆる世界史の基本法則を語るに過ぎない欠陥を生み出している」［安良城 一九六九b：一二四－一二五頁］

「（戦前において）現在の日本は資本主義かどうか」という問いや「古代は（あるいは中世は）奴隷制なのか、封建制なのか」という問いの中でも、「どのような」ということも問われているかもしれませんが、究極には発展段階の規定を与えるということに帰着します。そこでは、日本の資本主義がどのような特質を持ち、どういう構造であるかを追究する「どのような」という問いが抜け落ちることになります。それは講座派と労農派の違いとも関わってくるのでしょうが、この「特殊と普遍の結合」あるいは「特殊に媒介された普遍」という認識方法は「どのような」という問いを含み、社会の構造的な把握にもつながっていきます。その意味で、「特殊に媒介された普遍」という視角は、社会を構造的に捉えることを可能にする方法というふうに理解できるのではないかと思います。

現在、私たちが歴史研究として行っている営為は、先に見た収集・分類型の営為とは違っています。それは、史料の内在的分析と言えるでしょうか。現在の古代史研究も、「古事記」や「日本書紀」を史料としていますが、分析的に解析しなおして積極的に捉えなおしています。また、ここで言う史料の内在的分析には、日付にかけて収集・分類された史料をもう一度分析的に扱いなおすことも当然含んで考えています。

我々が歴史学として普通に考えるような営為の出発点はどこにあるのか。その一つは確実に、古島敏雄さんの仕事にあると思います。永原さんの著書では、古島さんは「風圧強まるなかでの実証研究」の一つとしてまとめられ、「古島の研究手法は、具体的な史料をみずから丹念に手がけ、そのなかから対象をどこまでも具体的に捉えてゆくという、実証主義歴史学の方法」〔永原 二〇〇三：一一七頁〕だというふうに評価され、ただそれは史料があれば何でも分析するというのではなくて、「農業経済学の学問的枠組をふまえて、自分の課題を設定し」〔永原 二〇〇三：一一八頁〕たものだと説明されています。

しかし、史料の収集・分類型の実証主義とは一括できないのではないでしょうか。史料の内在的分析ということを通じて、地域や集団の内部構造へ向けてメスを入れていく方向が切り拓かれたのではないかと思います。それは、表層的位相にとどまらないという意味で、「語られた歴史で歴史を語る」という手法とも根本的に異質だと言えるでしょう。

古島さんがこうした方向に進みえた理由についてですが、農業経済学の学問的枠組みがあったということに帰せうるでしょうか。それを考えるために、『古島敏雄著作集』第一巻「徭役労働制の崩壊過程――伊那被官の研究」の「解題」〔古島 一九七四〕を読んでおきたいのですが、これは伊那地方の御館《おやかた》（御家《おいえ》）・被官《ひかん》制度がどういうふうに崩壊していったのかという古島さんの最初の研究（一九三八年初出）に対して一九七四年に著作集に収録するにあたっての回顧で、かなり後になってから書かれたものです。

何故、このテーマを取り上げたのかについて、古島さんは四点あげられています。第一は「日常生活に残るこの制度の姿」です。第二は「郷土史の読書のなかから出てくる」ものです。第三は「御家・被官制度についての歴史学・民俗学の当時の理解」に対する違和感です。これは、御館・被官制度を庇護と奉仕の関係と見たり、あるいは恩愛に基づく「大家族」の問題と見るような研究に対して、むしろ農奴制の進化の過程における徭役労働の問題として考えるべきだという認識です。第四は「昭和九年東北の凶作を契機」に、岩手県の地頭名子制度が問題とされており、当時の社会が直面していた問題からテーマ化しています。

さらに、この研究を可能にした史料の条件を次のように説明されています。

「本書の分析は長野県上・下伊那郡のあちこちの村の史料を各所で扱ってはいるが、主体をなすのは下伊那郡大鹿村大河原前島氏の所蔵である。当時、学生あるいは卒業直後の若手研究者の史料探訪は自由ではなかった。とくに被官百姓が小作人一般とは異なった、身分的に劣る、従属度の強いものと考えられていたため、未知の村役場や旧被官層の家々を直接訪問することははばかられた」［古島　一九七四：一二頁］

そこで、中学校の友達の伝手《つて》で御館層の家を訪ねる中で、大鹿村大河原の前島家の史料調査の機会を得たということです。そして、次のように振り返っています

「村方史料の利用が一般化するのは戦後であるが、それも村役人史料の利用が中心となっている。（中略）

私の最初の仕事が、このような内部関係を扱ったため、史料の探索も村方史料をこえなくてはならないことになり、幸い私的史料を発見しえたところから、この書の内容がえられたのである」［古島　一九七

四：一三頁〕

古島さんは、御館・被官制度を伊那の地域に密着して課題化し、それを具体化するために御館層個人の家の史料を探索した。逆に言うと、そうした史料へのアプローチがあってはじめてこの研究が可能になったのです。ここに、史料の内在的分析へと進む契機があったのだと思います。

後者の引用で「このような内部関係」とあるのは、御館・被官の関係は村という政治的なレベルには表現されない、御家内部の関係のことであるという意味です。それ故、村役人家の村政レベルの史料だけでなく、個人の家内部の史料にまで探求のメスを入れることが必要だったというのです。

村方文書の利用が一般化するのは戦後のことですが、町方文書の場合はさらに遅れました。しかし、こうした村方文書・町方文書の利用が一般化したことは、表層的歴史学から社会関係・社会構造の実体分析へと向かう上で大きな意味を持ったと言えるでしょう。

(4) 小括

永原さんが整理された戦前までの史学史について、歴史分析の手法・視角というもう一つの座様軸を加えてみようと試みてきました。第1章から第6章までの整理については、枠組みの点では何の異存もありませんが、各章に上げられた諸研究の中に、一方で収集・分類型という特徴が潜んでいる問題や、「語られた歴史で歴史を語る」叙述のような問題があることを付け加えたいと思います。

また第7章から第9章について言いますと、「風圧強まるなかでの実証研究」として括られているものを一括してよいのかという点に疑問を感じます。この中には、本庄栄治郎について見たように、マルクス歴史学の羽仁五郎や文明史が持っていた問題とつながるようなものが含まれています。また、実証研究として上げられている多くのものが事項にかけた収集・分類型の手法を取っているのに対し、古島さんの研究は一括できないように思います。

私は、歴史分析の三つの位相を自覚的に考えることが必要だと考えています。第一は、集団内のその集団の論理を共有している人々の位相です。第二は、異なる論理が交錯して実際に形成されている社会関係の位相です。第三は、それらの外部にそれらを取り巻く世論・世相の位相です。こうした理解の上に立って、歴史分析の手法と視角について言うと、収集・分類型の方法や「語られた歴史で歴史を語る」のは、基本的に第三の位相を見ていることになるのだと思います。それに対して、古島さんについて見たような史料の内在的分析は第一・第二の位相を解明することにつながっていると考えています。

おわりに

ここまで見てきた流れを戦後の歴史学とのつながりで考えてみたいと思います。但し、戦後の歴史学をすべて取り上げることはできませんので、近世の都市史に限定したいと思います。

永原さんの『20世紀日本の歴史学』の第7章から第9章が戦前最後の段階ですが、第9章の軍国主義・戦争体制と結びついた皇国史観は、その政治性と非学問性において直接戦後の歴史学にはつながっていきません。第7章で扱われたマルクス歴史学と第8章で扱われたアカデミズムの実証研究が、戦後の歴史学を用意していたと考えられています。これに、丸山真男や大塚久雄などの近代主義歴史学が絡まってくるわけです。

さて、私はかつて、戦後の近世都市史研究を三つの波に分けて整理したことがあります［塚田　一九九三ａ］。これは吉田伸之さんの整理［吉田　一九八九］を受けて、さらに自分なりに考えたものです。

第一の波は、原田伴彦さんや豊田武さんに代表される一九五〇年代までの研究です。これは、基本的に戦前の小野晃嗣さんからつながってくる事項にかけた収集・分類型の延長上にあり、あちこちの都市からその要素を集めてきて、それを整理するという性格でした。『原田伴彦論集』第三巻の解説で脇田修さんが、原田伴彦さんの研究の特徴は史料を広く集める点にあるとされ、「その方法は、市町村史類を博捜され、また刊本類の引用が中心であった」［脇田 一九八五：三〇七頁］が、それによって大局的見通しを得ることができたのだと評価されています。まさに、事項にかけた収集・分類型そのものと言えるでしょう。なお、原田さんの部落史の研究も、全く同じ手法です。実は、もともと収集・分類型の手法ということを考え始めた出発点は、学生だったころに読んでいた原田さんの部落史への印象からでした。

第二の波は、一九六〇年代の幕藩制構造論との関係で展開された松本四郎さんなどの都市史研究です。安良城盛昭さんの問題提起から幕藩制構造論が展開していきますが、それは、幕藩制社会がヨーロッパの封建社会とは異なるどのような特質的構造を持っていたのかということを追究する視角であり、その都市史研究も、近世都市を封建都市一般に解消しない都市史研究でした。幕藩制構造論は、マルクス歴史学からつながってくる「特殊と普遍の結合」・「特殊に媒介された普遍」という視角を発展させて社会の構造的な把握に向かったのです。

しかし一方で、この時期の都市史研究についていうと、幕藩制における領主支配の拠点としての位置づけや流通構造の一環としての位置づけであったり、都市における民衆運動の条件を都市の階層的矛盾から把握しようとするものでした。その意味では、都市は都市一般として問題とされ、また、都市の矛盾も家持層や借家層の比率に還元され、都市の内部構造の分析には向かわなかったと言えます。

そして一九八〇年代以降の第三の波において、都市における社会関係・社会構造を内在的に分析するという段階に至るわけです。この第三の波は、幕藩制構造論における構造的把握に向かう視角と、古島敏雄さんのところからつながってくる史料の内在的分析とが結合したところにあるのだと思います。

なお、私は、その後「都市における社会＝文化構造史のために」〔塚田 二〇〇三b〕において、一九九〇年代の都市史研究を第四の波として整理しています。但し、この第四の波は、基本的に都市内部の社会関係・社会構造を解明しようとした第三の波の延長上に、それを都市の全体との関係において把握していこうとする分節構造論として展開していると考えています。その意味で、第四の波の分析の手法や視角も、第三の波の延長上にあります。※

※現時点（二〇一九年）における近世都市史研究の流れの捉え方については、本書Ⅰ第2章を参照。そこでは、第三の波以降を都市社会史の展開として理解し、それ以後を三段階に分けて把握している。

以上に述べたことからわかっていただけるかと思いますが、今回の報告は、私自身のやっている都市史研究や身分制社会の研究について、現在の立脚点・位置づけを、永原さんの整理された史学史とつなげて考え、自己認識しようとしたものです。それ故、第Ⅱ部については触れないことにさせていただいた次第です。

また、そのような視点から、収集・分類型の手法ということで、共通する側面を強調しましたが、日付にかけた収集・分類と地名にかけた収集・分類、あるいは事項にかけた収集・分類では歴史学の内容として大きな差異があることももちろんです。その差異の内容が、永原さんが章立てとして展開を示されたものというふうに理解できるでしょう。

以上、永原慶二さんの『20世紀日本の歴史学』を読んで、考えたことを話させていただきました。大きな読み間違いもあるかもしれませんが、討論の素材としていただければ幸いです。

〔付記〕

本稿は、大阪歴史科学協議会一二月例会（二〇〇三年）における報告をまとめたものである。この例会には、著者の永原慶二先生も出席いただける予定であった。昨年（二〇〇三）九月二五日に、私から電話で例会出席の都合を伺った時には、一二月はほとんど毎週講演の予定がはいっていて忙しいが、一三日（土曜）には三重県松坂で講演予定があり、翌一四日ならそのまま大阪に行くことが可能であるという返事をいただいた。ところが、一一月一九日に永原先生から直接電話をいただき、入院のため例会出席が無理となった旨を伝えられたのである。

永原先生に報告を聞いていただけなかったため、今年（二〇〇四）の連休に本稿を書き上げると、永原先生に読んでいただきたいと思い、打ち出した原稿をお送りした。すると、永原先生から、すぐに次のようなはがき（五月八日付）をいただいた。

「新緑さわやかな季節、ますます御元気のことと存じます。「歴史学の方法をめぐって」有難う存じました。早速拝見しました。私の小著を丁寧に検討して下さり、私の無理なまとめ方についての御意見もさがしていただけ、うれしいことでした。

小生は病気から抜け出せず、家と病院の往復だけのくらしとなっています。若い世代の奮闘を願っています。

匆々」

その永原先生が、七月九日に亡くなられたとのまさかの訃報に接した。永原先生の病気のことは承知していながら、昨年秋にはお元気だった印象から、こんなに早く亡くなるとは思ってもいなかった。きびしい闘病中に、拙稿を読んでいただいたことを思うと、胸にこみ上げてくるものがある。永原先生の歴史学に対する思いを受けとめながら、私も含む「若い世代」への期待に背かないよう頑張っていきたい。

永原先生の御冥福をお祈りします。

補論　私の歴史学入門

質問①　いつどこで生まれ、どういう中で成長しましたか？

福井県鯖江市の河和田町というところで一九五四年七月に生まれました。北陸線鯖江駅から東に一〇キロほど行った山間の村です。中世には河和田庄という荘園があったとのことです。山あいから流れ出る小さな川で作られる谷間とやや広くなった平坦地に、江戸時代以来の一〇ほどの村が作られましたが、その中の一つ小坂村が生まれ在所です。この山間の村むらは一八八九（明治二二）年になって今立郡河和田村になり、一九五七（昭和三二）年に鯖江市に合併されます。その時、河和田という地名を残すため、村の中心であった小坂の集落を河和田町という地名にしたのです。ですから、私の子供の頃には、地域の人たちにはこの集落を小坂と呼ぶ人も多くいました。

私は、ちょうど高度成長が始まり進展していくのと並行しながら成長していった世代です。小学校に入る前は、家は囲炉裏で煮炊きをしていました。この地域はかまどを作らず、母に聞くと、ご飯も鍋を使っていろりで炊いたとのことです。台所も家の片隅の土間に井戸（手動式のポンプ）があり、そこがそのまま「流し」であり、しゃがみこんで洗い物などをしていました。水道はまだありませんでした。

一九六〇年代は、小学生から中学生という時期ですが、生活様式は大きく変わっていきました。ちょうど小学校に入る頃に市の簡易水道が通りました。煮炊きにも、石油コンロが用いられ始め、その後プロパンガスが普及していきます。いろりで煮炊きしていた時は、近くの山で杉葉などを採りに行きましたが、もう誰も行かなくなりました。子供の頃、山は遊び場でしたが、薪採りなどに誰も行かなくなると、山は荒れても子供が遊びにいける状況ではなくなりました。

田んぼは圃場整備されておらず、いわゆる「零細錯圃」の耕地形態でした。稲刈り後の田んぼは遊び場で、そこで野球をしてもボールはよく転がりませんでしたが、楽しかった記憶があります（なお、野球は山あいの防空壕の前に小さな広場があり、そこでやることが多かった。山にボールが引っ掛かって落ちてこないとホームランだった）。それも、圃場整備で田んぼも畑も小道もみんな変わってしまいました。

実家の横を通る県道にはバスが走っていました。自家用車を持っている家は多くなく、バスは便数も多く、一九七〇年から高校通学に利用していた頃も満員に近かった記憶があります。ただ、小学校の頃は車掌が乗務していましたが、いつしかワンマンになっていました。その後、各戸に車が普及するのに伴って、バスは徐々に便数が減り、廃止となり、今は市のコミュニティバスが、日に何本か走っているだけとなっています。電話はこの辺りでは隣のお店（宇野商店）にあり、稀に我が家に掛かってくると呼び出してくれたものでした。その後村の有線放送（農協が中心となった事業だった？）が普及して、さらに各戸に電話が普及していきました。トイレはどの家も汲取り式で、畑の肥やしに利用していました。専業農家でなくても、どの家も何らかの形で農業を兼ねており、よく「肥やし持ち」（桶に肥やしを入れて運ぶ）を目にしたものです。これも浄化槽設置の水洗式に変わると見られなくなりました。

一九七三年に大学進学のため、東京に行きますが、ほぼその頃には以上に記したすべてのことが変わっていたと思います。つまり、これらの事々は一九六〇年代に一変していったのですが、日々の暮らしの中では、変わりない日常が過ぎていくだけであったようにしか思えませんでした。一定の時間的な経過の後に振り返ってみると、その意味が理解できる、そのような性格の問題なのだろうと思います。歴史の意味を理解するということは、こういうことなのでしょう。しかし、高度成長による日本社会の激変認識は、そうした歴史の「変化」の理解についての一般的な意味を超えて、家と村を基盤とする伝統社会の崩壊という歴史の変わり目の認識を要請するもののようにも思います。

こうした日本社会の激変の前後を何とか実地に知りえていることは、歴史を勉強するうえで貴重な経験になっていると考えています。但し、都会に出て、都市と農村の違いを意識することが必要なことも実感しています。たとえば、歴史学を勉強するようになって、大阪ではすでに明治二〇年代から公営水道事業が行われていることを知りましたが、これはその一例でしょう。一〇数年余り前から七、八年にわたって、一回生向けの授業で、おじいさん、おばあさんから生活史を聞いてきて発表するというやり方を何度か試みましたが、そこでは都市と農村の違いだけでなく、同じく農山村といっても地域によって多様な差異があり、個性的であることを実感させられました。その意味で、自分の経験を大切にしつつ、それを絶対化しないで、歴史社会を考える立脚点にしていきたいと思っています。

質問②　日本史とはどういう学問だと思いますか？

歴史学の中で、主として日本列島社会を対象とするのが「日本史」であると、先ずは言えるでしょうか。もちろん、歴史の展開が列島社会内で完結するわけではないし、列島社会に一つの歴史があったわけでもありません。しかし、おおよそはそのように言えるでしょう。

では、「歴史学」とは何かということですが、明確には答えられませんが、「歴史学を学ぶ」ということの中には、次の二つの側面があるように思います。

①歴史的過去を掘り起こし、復元する（対象としての歴史）

②時間の流れのなかで物事を考える（方法としての歴史）

①と②の関係についていうと、「時間の流れのなかで考える」ということを抽象的レベルで行うのではなく、「歴史的過去」の具体的な把握という行為のなかで実践し、そのような考え方を身につけるということになるだろうと思います。「対象としての歴史」を具体的に把握しようとすれば、そのためのトレーニングとして、古文書（くずし字）の読み方・史料講読や考古学実習などを学ぶ必要があり、また場合によっては、聞き取りの方法などにも習熟する必要があります。そのために置かれているのが、日本史コースの選択必修の授業科目ということになります。

ところで、ある時、尊敬する中世史研究者である大山喬平さんの「多様性としての列島一四世紀――網野学説をめぐって」の中の次の一文に目を引かれました。すでに亡くなられた著名な中世史家網野善彦氏の「歴史学」について根底からの批判を加えたものですが、引用してみましょう。

「網野が力説するような大地と海原にたいする天皇支配権の本源的な存在などという議論は、通常の歴史学が扱いうる領域をはるかに越えている。そういうわけで、網野のこうした所論への反論は、いきおい抽象論議に陥りがちになる。たとえ疑問をもったとしても、歴史研究者がこうした作業を避けようとするのは当然のことであった。中世のムラの神々の実情を求める過程で延喜式祝詞に行き当たってみて、私はひょっとすると上述の議論を歴史学がもつ固有の作法に従って展開できるかも知れないと考えた。」

［大山 二〇〇七：再録三五八頁］

ここで大山さんが言われていることをすべて理解するには、論文全体を読まないといけないので、措いておくことにしましょう。ここで注意しておきたいのは、大山さんが「歴史学がもつ固有の作法」と言われていることの意味です。この後、大山さんは延喜式という史料に載せられた祝詞《のりと》を分析され、いくつかの祝詞の表現に見られる差異を、大和朝廷の形成過程を示すものとして具体的に分析されています。大山さんがここで「歴史学が持つ固有の作法」と言われたことを、私なりに言い換えると、史料に厳密に立脚してその「表現の差異を時間の流れに再構成する形で分析」することと言えるのではないかと思います。

ところで、外国史と異なる日本史の特徴の一つは、現在の私と私たち（社会）に直接つながっているという点だろうと思います。そのことは、「歴史学を学ぶ」意味に関わりますから（「主体にとっての歴史」）、後で述べたいと思います。

質問③　日本史をやろうと思った契機・動機は？

いつ、どこで、何故、日本史をやろうと思ったのか、はっきりした切っ掛けを思い出せません。高校の時は文系でしたし、二年生の時の世界史の若杉先生の授業を興味深く聞いていたことは間違いありません。社会的なことにはわりに関心があり、一時期新聞部に入ったこともありました。高校二年の時に福井の品川書店でたまたま『歴史評論』（二六二）の「水平社・日農創立50周年」特集号を購入しているので、その頃から日本史に強く傾いていたものと思われます。その号には、近世の賤民制やかわた身分についての本格的な研究のスタートと言っても良い三浦圭一さんや内田九州男さんの論文が載っており、私の最初の研究の柱が近世関東の賤民制（えた身分や非人身分の人たち）になっていくことを考えると、何という偶然かと思わずにはいられません。

※『歴史評論』のこの号には、その後いろいろお教えを受け、お世話になることになった鈴木良さんの「近代日本における水平運動の位置――水平社創立をめぐって」も掲載されていた。これまた、何という偶然であろうか。

要は徐々に、歴史についての興味が形成されていったのですが、それはこの回答のあちこちで述べるような社会と歴史についての見方（普通に暮らす人びとに価値を見出す）と、自分の生きる意味を見出したいという気持ちの重なるところで方向が定まっていったように思います。

日本史のうちでも近世史をやることになったのは、これまたいくつかの偶然が重なっています。大学に入ってひょんなことから部落問題に関するサークル（自主ゼミ）にかかわったこともあり、三回生からの演習形式の授業で、自分が担当する論文として中世や近世の身分制や非人に関する論文を選んで発表していました。その頃、先輩に誘われて山梨県の旧家の史料調査に行ったことも近世史を選ぶ契機の一つだろうと思います。

大学三回生の夏、秋田県の田沢湖畔で開かれた近世史サマーセミナーに参加しています。当時、研究室の助手をされていた吉田伸之さんと二人で参加し、セミナー終了後、秋田藩の院内銀山跡などの史跡をいっしょに周らせてもらいました。近世史サマーセミナーに参加しているので、すでに近世史を選んでいたことは間違いありませんが、近世史をずっとやっていこうと思い定める切っ掛けはこの旅行だったように思います。

このように言うと、何か順調に歴史学、とりわけ近世史を志し、今に至っているかのように受け取られるかもしれません。しかし、全然そうではありません。田舎の高校から東京の大学に行き、自分で勉強するということの意味もよくわからずに過ごしてしまい、一回生の時の語学は二回生でほとんど再履修する羽目になってしまいました。他の授業の単位も同級生にどれだけ助けてもらったかしれません。当時、都会育ちの周りの友人たちが皆優秀に見えたものでした（実はそんなことはなかったのだが……）。いろいろ後悔は残っていますが、その時期を無駄だったとは思っていません。

当時の自分を思い返してみると、言いたい思いはあふれるばかりなのに言葉で表現できないもどかしさを常に感じていました。人と議論するとその場では言い負かされてしまいます。でも後で考えるとやはり納得がいかない。人からは「塚田が言うことは難しい」（要するに、よくわからない）といつも言われていました。二〇代後半になる頃には「言うことはわからないが書いたものはわかるよ」と言われるようになり、そのうち議論でも納得を得られるようになっていきました。今でも自分のなかに多くの弱点（瞬時の的確な決断や現場での対応能力）があることを日々自覚させられていますが、得手なところ（ねばり強い思考や史料分析力）で力を発揮できれば良いと思っています。これは誰にも多かれ少なかれあることかもしれませんが、人に弱みを見られたくないという性格も自分の大きな弱点だと思っています。しかし、それはそれで仕方がないと割り切って、前に進むことにしようといつも思い直して、近世史をやってきたというのが実情です。

質問④　現在、歴史を勉強する意義は？

今みなさんは、大学で勉強する意味をどこに見出しているのでしょうか。いわゆる「実学」を学んで、有利な就職を得ることが目的という人も多いことでしょう。しかし、オープンキャンパスで配布される文学部案内を見ればわかるように、文学部を卒業して就職する分野は幅広く、他の文系学部と比べて不利になるということはほとんどないと思われます。加えて、文学部は教員・公務員などが他より多いかもしれませんが、日本史の場合だと、大学院に進んで大学などで研究職に就くだけでなく、博物館や文化財・自治体史編纂などの分野で大学での専門を活かした就職をする人も特に多くいます。

しかし、総じて言うと、文学部だけでなく、大学での専門と就職は直結しないということの方が多いように見えます。だとすると、大学で学ぶ意味は、自分が自らの人生を生きていく力を培うことにあるというべきではないでしょうか。

そのような視点から、《今「歴史学を学ぶ」意味》について私見を述べてみたいと思います。それは「自分を発見する営為」、言い換えれば、「主体としての歴史」ということになるでしょう。

現代社会とそこに生きる自己（《現在・自分》）を理解するには、歴史のなかで考える必要がありますが、そこには二つの側面があると思います。

①歴史的に積上げられてきた蓄積のうえに今の自分があるという側面

②異文化を理解することで今の自分を対象化して把握する側面

日本の過去の時代に展開した歴史世界も、現代の社会文化と異質な側面を持ち、それを深く理解することで、現代と自己の存在を相対化することが可能になる側面②を持つと言えるでしょう。しかし、その側面②は外国史の方（この大学では世界史コース）がより強いと言えます。

①の側面は、歴史的過去は変化を遂げながらもその次に来るもののあり様を規定することになり、そのさまざまに蓄積された歴史的文化と伝統が充填されて（自覚されているかどうかは別として）自分があるということを意味します。その意味では誰も歴史から自由ではないのです。しかし、そのような自己の歴史被拘束性を自覚する（自分を発見する）とき、その拘束性を受けとめつつ、それを相対化して自己を確立することが可能になるのではないでしょうか。

歴史に拘束されてしか現在の自己は存在しえないと言いましたが、逆に現代に生きる人たちがみな同じ考え方をしていないことは誰もがわかっていることです。そのような異なる価値観が歴史の見方にも違いを生むことは言うまでもないでしょう。歴史と現在、歴史と自己の往復運動を意識的に進めることが重要です。

このような歴史学と《自分になる》ということの関係を強く意識するようになったのは、随分前のことですが、吉田伸之さんの「卒論論」〔吉田 一九八五c〕に導かれて、近世・近代の民衆思想史という分野を切り拓いた安丸良夫さんの一文に心魅かれたからのような気がします。その後の自分の歴史学に関わる経験を踏まえて、次のような一文を書いたことがあります〔塚田 一九九五b〕。

かつて安丸良夫氏は、「こうして私は、学問の世界ではじめはいくぶん突飛にみえたかもしれない独自の考えをもつようになるとともに、社会や人生についても、しだいに容易にはゆずることのできないいくつかの論点をもつようになり、要するに私自身になっていった」（『日本の近代化と民衆思想』二九三‐四頁）と言われた。これは、歴史学の営為を簡潔に表現していると言えるのではなかろうか。〝私自身になる〟ということを歴史学の営為として考えた場合、二つの側面がある。ひとつは、歴史学は自分の生き方や社会の観方と不可分であるということであり、もうひとつは、しかしそれは想像力の自由な飛翔によるものではないということである。つまり、歴史学は、自己の価値観と無縁ではありえないが、また歴史は研究者個人の思惟をこえて客観的に実在したのであって、これとの緊張関係を保持することが不可欠である。言いかえれば、歴史的事実に謙虚であるべきだということである。史料によって事実を発見し、自己をこえた歴史に即しながら、自己の価値観をつくりあげていくのであって、それが先に安丸氏が「私自身になってい」くと言われた過程なのであろう。その意味で、歴史学は実証科学なのである。

しかし、こうした自己の価値観と自己をこえた歴史との緊張関係を喪失すると、その歴史学は頽廃する。それは、戦前の皇国史観に典型が見られ、また先頃の戦後五十年の国会決議に見られる日本の行った侵略戦争への無反省にもつながってこよう。

ともあれ、私の場合、まだ二十年弱のわずかな営為にすぎないが、私には、史料によって未知の歴史のひだにわけいって、新しい事実と論理を発見することがとても楽しいし、やわな想像力より、歴史の現実はずっと豊かであるとつくづく思う。

この文章を書いてから、すでに二〇年余りが経ち、自分が歴史学を勉強し始めてから三〇数年たってしまいましたが、思いは今も変わっていません。この一文で言いたかったことは、歴史と現在、歴史と自己の往復運動を緊張感をもって繰り返すことが重要だということです。それは近年の日本と世界の平和の問題を考えると、なおいっそう強く感じられます。

※戦後七〇年の安倍首相談話は、自らの言葉での侵略戦争への反省を全く欠いていた。そうした政治のあり方が昨今の侵略戦争だったことを否定する風潮を助長している。この点でも歴史学の役割は大きいと改めて思う。

現代社会の抱える問題性を考えるとき、近年、地域史研究の重要性を強く感じています。二〇年余り前から、和泉市史の編纂事業に日本史研究室の教員がいっしょに参加し、そこで新しい地域史のあり方を模索してきました。その模索の一つとして、現在の町会（ほぼ江戸時代の村に相当）を対象に、「地域の歴史的総合調査」を目標とした和泉市教育委員会と日本史研究室の合同調査を実施してきました。

その中で、高度成長による日本社会の激変は、家と村を基盤とした伝統社会の崩壊をもたらしたという認識を強めてきました。それは質問①のところで記した自分の生活体験とも重なっています。それ故、私の専門分野は近世史だなどと言っておれず、中世末（一六世紀）に惣村のなかから村と町が生みだされ、家と村を基盤とする伝統社会が形成されてから、高度成長（二〇世紀）によるその崩壊までを視野に収めるような論考も書くようになっています。地域史を模索する時、通時代的に考えることが必要であり、歴史の時期区分も地域の歴史展開に即したものにすることが求められると思います。

また、合同調査で地域の人たちからの聞き取りを行っていると、現在、高度成長前の社会＝伝統社会を経験した世代とその後に成長した世代が併存していることの意味に自覚的になることが必要なことに気づかされます。町会や座など地域運営の話を聞かせてもらうのは、だいたい六〇〜七〇代の世代の人たちです。聞き手である学生は、自分では高度成長前の生活を体験していないが、直接その話を聞くことはできるのです。合同調査ということで、地域の生活史を聞くことになるのですが、学生の日常の生活の中ではそうしたことを聞くことはほとんどなく、興味深い体験となっているようです。

高度成長以降、社会の流動化が進行し、祖父母との同居が減少して、そもそも話を聞く条件が失われたことがあります。また、地域のなかで培われてきた生活様式、習俗、地域運営が失われていき、「歴史」が地域で伝えられる回路が失われてきていることもあります。だからこそ、意識的に話を聞くという行為を通じて、多様な世代が併存していることの意味を確認したいと思うのです。

翻って考えると、どの時代も異なる世代の併存する社会だったことは言うまでもありません。どの時代においても、その時の「今」はその時に生きているどの世代も経験しているわけですが、過去の「歴史」はその時に生まれていなかった世代は経験していないわけです。つまり、世代によって、どの時代の何を経験してきたかに違いがあるわけですが、それが各世代にそれぞれの特徴を与えています。そして人々の選択の合力として社会が動いていくわけですから、各世代の選択の合力として動いていくことになります（もちろん、世代に解消できない個性の存在を忘れてはいけませんが）。だとすると、異なる世代が併存していることを考慮に入れて歴史社会の構造を考えることが重要だと考えるわけです。

私は、近年、地域史への模索を試みていますが、それは孤立したものではなく、各地でいろいろな試みが行われています（たとえば、飯田市歴史研究所や姫路市の香寺町史）。地球環境の危機が環境史への関心を呼び起していますが、それと同様に、地域史への模索は（地域）社会そのものの崩壊に対する危機意識と地域的な共同への希求に根ざしていると言えるのではないかと思います。現在、新自由主義の考え方が世界を覆い、社会に果てしない競争を強い、はなはだしい格差と貧困を産み出しています。これは、資本（企業）の利潤のために人びとを使い捨ての労働力として酷使する状況を蔓延させ、人間はトータルな存在としてではなく、どのような消費行動をとり、どの商品にニーズがあるかということに関心が向けられることになりました。それはトータルな人間を解体して、機能の束として処理する状況の拡がりとも言えるでしょう。その一面は、人々の自治と共同の単位たるべき自治体が行政サービス（商品化と表裏）の提供に限定されている現状にも表現されています。こうした地域社会の解体の状況が地域史への模索を呼び起しているのでしょう。

新自由主義は、人びとに果てしない競争を強い、人と人の関係を手段化することで分断していきます。そうであれば歴史学を人々の共同の営為として行うこと自体が対抗的な意味をもってくることになるでしょう。その際、地域史は地域市民との共同と歴史研究者どうしの共同という二重の意味で重要です。つまり、地域史は地域社会の解体に抗する歴史像を模索することと同時に、それを実践する営為自体が目的性を有すると言えるのではないでしょうか。

地域史に意味を見出すことは、そこで生活を築いてきた人びとに意味を見出すことです。以前に次のように書いたことがあります［塚田 一九九五b］。

私は近世日本に生きた人々の社会史を勉強しているが、歴史のかげで、ひっそりと、しかも懸命に働き、誠実に生きた人々に無限の価値を見出しうるような歴史学でありたいといつも思っている。ふつうに暮らし、生き、そして死んでいった多くの民衆――それは被支配人民と言ってもよい――は、歴史に名を残していないのがふつうである。もちろん、そうした民衆が、みな善人であったとか、利害にとらわれていなかったとか、という楽観的なことを考えているわけではない。些細なことに一喜一憂し、また、時には他者と対立したりしながらも、したたかにかつ誠実に生きた人々の生をそれ自体として意味あるものと受けとめたいのである。そうした人々が歴史をつくってきたのであり、それを明らかにすることはとても楽しい。

このことは今でもまったく変わっていないし、そうした人びとに意味を見出すということは《自分に意味を見出す》ことでもある、そう思っています。そしてそのことがとても楽しい、ここに歴史学を学ぶ意義がある！

質問⑤　卒業論文はどうでしたか？

卒業論文は、「江戸の非人について」というテーマで書きました。

三回生の演習などで近世身分制・賤民制に関する論文やそこに用いられた史料を検証するような報告をしていましたが、四回生で卒業論文のテーマを選ぶにあたって、関八州えた頭弾左衛門支配下の小頭助左衛門関係史料に取り組むことにしました。助左衛門は、相州大磯宿の小頭で愛甲郡古沢村の小頭太郎右衛門の下から自立していき、相模中部の広域のえた身分を配下にしていきました。関東では、えた身分・非人身分はともに弾左衛門支配下の賤民組織に編成されていました。

四回生の夏休みは、助左衛門関係史料を所蔵していた神奈川県立文書館に通って史料を筆写する毎日でした。その史料はそう多くなく、二〜三週間でほぼメドがたち、秋にはそれを分析して、賤民組織の社会＝空間を地図で確認したり、えた身分と非人身分の関係秩序を考えたりしていました。そうして何とか書き上げて提出しました。自分ではそれなりの力を尽くしたつもりですが、出来は良くなかったようです。単位も揃っていたのですが、この年は大学院の受験に失敗し、卒論を撤回して留年しました。前に言ったように、勉強がまったく不十分でしたから仕方ありません（受験の前日、生まれてはじめて眠れないという経験をしましたが、それが原因ではないでしょう）。この一回目の卒論について、後日、六人の教員のうち高村直助先生だけがおもしろかったと言ってくださったのが、とても励みになりました。

五回生（二度目の四回生）になって、卒論をやり直すにあたって、相州の賤民組織を続けていくか、新しい課題に取り組むかを問われることになりました。助左衛門関係史料はすべて調べていたので、これ以上やってもそれほどの前進は見込めません。そこで、国立国会図書館に所蔵されている「旧幕府引継書」に含まれる江戸の非人関係史料と取り組むことにしました。江戸の町奉行所が前例を参照するため一件ごとにまとめた撰要類集などに弾左衛門支配下のえた身分・非人身分に関する史料もたくさん含まれていたのです。もう授業も取らなくても良かったので、五月頃から毎日国会図書館に通いました。夜は、昼間に筆写してきた史料を整理する毎日でした。秋には、ほぼ必要な史料を集めたと思えたので、分析のうえで章立てを考えて執筆に入りました。

この年の卒論は自分でも納得のいくものでしたし、先生方みなさんからもおもしろかったと言っていただけました。そして、この年は受験勉強もした上で大学院受験に臨んだのですが、今回も失敗してしまいました。専門の試験も十分クリアし、卒論も良くできていたが、英語がだめだったとのことでした。指導教員だった尾藤正英先生から、卒論はこれでいいからと今年は卒業することを勧められ、研究生になってもう一度大学院に挑戦することにしました。実は二度目に眠れない経験をしたのが、この受験の前日だったのですが、それは副次的であり、そもそも語学の才能がないのでしょう。それにしても、このときの不合格を知った時は、数日間下宿のふとんから立ち上がれませんでした。研究生として一年過ごし、もう一度大学院を受験しても合格する保証はありません。本当に心細い気持ちになったものです。

そうした折、卒論作成過程でもゼミに参加させていただき、御指導いただいていた史料編纂所の山口啓二先生から卒業論文を『歴史評論』という雑誌に載せてはどうかと勧めていただき、卒論の前半部分を「江戸の非人と諸役負担」というタイトルでまとめ直し、『歴史評論』三三八号（一九七八年六月）に掲載していただきました。これは浪人状態の自分にとって大きな自信となりました。それで何とか一年頑張ることができました。それにしても、最初の論文を載せることができたのが、高校二年生の時に最初に手にした専門雑誌『歴史評論』だったのは不思議な気がします。

その翌年は、大学院も受験しましたが、史料編纂所で助手の公募があり、それにも応募することにしました。幸い助手に採用されることになり、大学院受験は二次の面接を辞退しました。今回は面接を受けていれば大学院も合格できただろうと自分では思い込んでいます。史料編纂所の公募は、山口先生が名古屋大学に移られたことに伴うものでしたが、もし前年に大学院に受かっていれば、応募しなかったでしょうから、「人間万事塞翁が馬」とはこのことだと感じます。

今思い返してみて、方向も何もわからないまま暗中模索で課題と取り組んでいきながら、徐々に形になっていくプロセスは、まさに《私自身になる》過程の大きな第一歩でした。その後、研究を積み重ねてくると、ある程度それまでの蓄積のうえに次の仕事が位置づいていくので、卒論のときのような飛躍はそういつでもできるというわけではないのです。卒論はそれまでになかった力の限りを尽くした経験でしたが、得たものも大きく、その後の私自身を規定するほどの意味を持った経験でした。

質問⑥　卒業論文の位置づけと卒論演習のやり方を話してください。

大学で学ぶ意味は、自分が自らの人生を生きていく力を培うことにあるとするならば、それは卒業論文に集約されると考えています。私の経験でも、私が《私自身になる》第一歩が卒業論文だったと感じており、三回生までの講義や演習の授業は卒論を書けるような力をつけるためのトレーニングだと考えています。全力で取り組んでほしいと思っていますし、それだけの得られるものは必ずあるはずだと確信しています。

日本史コースでは、三回生の終りのころの二〜三月に第一回の卒論演習を行っています。そこでは教務担当の教員が、卒論とは何か、卒論作成までの段取り、史料・文献の調べ方などについて説明し、その後、学生一人ひとりから取り組みたいテーマについて話を聞きます。そのうえで春休みに読むべき文献などをアドバイスし、新学年がスタートする四月までに卒論にむけたレポート（四〇〇字×二〇枚程度）を書くことから卒論への第一歩が始まります。

日本史コースでは、四月以降は各時代・分野でそれぞれに卒論演習を行います。夏から初秋にかけての勉強の様子を確認するため、一〇月下旬から一一月上旬ころに全体で卒論中間報告会を開きますが、基本は各時代・分野での演習です。

なお、近現代史担当の佐賀朝さんと相談して、近世と近現代との合同卒論演習を適宜行うこともあります。

さて、近世史の卒論演習ですが、基本は毎週水曜日夕方四時過ぎから行っている近世史研究会がその場になっています。そこには、学生、院生、OBやOGなども参加して、各自のテーマに関わる読書会、卒論・修論へむけた中間報告、あるいは院生らの研究報告などさまざまな内容を盛り込んでいます（以前は、夕方六時から九時過ぎまで研究会を行い、そこでの議論でまだ足りない時には、ほぼ毎回行く飲み屋（雪国）で延長戦が続きました。今は、事情があり、研究会の時間を早め、議論の足りない時は別の時間に補足しています）。

このような研究会で卒論を作成していくのは、四回生だけを対象に卒論演習を行うのでは得られないメリットもあると考えています。院生の人たちの研究ができあがっていくプロセスを見ることは、論文というものを書いたことのない手探り状態の学生には大いに役にたつと思うからです。また、九月上旬〜中旬には合宿を行い、夏の間の進捗状況を報告してもらっています。

卒論の指導にあたっては、自分の経験から、問題意識や研究史という点だけで考えていると堂々めぐりをしてしまい前に進めないので、関心をもつテーマに関する史料を収集し、分析することを強く勧めます。〈研究史の整理と問題意識の進化〉と〈史料の収集と分析〉はどちらから先にするというようなものではなく、両者は同時並行でしか進んでいかないものだということです。

いずれにしても、卒論は暗中模索のなか、手探りでしかできないものですし、後で考えると、そこにこそ醍醐味があるとも言えるでしょう。

質問⑦　今興味をもっている研究テーマは何ですか？

現在の自分の研究は、三つの大きな柱から成り立っています。第一は、卒論以来取り組んできた近世身分制研究であり、その後身分制に収斂しきらない部分＝「身分的周縁」を含めて発展させてきた研究です。身分的周縁への視野を広げた今なら、このテーマは近世身分社会の研究と言った方が良いかもしれません。第二は、身分制の問題を江戸という都市の場において考える所から進展させてきた都市社会史の研究です。大阪市立大学に来てからは、特に近世大坂の都市社会史に取り組んでいます。第三は、和泉市史に関わるなかで取り組んできた和泉地域をフィールドとした地域史研究です。その際、この地域に古代から現在まで存在し続けている槇尾山や松尾寺という地方一山寺院（子院の集合体たる寺院組織を内実とする寺院）に着目して、これら寺院を核として形成される地域社会の構造を解明しようとする《寺院社会の地域史》という方向を模索しています。また、和泉市域の古代以来の開発の進展を軸に、人々の生活構築の歴史を総合的に把握することも試みています。また、この取組みの中で、先に伝統社会論と表現したような歴史把握の方法を深めてきました。

これらは、自分の中ではまったく別物というわけではなく、密接に絡まりあっています。都市社会史や和泉の地域史を行っているときにも、社会集団（身分集団）への着目とその相互関係という視点は貫かれていますし、大坂の都市史も一面では都市をフィールドとした地域史であり、寺院社会の問題は在地の中にはらまれる都市性への着目を要請するという具合です。

ごく最近の研究について触れておきます。二〇一〇年に刊行された「都市法」［塚田 二〇一〇b］では、近世都市大坂を対象に「法と社会」という視点から、都市社会構造を総体的に捉える試みをしました。その準備過程で、二〇〇九年三月のノースカロライナ大学（アメリカ）、プリンストン大学（アメリカ）や復旦大学（中国）で行われた学会でその内容を発表しました。

また、二〇一〇年代に入ってからは、近世大坂の非人についての再検討を進めました。二〇一一年には非人と町方の関係を再検討した「都市大坂における非人と町方：再考」［塚田 二〇一一b］、非人の〝家〟を摘出した「近世後期・大坂における非人の「家」」［塚田 二〇一一c］などを発表しました。二〇一二年には、垣外仲間（非人集団）と四天王寺、大坂町奉行所の関係を整理して「近世大坂の垣外仲間と四天王寺」［塚田 二〇一三c］を書き、また、二〇一三年には垣外仲間（非人身分）内の転びキリシタンと人別のことなどで論文を書いています。そこでは、近世大坂の垣外仲間（非人身分）の集団構造と、非人となった人の個人レベルのライフヒストリーを突き合わせることで身分社会の捉え直しを意図しています。これらの検討を踏えて『大坂の非人――乞食・四天王寺・転びキリシタン』［塚田 二〇一三d］としてまとめました。

二〇一五年には、それまでの大坂の都市史研究に関する論文を集めた『都市社会史の視点と構想――法・社会・文化』［塚田 二〇一五］をまとめました。こうした研究を踏まえて、現在は近世後期の大坂における都市民衆の生活世界の復元を試みようとしています。その際の恰好の史料が、親孝行な娘・息子や勤め先の主人に忠勤を尽した奉公人に対する褒賞の事例です。そのために二〇一六年度後期の日本史特講Ⅳの授業で、毎回下原稿を用意する形で孝子褒賞に関する一一のテーマを講義することを試みました。これは、昨年『大坂　民衆の近世史――老いと病・生業・下層社会』［塚田 二〇一七b］としてまとめることができました。

質問⑧　現在の研究状況についてどう感じていますか？

先にも書いたように、各地で地域史に対する多様な模索が試みられていることが重要であり、心強く感じます。

一方で、これまで営々と積上げられてきた戦後の歴史学の成果が十分踏まえられていない状況が見受けられ、こちらは残念です。そのことと、海外での歴史学の動向を紹介して、あたかもそれが最先端の研究であるかのような錯覚とが重なっているように思います。それは、明治以来の日本の知識人の通弊かもしれません。その克服は、現代あるいは地域の提起する課題と真摯に向き合い、歴史学の課題を引き出す営為によってこそ可能になるのだろうと思います。

最近、私自身の海外の日本史研究を志す人たちとの交流が広がってきました。その人たちとはいっしょに史料を読み、いっしょに議論をしているのですが、お互いに学び合うことがたくさんあります。ここに先の通弊を打破する可能性があるのではないかとひそかに思っています。

ここでの質問とちょっとズレますが、海外の研究者・院生との交流に触れたこととの関連で、院生や学生との学び合いにおいて私自身が多くのものを得ているということを一言補足しておきたいと思います。大学というところは、学生や院生が教師から一方的に教えられるというものではなく、学問を通じて共同で学び合う場であり、人と人が出会う場なのだと思っています。

質問⑨　主な著書・論文をあげてください。

以下では、論文は省略し、著書のみを紹介します。

①『近世日本身分制の研究』〔塚田 一九八七a〕

最初の論文集。前半で、関八州えた頭弾左衛門支配下の賤民組織の構造を解明。後半では、特に江戸の非人を取り上げ、四ヶ所非人頭とその手下の存在形態、町奉行所などの下で勤める御用の内容、町方との勧進をめぐる仕切り関係などについて解明。

②『身分制社会と市民社会――近世日本の社会と法』〔塚田 一九九二〕

前著で得た身分制と身分集団の視点から、江戸の都市社会の諸問題（刑罰と目明し〔警吏〕、人足寄場、吉原の遊女屋仲間と町制機構、公事宿と身分内法など）を検討し、それら全体を通して、近世身分制社会のなかに「生成しつつある市民社会」を発見した。

③『近世の都市社会史――大坂を中心に』〔塚田 一九九六〕

私の大坂研究の出発点である。取り上げたのは、一七世紀の都市法制整備、蔵屋敷、かわた身分の居住する渡辺村、新地開発とそこでの茶屋経営などである。

④『近世身分制と周縁社会』〔塚田 一九九七〕

政治的に編成された狭義の身分制に収斂しない周縁社会を必然的に随伴するものとして身分制社会（広義）を把握すべきことを主張。

⑤『身分論から歴史学を考える』〔塚田 二〇〇〇a〕
これまでの近世史研究を通して考えてきた歴史学の方法に関する論考をまとめたもの。主な論点は、社会と時間の構造化と両者の複合としての歴史社会の構造、政治社会レベルと地域生活レベルの複合した地域社会構造、歴史分析の三つの位相、地域史と地域史料分析の意義などである。

⑥『都市大坂と非人』〔塚田 二〇〇一〕
山川出版社の日本史リブレットというシリーズの一冊。私の理解する近世大坂の非人について、その段階での全体像をコンパクトにまとめたもの。そこでは、大坂町奉行所の下での御用や彼らの生活を支える勧進（本来、宗教的な喜捨を募る行為の意だが、転じて乞食・物乞いの意味にも用いられる）などに注目して、江戸との比較を念頭に概観した。

⑦『歴史のなかの大坂』〔塚田 二〇〇二b〕
共通教育の授業を通してまとめたもので、古代から近代までの通時代的な展望のなかで近世大坂の都市社会構造を概観している。

⑧『近世大坂の都市社会』〔塚田 二〇〇六a〕

⑨『近世大坂の非人と身分的周縁』〔塚田 二〇〇七a〕
⑧・⑨の二冊は、私のそれまでの一〇年余りに大坂の都市社会史に関して書いてきた論文をまとめたもの。⑥や⑦の基礎となった個別論文が含まれるとともに、⑦では見通しにとどまっていた論点を実証的に解明した論文も含まれる。

⑩『近世身分社会の捉え方――山川出版社高校日本史教科書を通して』〔塚田 二〇一〇a〕
私が近世史研究を始めたころからの研究の流れを大づかみにまとめ、現在の近世身分社会についての私の

捉え方を総括的に述べたもの。近世身分社会を「士農工商えた非人」の身分制でがんじがらめの社会だったという通念は全くの誤りであり、多様な身分諸集団の重層と複合から成り立つ社会であったこと、またかわた身分や非人身分を「非人論」（かつて中世史家の黒田俊雄氏が提起した）の見地から総合的に捉えるべきことなどを主張している。

⑪『大坂の非人――乞食・四天王寺・転びキリシタン』［塚田二〇一三d］

一〇年ほど前にまとめた⑥『都市大坂と非人』で述べた四ヶ所垣外仲間の存在形態や、御用と勧進の基本的な枠組みを前提として、今回は、四天王寺との関係や転びキリシタンとその子孫の問題などに注目して、天王寺垣外を中心に、非人個人の《生》に密着して、近世の非人身分と垣外仲間の形成と展開を概観した。それを通して、大坂の固有のあり方を示し、また歴史社会というものの本質を示すことを試みた。

⑫『都市社会史の視点と構想――法・社会・文化』［塚田二〇一五］

二一世紀に入ってから発表してきた都市社会史に関する論考をまとめたもの。これまでの実証研究を踏まえて、都市社会を全体として把握する視点を模索し、その構想を提示しようと試みた。

⑬『大坂　民衆の近世史――老いと病・生業・下層社会』［塚田二〇一七b］

この本では、寛政改革を契機にそれ以後広く行われるようになった孝子褒賞・忠勤褒賞について、大坂における褒賞の展開を具体的に見ていくとともに、これらの褒賞の通達に付された理由書から、都市大坂に生きた人びとの暮しの様子を窺うことをめざした。これは、江戸と並ぶ巨大都市であった大坂の都市社会の全体史を構想したものでもある。

質問⑩　入学しようとする学生への期待を一言！

現代の社会の中でどう生きたらいいか、真剣に考えたいと思っている人たちは、ぜひ大阪市立大学の文学部に来てください。日本史という学問的営為を通して、それをいっしょに考えましょう。

歴史研究はとても楽しいものです。やわな想像力より歴史の現実の方がずっと豊かなのです。それを発見した時の喜びは格別です。その喜びを、みなさんとともにできたらと思っています！

あとがき

本書は、二〇〇〇年代に入って発表した歴史学の方法や意義に関する論考を収録したものである。これらの論考は、都市史や身分的周縁などの共同研究に集った多くの方がたとの議論の中で考えたものであり、また大阪市立大学大学院文学研究科での様々なプロジェクトと日本史学教室における研究と教育に取り組むなかで考えたものである。そこでお世話になった多くの方がたにお礼を申し上げたい。また、そこで学生・院生として共に学び、その後も共同で歴史学に取り組んでいる人たちから受ける刺激も大きい。今後もこうした共同の営為を持続していければと願っている。

吉田伸之さんとは様々な共同研究の場を共有してきたし、今もしている。今回、参考文献を整理しながら改めて思ったのは、吉田さんの学恩の大きさである。有り難い気持ちでいっぱいである。今後も様々な場で、ご教示いただければと思っている。

本書をまとめようとあれこれ思いをめぐらしていた時、歴史学研究に携わっている人だけでなく、これから歴史学を志す人やさらに広く歴史と歴史学に多少なりとも関心を持っている人に読んでもらいたいと考えた。そう考えて、花伝社社長の平田勝さんに相談した。平田さんとは、恵美夫人を通して面識を得ていた。恵美さんは山口ゼミの先輩で卒論執筆のころ、神奈川や埼玉の弾左衛門支配下の小頭関係の史料についてご教示いただいたことを思い出す。

本書のもととなるぼんやりとした章立てと原稿を平田勝さんに送ったが、その後、短期間に全体に目を通して章立てを組み直した出版プランを提案いただいた。これによってわたしの意図がすっきりすると思われたので、本書は、そのプランに沿って章立てすることにした。今回、こうした形で、本書を出版できたことに、心から感謝している。

本書の編集作業では、若い編集者・大澤茉実さんにお世話になった。大澤さんは〝これまで歴史学には関わっていなかったが、そういう自分にもいろいろな示唆を受けた〟と言って私を力づけながら、単に仕事としてではない熱意で作業に当ってくれたと感じている。お礼申し上げたい。

二〇一九年八月

塚田　孝

【参考文献】

朝尾直弘（一九六七）『近世封建社会の基礎構造――畿内における幕藩体制』御茶の水書房（再録：［朝尾 二〇〇三（第1巻）］）

朝尾直弘（一九八一）「近世の身分制と賤民」『部落問題研究』（六八）（再録：［朝尾 二〇〇四（第7巻）］）

朝尾直弘（一九八五）「「公儀」と幕藩領主制」日本史研究会・歴史学研究会編『講座日本歴史（第5巻）』東京大学出版会（再録：［朝尾 二〇〇四（第3巻）］）

朝尾直弘（一九八八）「惣村から町へ」朝尾直弘・山口啓二・網野善彦・吉田孝編『日本の社会史（第6巻）社会的諸集団』岩波書店（再録：［朝尾 二〇〇四（第6巻）］）

朝尾直弘（二〇〇一）「「身分」社会の理解」奈良人権・部落解放研究所編『日本歴史の中の被差別民』新人物往来社（再録：［朝尾 二〇〇四（第7巻）］）

朝尾直弘（二〇〇三～四）『朝尾直弘著作集』（全8巻）岩波書店

安良城盛昭（一九六九ａ）『太閤検地と石高制』ＮＨＫブックス

安良城盛昭（一九六九ｂ）『歴史学における理論と実証』御茶の水書房

飯田市歴史研究所編（二〇一二）『飯田・上飯田の歴史（上巻）』飯田市教育委員会

石井寛治（一九九九）「戦後歴史学と世界史――基本法則論から世界システムへ」『歴史学研究』（七二九）

和泉市史編さん委員会編（二〇〇八）『和泉市の歴史2　松尾谷の歴史と松尾寺』和泉市教育委員会

和泉市史編さん委員会編（二〇一五）『和泉市の歴史4　信太山地域の歴史と生活』和泉市教育委員会

井上浩一（二〇〇七）「ビザンツ帝国における法と社会」［塚田編 二〇〇七］

井上徹・塚田孝編（二〇〇五）『東アジア近世都市における社会的結合――諸身分・諸階層の存在形態』（大阪市立大学文学研究科叢書第3巻）清文堂出版

井上徹（二〇〇七）「明清時代における法の伝達」［塚田編 二〇〇七］

井上智勝（二〇〇〇ａ）「神道者」［高埜編 二〇〇〇］

井上智勝（二〇〇〇ｂ）「吉田家大坂用所の設置と神祇道取締役・神道方頭役」『大阪の歴史』（五五）
内田九州男・岡本良一編（一九七四・六）『道頓堀非人関係文書（上・下巻）』清文堂出版
内田九州男・岡本良一編（一九八九）『悲田院文書』清文堂出版
梅田千尋（二〇〇〇）「陰陽師――京都洛中の陰陽師と本所土御門家」［高埜編 二〇〇〇］
大阪市史料編纂所・大阪市史料調査会編（二〇〇二）『大阪市史編集の一〇〇年』創元社
大山喬平（二〇〇二）「身分的周縁をめぐって――ゆるやかなカースト社会」『部落問題研究』（一五九）（再録：［大山 二〇〇三］）
大山喬平（二〇〇三）『ゆるやかなカースト社会・中世日本』校倉書房
大山喬平（二〇〇七）「多様性としての列島一四世紀――網野学説をめぐって」『日本史研究』（五四〇）（再録：二〇一二『日本中世のムラと神々』岩波書店）
小川央（一九九五）「中世奈良の非人集団――前期からの展開」『人民の歴史学』（一二三）
荻慎一郎（二〇〇〇）「金掘り」［塚田編 二〇〇〇］
神田由築（一九九九）『近世の芸能興行と地域社会』東京大学出版会
神田由築（二〇〇〇）「飴売商人」［吉田編 二〇〇〇］
北尾悟（二〇一七）「鈴木良氏の歴史教育論の現在的意義――授業の現場から」『歴史科学』（二二九）
北川央（二〇〇〇）「太神楽」［横田編 二〇〇〇］
倉地克直（二〇〇二）「身分的周縁をめぐって――近世史の立場から」『部落問題研究』（一五九）
久留島浩編（二〇〇〇）『シリーズ近世の身分的周縁（第５巻） 支配をささえる人々』吉川弘文館
久留島浩・塚田孝・吉田伸之・高埜利彦・横田冬彦編（二〇〇〇）『シリーズ近世の身分的周縁（第６巻） 身分を問い直す』吉川弘文館
黒田俊雄（一九八三）「転換期の歴史学――現代歴史科学の方向」同著『歴史学の再生』校倉書房（なお、初出は（一九七八）『阪大歴研』（一））
後藤雅知（二〇〇一）『近世漁業社会構造の研究』山川出版社

後藤雅知・斎藤善之・高埜利彦・塚田孝・原直史・森下徹・横田冬彦・吉田伸之編（二〇〇六～七）『身分的周縁と近世社会』（全9巻）吉川弘文館
近藤喜博編（一九七二）『白川家門人帳』清文堂出版
齊藤紘子（二〇〇七）「陣屋元村と伯太陣屋」［塚田編 二〇〇七］（再録：［齊藤 二〇一八］）
齊藤紘子（二〇一〇）「和泉国伯太藩の陣屋奉公人と在地社会」『史学雑誌』（一一九－一一）（再録：［齊藤 二〇一八］）
齊藤紘子（二〇一四）「近世中期伯太藩における村落社会と領主支配――泉州上神谷郷を対象に」『ヒストリア』（二四七）（再録：［齊藤 二〇一八］）
齊藤紘子（二〇一八）『畿内譜代藩の陣屋と藩領社会』清文堂出版
佐賀朝（二〇一七）「歴史学と社会的実践――鈴木良氏の軌跡をたどる」『歴史科学』（二二九）
桜井英治（一九九〇）「中世商人の近世化と都市」高橋康夫・吉田伸之編『日本都市史入門3　人』東京大学出版会（再録：一九九六『日本中世の経済構造』岩波書店）
佐々木隆爾（一九九二）「歴史とは何か」浜林正夫・佐々木隆爾編『歴史学入門』有斐閣
佐々木隆爾（二〇〇八）「水平社創立史研究の新紀元――書評・鈴木良『水平社創立の研究』」『歴史科学』（一九二）
佐藤守（一九七〇）『近代日本青年集団史研究』御茶の水書房
塩村耕編（一九九九）『古版大阪案内記集成』和泉書院
辛徳勇（二〇〇七）「清代都市における街頭の民衆文字情報」大阪市立大学都市文化研究センター編『都市文化理論の構築に向けて』（大阪市立大学文学研究科叢書第5巻）清文堂出版
鈴木良（一九七六）「部落問題研究の回顧と展望」歴史科学協議会編『歴史科学大系21　部落問題の史的究明』校倉書房
鈴木良（一九八五）『近代日本部落問題研究序説』兵庫部落問題研究所
鈴木良（一九八七）「民主主義と歴史学」歴史科学協議会編『現代を生きる歴史科学1　現実からの提起』大月書店（再録：［鈴木 一九九九］）
鈴木良（一九八八ａ）「西門民江さんと私――ありし日をしのんで」『部落』一九八八年五月号（再録：［鈴木 一九九九

九〕）
鈴木良（一九八八b）「安川先生という人――解題にかえて」安川重行『草の根の教師として』部落問題研究所
鈴木良（一九九〇）『改訂増補版――教科書のなかの部落問題』部落問題研究所
鈴木良（一九九九）『歴史の楽しさ』部落問題研究所
鈴木良（二〇〇二a）「本シンポジウムの目的について」『部落問題研究』（一五九）
鈴木良（二〇〇二b）「身分的周縁をめぐって――近代史の立場から」『部落問題研究』（一五九）
鈴木良（二〇〇五）『水平社創立の研究』部落問題研究所
鈴木良（二〇〇七）「真宗教団批判の発展」『部落問題研究』（一八三）
鈴木良（二〇一〇a）「歴史のなかの部落問題とその解決過程」部落問題研究所編『部落問題解決過程の研究（第1巻）』部落問題研究所
鈴木良（二〇一〇b）「日本社会の変動と同和行政の動向――同和対策審議会から同和対策事業特別措置法へ」部落問題研究所編『部落問題解決過程の研究（第1巻）』部落問題研究所
鈴木良（二〇一二）「近代日本の地域支配構造を考える」地域史物寄合呼びかけ人編『地域史と住民・自治体・大学』神戸大学大学院人文研究科地域連携センター（再録：〔部落問題研究所編 二〇一六〕）
鈴木良（二〇一三）「地域支配構造の発展」『部落問題研究』（二〇五）（再録：〔部落問題研究所編 二〇一六〕）
高木昭作（一九七六）「幕藩初期の身分と国役」『歴史学研究』（一九七六年度歴史学研究会大会報告別冊）（再録：〔高木 一九九〇〕）
高木昭作（一九八四a）「所謂「身分法令」と「一季居」禁令――「侍」は「武士」ではない」尾藤正英先生還暦記念会編『日本近世史論叢（上巻）』吉川弘文館（再録：〔高木 一九九〇〕）
高木昭作（一九八四b）「「秀吉の平和」と武士の変質――中世的自律性の解体過程」『思想』（七二一）（再録：〔高木 一九九〇〕）
高木昭作（一九八九a）「幕藩体制の成立と近世的軍隊」（所収：〔高木 一九九〇〕第Ⅺ章）
高木昭作（一九八九b）「寛永期における統制と反抗――寛永軍役令への一視点」（所収：〔高木 一九九〇〕第Ⅻ章）

高木昭作（一九九〇）『日本近世国家史の研究』岩波書店
高澤紀恵・吉田伸之・フランソワ＝ジョゼフ ルッジウ・ギヨーム カレ編（二〇一一）『伝統都市を比較する――飯田とシャルルヴィル』山川出版社
高田陽介（二〇〇〇）「三昧聖」［高埜編 二〇〇〇］
高埜利彦（一九八九）『近世日本の国家権力と宗教』東京大学出版会
高埜利彦（二〇〇〇）「相撲年寄」［塚田編二〇〇〇］（再録：二〇一八、『近世史学とアーカイブズ学』青史出版）
高埜利彦編（二〇〇〇）『シリーズ近世の身分的周縁（第1巻）民間に生きる宗教者』吉川弘文館
竹永三男・広川禎秀・奥村弘・塚田孝・鈴木良（二〇〇七）「座談会『水平社創立の研究』（鈴木良著）をめぐって」『部落問題研究』（一七九）
ダニエル・ボツマン（二〇一一）「カースト制度と身分制度、比較歴史学の可能性について」『部落問題研究』（一九五）
塚田孝（一九八四）「三都の非人と非人集団」『歴史学研究』（五三四）（再録：［塚田 二〇〇七］）
塚田孝（一九八五a）「社会集団をめぐって」『歴史学研究』（五四八）（再録：［塚田 一九八七a］）
塚田孝（一九八五b）「近世の身分制支配と身分」日本史研究会・歴史学研究会編『講座日本歴史（第5巻）』東京大学出版会（再録：［塚田 一九八七a］）
塚田孝（一九八七a）『近世日本身分制の研究』兵庫部落問題研究所
塚田孝（一九八七b）「近世の弾左衛門支配――職場の論理」『週刊朝日百科――日本の歴史（第76巻）』朝日新聞社（再録：［塚田 二〇〇〇a］）
塚田孝（一九八七c）「非人と町方」『朝日ジャーナル』（二九‐二五）（再録：［塚田 二〇〇〇a］）
塚田孝（一九八七d）「近世の刑罰」朝尾直弘・山口啓二・網野善彦・吉田孝編『日本の社会史（第5巻）裁判と規範』岩波書店（再録：［塚田 一九九二］）
塚田孝（一九九〇）「安良城説における日本史の全体構想――安良城盛昭著『天皇・天皇制・百姓・沖縄』によせて」『歴史科学』（一二〇）（再録：［塚田 一九九二］）

塚田孝（一九九一）「「地域支配」論とは何か――書評・鈴木良『近代日本部落問題研究序説』」『歴史科学』（一二四・一二五合併号）（再録：［塚田 一九九二］）
塚田孝（一九九二）『身分制社会と市民社会――近世日本の社会と法』柏書房
塚田孝（一九九三ａ）「近世都市史研究の課題と方法」『人民の歴史学』（一一七）（再録：［塚田 一九九七］）
塚田孝（一九九三ｂ）「大学生活における卒業論文――教員の立場から」『歴史評論』（五二七）
塚田孝・吉田伸之・脇田修編（一九九四）『身分的周縁』部落問題研究所
塚田孝（一九九四）「身分制の構造」『岩波講座日本通史（第12巻）』（再録：［塚田 一九九七］）
塚田孝（一九九五ａ）「安良城盛昭氏の幕藩体制論との対話」安良城盛昭『日本封建社会成立史論』（下巻）岩波書店（再録：［塚田 二〇〇〇ａ］）
塚田孝（一九九五ｂ）「日本近世史――名もなき民衆の営為から成り立つ」『歴史学がわかる（Aera mook:10）』朝日新聞社
塚田孝（一九九五ｃ）「17世紀なかばの大坂と都市法制整備」『人文研究』（四七-八）（再録：［塚田 二〇〇六］）
塚田孝（一九九六）『近世の都市社会史――大坂を中心に』青木書店
塚田孝（一九九七）『近世身分制と周縁社会』東京大学出版会
塚田孝（一九九九）「歴史学の方法をめぐる断想――アメリカでの経験にふれて」大阪市立大学日本史学会『市大日本史』（二）（再録：［塚田 二〇〇〇ａ］）
塚田孝（二〇〇〇ａ）『身分論から歴史学を考える』校倉書房
塚田孝（二〇〇〇ｂ）「非人――近世大坂の非人とその由緒」［塚田編 二〇〇〇］（再録：［塚田 二〇〇七ａ］）
塚田孝（二〇〇〇ｃ）「身分的周縁と歴史社会の構造」［久留島・高埜・塚田・横田・吉田編 二〇〇〇］（再録：［本書Ⅱ第1章］）
塚田孝編（二〇〇〇）『シリーズ近世の身分的周縁（第3巻）職人・親方・仲間』吉川弘文館
塚田孝（二〇〇一）『都市大坂と非人』山川出版社
塚田孝・吉田伸之編（二〇〇一）『近世大坂の都市空間と社会構造』山川出版社

塚田孝（二〇〇二a）「「近世の身分的周縁」によせて」『部落問題研究』（一五九）（再録：［本書Ⅱ第2章］）
塚田孝（二〇〇二b）『歴史のなかの大坂』岩波書店
塚田孝（二〇〇三a）「近世身分制研究の展開」歴史学研究会編『現代歴史学の成果と課題 1980-2000 年Ⅱ　国家像・社会像の変貌』青木書店（再録：［本書Ⅰ第1章］）
塚田孝（二〇〇三b）「都市における社会＝文化構造史のために」大阪市立大学大学院文学研究科都市文化研究センター『都市文化研究』（一）
塚田孝（二〇〇三c）「近世大坂の都市社会と文化」大阪市立大学大学院文学研究科アジア都市文化学教室編『アジア都市文化学の可能性』（大阪市立大学文学研究科叢書第1巻）清文堂出版
塚田孝（二〇〇四）「歴史学の方法をめぐって――永原慶二『20世紀日本の歴史学』に触発されて」『歴史科学』（一七八）（再録：［本書Ⅲ第7章］）
塚田孝（二〇〇五a）「近世後期における都市下層民衆の生活世界」［井上・塚田編 二〇〇五］
塚田孝（二〇〇五b）「身分的周縁論――勧進の併存を手がかりとして」歴史学研究会・日本史研究会編『日本史講座（第6巻） 近世社会論』東京大学出版会
塚田孝（二〇〇六a）『近世大坂の都市社会』吉川弘文館
塚田孝（二〇〇六b）「都市の周縁に生きる――一七世紀の大坂三津寺町」塚田孝編『身分的周縁と近世社会（第4巻） 都市の周縁に生きる』吉川弘文館
塚田孝（二〇〇七a）『近世大坂の非人と身分的周縁』部落問題研究所
塚田孝（二〇〇七b）「近世大坂の法と社会」［塚田編 二〇〇七］
塚田孝（二〇〇七c）「問題提起：都市に対する歴史的アプローチと社会的結合」『都市に対する歴史的アプローチと社会的結合』（COE 大阪プロジェクト・重点研究共編報告書）大阪市立大学大学院文学研究科都市文化研究センター
塚田孝（二〇〇七d）「都市文化と公共性」大阪市立大学都市文化研究センター編『都市文化理論の構築に向けて』（大阪市立大学文学研究科叢書第5巻）清文堂出版

塚田孝編（二〇〇七）『近世大坂の法と社会』清文堂出版
塚田孝（二〇〇八ａ）「日本近世の社会的結合」『都市文化創造のための比較史的研究（重点研究報告書）』大阪市立大学大学院文学研究科都市文化研究センター（再録：［本書Ⅰ第4章］）
塚田孝（二〇〇八ｂ）「『東松山市の歴史』と『鎖国と開国』」『歴史評論』（七〇四）（再録：［本書Ⅲ第2章］）
塚田孝（二〇〇八ｃ）「新しい地域史の創造」『山口啓二著作集』（第4巻）（再録：［本書Ⅲ第3章］）
塚田孝（二〇〇八ｄ）「地域史研究と現代――和泉市松尾地域を素材に」『人民の歴史学』（一七七）
塚田孝（二〇一〇ａ）『近世身分社会の捉え方――山川出版社高校日本史教科書を通して』部落問題研究所
塚田孝（二〇一〇ｂ）「都市法」伊藤毅・吉田伸之編『伝統都市（第2巻）権力とヘゲモニー』東京大学出版会（再録：［塚田二〇一五］）
塚田孝編（二〇一〇）『身分的周縁の比較史――法と社会の視点から』清文堂出版
塚田孝（二〇一一ａ）「時代に向き合って生きる――『山口啓二著作集』刊行によせて」東京部落問題研究会『東京部落研　会報』（二三六）（再録：［本書Ⅲ第4章］）
塚田孝（二〇一一ｂ）「都市大坂における非人と町方：再考」『部落問題研究』（一九七）
塚田孝（二〇一一ｃ）「近世後期・大坂における非人の「家」」［高澤・吉田・ルッジウ・カレ編二〇一一］
塚田孝（二〇一三ａ）「都市における貧困と救済」『都市における貧困と救済（国際円座報告書）』大阪市立大学大学院文学研究科都市文化研究センター（再録：［本書Ⅰ第3章］）
塚田孝（二〇一三ｂ）「地域史の固有性と普遍性について」『地域史の固有性と普遍性（第3回地域史惣寄合・第五回地域学シンポジウム報告書）』佐賀大学地域学歴史文化研究センター
塚田孝（二〇一三ｃ）「近世大坂の垣外仲間と四天王寺」塚田孝・吉田伸之編（二〇一三）『身分的周縁と地域社会』山川出版社
塚田孝（二〇一三ｄ）『大坂の非人――乞食・四天王寺・転びキリシタン』ちくま新書
塚田孝（二〇一四ａ）「近世大坂の身分的周縁」『思想』（一〇八四）（再録：［本書Ⅱ第3章］）
塚田孝（二〇一四ｂ）「山口啓二氏を偲ぶ」『歴史評論』（七六七）（再録：［本書Ⅲ第1章］）

塚田孝・佐賀朝・八木滋編（二〇一四）『近世身分社会の比較史――法と社会の視点から』清文堂出版
塚田孝（二〇一五）『都市社会史の視点と構想――法・社会・文化』清文堂出版
塚田孝（二〇一六ａ）「鈴木良氏の近代史研究に学ぶ――地域史研究の立場から」『部落問題研究』（二一九）（再録：〔本書Ⅲ第5章〕）
塚田孝（二〇一六ｂ）「都市社会の構造と変容――都市社会史の方法」井上徹・仁木宏・松浦恆雄編『東アジアの都市構造と集団性――伝統都市から近代都市へ』（大阪市立大学文学研究科叢書第9巻）、清文堂出版
塚田孝（二〇一七ａ）「鈴木良氏の近代史研究の展開」『歴史科学』（二二九）（再録：〔本書Ⅲ第6章〕）
塚田孝（二〇一七ｂ）『大坂　民衆の近世史――老いと病・生業・下層社会』ちくま新書
塚田孝・佐賀朝（二〇一七）「日本の都市社会史――近世・近代を中心に」歴史科学学協議会編『歴史学が挑んだ課題――継承と展開の50年』大月書店
東條由紀彦（一九八〇）「明治二〇～三〇年代の『労働力』の性格に関する試論」『史学雑誌』（八九-九）（再録：一九九〇『製糸同盟の女工登録制度――日本の近代の変容と女工の「人格」』東京大学出版会）
永井彰子（二〇〇〇）「寺中――筑前の芸能集団」〔横田編 二〇〇〇〕
永原慶二・山口啓二（一九七六）「日本封建制と天皇」『歴史評論』（三一四）（再録：〔山口 二〇〇九（第5巻）〕）
永原慶二（二〇〇三）『20世紀日本の歴史学』吉川弘文館
西田かほる（二〇〇〇）「神子」〔高埜編 二〇〇〇〕
西門民江（一九七五）『ひとつのいのち』部落問題研究所
西門民江（一九七九）『峠の道――部落に生きて』草土文化
西山卯三（一九九七）『安治川物語』日本経済評論社
畑中敏之（一九九二）「「かわた」身分とはなにか」朝尾直弘編『日本の近世（第7巻）身分と格式』中央公論社
羽仁五郎（一九三二）「幕末に於ける社会経済状態、階級関係及び階級闘争（前篇）」『日本資本主義発達史講座』（第三回）岩波書店（復刊一九八二）
原直史（一九九六ａ）『日本近世の地域と流通』山川出版社

原直史（一九九六ｂ）「市場と問屋・仲買」斎藤善之編『新しい近世史（第3巻）　市場と民間社会』新人物往来社
原直史（一九九六ｃ）「市場と仲間」『歴史学研究』（六九〇）
原直史（二〇〇〇）「松前問屋」［吉田編 二〇〇〇］
原直史（二〇〇七）「商いがむすぶ人びと――重層する仲間と市場」原直史編『身分的周縁と近世社会（第3巻）　商いがむすぶ人びと』吉川弘文館
平山和彦（一九八八）『合本青年集団史研究所説』新泉社
藤本清二郎（二〇一一）『近世身分社会の仲間構造』部落問題研究所
藤本清二郎（二〇一四）『城下町世界の生活史――没落と再生の視点から』清文堂出版
部落問題研究所編（二〇一六）『身分的周縁と部落問題の地域史的研究』部落問題研究所
古島敏雄（一九四四）『信州中馬の研究――近世日本陸上運輸史の一齣』伊藤書店（再録：一九七四『古島敏雄著作集（第4巻）』東京大学出版会
古島敏雄（一九七四）「解題」『古島敏雄著作集（第1巻）　徭役労働制の崩壊過程――伊那被官の研究』東京大学出版会（収録書の初出は、一九三八年）
ヘルマン オームス（一九九六）『宗教研究とイデオロギー分析』ぺりかん社
保坂裕興（二〇〇〇）「虚無僧」［高埜編 二〇〇〇］
本庄栄治郎（一九三〇）『近世封建社会の研究』（改造文庫版）改造社
松本四郎（一九七〇ａ）「幕末・維新期における都市の構造」『三井文庫論叢』（四）
松本四郎（一九七〇ｂ）「幕末・維新期における都市と階級闘争」『歴史学研究』（一九七〇年度大会別冊特集）
マーレン エーラス（二〇一〇）「身分社会の貧民救済――天明飢饉中の越前大野藩を例に」［塚田編 二〇一〇］
三田智子（二〇一五）「近世和泉国におけるかわた村と地域社会――泉郡信太地域を事例に」『歴史評論』（七八二）
三田智子（二〇一八）『近世身分社会の村落構造――泉州南王子村を中心に』部落問題研究所
宮地正人（一九七三）『日露戦後政治史の研究』東京大学出版会
宮地正人・田中彰校注（一九九一）『日本近代思想大系13　歴史認識』岩波書店

森田竜雄（二〇〇〇）「鉢叩」［横田編 二〇〇〇］
母利美和（二〇〇〇）「能役者」［横田編 二〇〇〇］
森下徹（二〇一〇）「萩城下の都市民衆世界」伊藤毅・吉田伸之編『伝統都市（第1巻） イデア』東京大学出版会
森下徹（二〇一二）『武士という身分――城下町萩の大名家臣団』吉川弘文館
森下徹（二〇一四）「城下町萩の武家奉公人」『思想』（一〇八四）
安丸良夫（一九七四）『日本の近代化と民衆思想』青木書店
安丸良夫（一九九九）『一揆・監獄・コスモロジー』朝日新聞社
柳田國男（一九三一）『明治大正史 世相篇』朝日新聞社（再録：一九七六（上巻・下巻）講談社学術文庫）
山口啓二（一九六四）「豊臣政権の構造」『歴史学研究』（二九二）（再録：［山口 一九七四・二〇〇八（第2巻）］）
山口啓二（一九七一）「幕藩体制社会はどういう社会か」永原慶二・山口啓二監修『現代歴史学の課題』（上）青木書店（再録：［山口 一九七四・二〇〇八（第2巻）］）
山口啓二（一九七四）『幕藩制成立史の研究』校倉書房
山口啓二（一九七五）「自治体史編さんの課題」『人民の歴史学』（四三）（再録：一九七七 東京歴史科学研究会編『歴史を学ぶ人々のために（第2巻）』三省堂、［山口 二〇〇八（第4巻）］）
山口啓二（一九九三）『鎖国と開国』岩波書店（再録：二〇〇六 岩波現代文庫）
山口啓二（一九九九）「歴史と現在、そして未来――南紀栖原の豪商菊池家の文書整理を通じて見えてきたもの」『ばさら』（二）（再録：［山口 二〇〇九（第3巻）］）
山口啓二（二〇〇八～九）『山口啓二著作集』（全五巻）校倉書房
八木橋伸治（一九八六）「秩父郡における近世後期の香具師集団」地方史研究協議会編『内陸の生活と文化』雄山閣出版
山下聡一（二〇〇六）「浜子」後藤雅知編『身分的周縁と近世社会（第1巻） 大地を拓く人びと』吉川弘文館
横田冬彦（一九八一）「幕藩制的職人編成の成立――幕府大工頭中井家の工匠編成をめぐって」『日本史研究』（二二七）

横田冬彦（一九八二）「幕藩制前期における職人編成と身分」『日本史研究』（二三五）
横田冬彦（一九九二）「近世的身分制度の成立」朝尾直弘編『日本の近世（第7巻）　身分と格式』中央公論社
横田冬彦（二〇〇〇ａ）「鋳物師」［塚田編 二〇〇〇］
横田冬彦（二〇〇〇ｂ）「芸能・文化と身分的周縁」［久留島・高埜・塚田・横田・吉田編 二〇〇〇］
横田冬彦編（二〇〇〇）『シリーズ近世の身分的周縁（第2巻）　芸能・文化の世界』吉川弘文館
吉田伸之（一九七三）「江戸町会所の性格と機能について――幕藩体制下における都市下層対策の構造と特質を考える」『史学雑誌』（八二-七・八）（再録：［吉田 一九九一］）
吉田伸之（一九七七）「江戸町会所金貸付について」『史学雑誌』（八六-一・二）（再録：［吉田 一九九一］）
吉田伸之（一九七九）「役と町――江戸南伝馬町二丁目他3町を例として」『歴史学研究』（四七一）（再録：［吉田 一九九一］）
吉田伸之（一九八一）「近世都市と諸闘争」青木美智男・入間田宣夫・黒川直則・佐藤和彦・佐藤誠朗・深谷克己・峰岸純夫・山田忠雄編『一揆（第3巻）　一揆の構造』東京大学出版会（再録：［吉田 一九九一］）
吉田伸之（一九八四）「日本近世都市下層社会の存立構造」『歴史学研究』（五三四）（再録：［吉田 一九九八ａ］）
吉田伸之（一九八五ａ）「日本近世におけるプロレタリア的要素について」『歴史学研究』（五四八）（再録：［吉田 一九九八ａ］）
吉田伸之（一九八五ｂ）「町と町人」日本史研究会・歴史学研究会編『講座日本歴史（第5巻）』東京大学出版会（再録：［吉田 一九九八ａ］）
吉田伸之（一九八五）「卒論論」千葉大学教育学部歴史学研究室『歴史科学と教育』（四）（再録：二〇一五『地域史の方法と実践』校倉書房）
吉田伸之（一九八九）「近世の都市」国際歴史学会日本国内委員会編『歴史研究の新しい波――日本における歴史学の発達と現状Ⅶ』山川出版社（再録：［吉田一九九八ａ］）
吉田伸之（一九九〇ａ）「振売」高橋康夫・吉田伸之編『日本都市史入門3　人』東京大学出版会（再録：［吉田 二〇〇〇ａ］）

吉田伸之（一九九〇ｂ）「日本近世の巨大都市と市場社会」『歴史学研究』（六一二）（再録：［吉田 二〇〇〇ａ］）
吉田伸之（一九九一）『近世巨大都市の社会構造』東京大学出版会
吉田伸之（一九九三ａ）「近世前期の町と町人」五味文彦・吉田伸之編『都市と商人・芸能民――中世から近世へ』山川出版社（再録：［吉田 一九九八ａ］）
吉田伸之（一九九三ｂ）「都市と農村、社会と権力――前近代日本の都市性と城下町」溝口雄三・平石直昭・浜下武志・宮嶋博史編『アジアから考える（第1巻）交錯するアジア』東京大学出版会（再録：［吉田 二〇〇〇ａ］）
吉田伸之（一九九四ａ）「江戸の願人と都市社会」［塚田・吉田・脇田編 一九九四］（再録：［吉田 二〇〇三］）
吉田伸之（一九九四ｂ）「水海道の香具師仲間文書」都市史研究会『年報都市史研究』（二）山川出版社
吉田伸之（一九九四ｃ）「弥太五郎源七の章――親分・通り者の位相」同『「髪結新三」の歴史世界（歴史を読みなおす19）』朝日新聞社
吉田伸之（一九九八ａ）『近世都市社会の身分構造』東京大学出版会
吉田伸之（一九九八ｂ）「錦絵の社会＝文化構造」浅野秀剛・吉田伸之編『浮世絵を読む1　春信』朝日新聞社（再録：［吉田二〇〇三］）
吉田伸之（二〇〇〇ａ）『巨大城下町江戸の分節構造』山川出版社
吉田伸之（二〇〇〇ｂ）「所有と身分的周縁」［久留島・塚田・吉田・高埜・横田編 二〇〇〇］（再録：［吉田 二〇〇三］）
吉田伸之（二〇〇〇ｃ）「鞍馬寺大蔵院と大坂の願人仲間」脇田修・Ｊ Ｌマクレイン編『近世の大坂』大阪大学出版会（再録：［吉田 二〇〇三］）
吉田伸之編（二〇〇〇）『シリーズ近世の身分的周縁（第4巻）商いの場と社会』吉川弘文館
吉田伸之（二〇〇一）「城下町の構造と展開」佐藤信・吉田伸之編『新体系日本史（第6巻）都市社会史』山川出版社（再録：［吉田 二〇一二］）
吉田伸之（二〇〇三）『身分的周縁と社会＝文化構造』部落問題研究所
吉田伸之（二〇〇五）「近世前期、江戸町人地・内・地域の分節構造」［井上・塚田編二〇〇五］（再録：［吉田 二〇一二］）

吉田伸之（二〇〇九）「伝統都市と社会＝文化構造」大阪市立大学都市文化研究センター編『文化遺産と都市文化政策』（大阪市立大学文学研究科叢書第6巻）清文堂出版
吉田伸之（二〇一二）『伝統都市・江戸』東京大学出版会
吉田伸之（二〇一三）「幕末期、江戸の周縁と民衆世界」『歴史評論』（七五八）
吉田伸之（二〇一四）「髪結の職分と所有」『思想』（一〇八四）
吉田伸之（二〇一五）『都市――江戸に生きる』岩波書店
吉田伸之・杉森哲也・塚田孝編（二〇一九）『シリーズ三都』（全3巻）東京大学出版会
吉田ゆり子（二〇一四）「「簓」――周縁化された芸能者と地域社会」『思想』（一〇八四）
吉野源三郎（一九三七）『君たちはどう生きるか』新潮社（再録：一九八二『君たちはどう生きるか』岩波書店）
脇田修（一九八五）「解説」原田伴彦『原田伴彦論集（第3巻）』思文閣出版
渡辺祥子（二〇〇六）『近世大坂 薬種の取引構造と社会集団』清文堂出版

【初出一覧】

Ⅰ　日本近世の都市社会と身分

第1章　近世身分制研究の展開
歴史学研究会編『現代歴史学の成果と課題 1980-2000 年Ⅱ　国家像・社会像の変貌』青木書店、二〇〇三年二月

第2章　日本近世の都市社会史をめぐって
「日本の都市社会史――近世・近代を中心に」（佐賀朝氏と共著、『歴史学が挑んだ課題――継承と展開の50年』大月書店、二〇一七年六月）の塚田執筆の一節「都市社会史の展開」を改題して収録

第3章　都市における貧困と救済――アジア・ヨーロッパの近世身分社会の〈比較類型史〉から
「都市における貧困と救済」（『都市における貧困と救済（国際円座報告書）』大阪市立大学大学院文学研究科都市文化研究センター、二〇一三年三月）を改題。

第4章　日本近世の社会的結合
『都市文化創造のための比較史的研究（重点研究報告書）』大阪市立大学大学院文学研究科都市文化研究センター、二〇〇八年三月

Ⅱ　身分的周縁論の模索

第1章　身分的周縁と歴史社会の構造
久留島浩・高埜利彦・塚田孝・横田冬彦・吉田伸之編『シリーズ近世の身分的周縁（第6巻）身分を問い直す』吉川弘文館、二〇〇〇年一一月

第2章　「近世の身分的周縁」によせて
『部落問題研究』一五九号、二〇〇二年二月

第3章　近世大坂の身分的周縁
『思想』一〇八四号、二〇一四年八月、但し、省略部分を大幅に復元

Ⅲ　先学に学ぶ――山口啓二・鈴木良・永原慶二氏の業績から

第1章　山口啓二氏を偲ぶ
『歴史評論』七六七号、二〇一四年三月
第2章　『東松山市の歴史』と『鎖国と開国』
『歴史評論』七〇四号、二〇〇八年一二月
第3章　新しい地域史の創造
『山口啓二著作集（第4巻）』解説、校倉書房、二〇〇八年一二月
第4章　時代に向き合って生きる――『山口啓二著作集』刊行によせて
『東京部落研　会報』二三六号、二〇一一年二月
第5章　鈴木良氏の近代史研究に学ぶ――地域史研究の立場から
『部落問題研究』二一九号、二〇一六年一二月
第6章　鈴木良氏の近代史研究の展開
『歴史科学』二二九号、二〇一七年五月
第7章　歴史学の方法をめぐって――永原慶二『20世紀日本の歴史学』に触発されて
『歴史科学』一七八号、二〇〇四年一一月

〈補論〉私の歴史学入門
『日本史コースがわかる』大阪市立大学文学部日本史コースのオープンキャンパス用パンフレット〔2018年版〕

本書収録にあたって、参考文献の表記を統一し、重複の整理、一部の加筆を行っている。

塚田　孝（つかだ・たかし）
1954 年生まれ。東京大学史料編纂所助手を経て、1988 年 4 月より大阪市立大学文学部に移り、現在、大阪市立大学大学院文学研究科教授。専攻は日本近世史。
著書に、『近世日本身分制の研究』（兵庫部落問題研究所、1987 年）、『近世身分制と周縁社会』（東京大学出版会、1997 年）、『近世身分社会の捉え方――山川出版社高校日本史教科書を通して』（部落問題研究所、2010 年）、『都市社会史の視点と構想――法・社会・文化』（清文堂出版、2015 年）、『大坂　民衆の近世史――老いと病・生業・下層社会』（ちくま新書、2017 年）などがある。

カバー写真
『摂津名所図会（巻之四）』「雑喉場魚市」関西大学なにわ大阪研究センター所蔵

日本近世の都市・社会・身分――身分的周縁をめぐって

2019年9月25日　初版第1刷発行

著者 ―――塚田　孝
発行者 ――平田　勝
発行 ―――花伝社
発売 ―――共栄書房
〒101-0065　東京都千代田区西神田2-5-11出版輸送ビル2F
電話　03-3263-3813
FAX　03-3239-8272
E-mail　info@kadensha.net
URL　http://www.kadensha.net
振替 ―――00140-6-59661
装幀 ――― 佐々木正見
印刷・製本 ― 中央精版印刷株式会社

ISBN978-4-7634-0900-3 C0020